过度劳动及其经济损失研究

GUODU LAODONG JIQI JINGJI SUNSHI YANJIU

王 欣◎著

首都经济贸易大学出版社
Capital University of Economics and Business Press
·北 京·

图书在版编目（CIP）数据

过度劳动及其经济损失研究/王欣著. --北京：首都经济贸易大学出版社，2020. 5

ISBN 978-7-5638-3064-0

Ⅰ. ①过…　Ⅱ. ①王…　Ⅲ. ①劳动强度—关系—经济—损失—研究—中国　Ⅳ. ①F249. 2②F124. 6

中国版本图书馆 CIP 数据核字（2020）第 017138 号

过度劳动及其经济损失研究

王　欣　著

责任编辑　洪　敏

封面设计　砚祥志远·激光照排　TEL：010-65976003

出版发行　首都经济贸易大学出版社

地　　址　北京市朝阳区红庙（邮编 100026）

电　　话　（010）65976483　65065761　65071505（传真）

网　　址　http://www. sjmcb. com

E- mail　publish@cueb. edu. cn

经　　销　全国新华书店

照　　排　北京砚祥志远激光照排技术有限公司

印　　刷　北京九州迅驰传媒文化有限公司

开　　本　710 毫米×1000 毫米　1/16

字　　数　325 千字

印　　张　18. 5

版　　次　2020 年 5 月第 1 版　2021 年 3 月第 1 版第 2 次印刷

书　　号　ISBN 978-7-5638-3064-0

定　　价　65. 00 元

前 言

随着我国社会经济的不断发展，员工过度劳动（简称“过劳”）问题日益凸显，甚至已成为部分员工的工作常态。相较于发达国家在“过劳”领域的研究进展，我国研究起步较晚，2000 年后，才有学者开始关注并从事相关方面的研究。国内学者围绕“过劳”的前因变量展开的研究，多从管理学、经济学、社会学、心理学等视角进行。然而，对于“过劳”所造成的后果，特别是经济损失的量化分析尚处于空白。本书基于这种情况，主要针对“过劳”问题所造成的经济损失展开相关研究，运用文献研究法、经济模型分析法、实证分析法、比较分析法等一般方法进行了探讨；并运用了总产值法、人力资本法、意愿支付法等具体方法，对“过劳”经济损失的估算进行了实证和案例分析。立足于劳动投入的选择，劳动的投入与产出，安全、健康的成本—效益分析，生命的风险代理理论等，对该问题进行了一系列探索。

本书共分为八章：第一章对所要研究的问题进行说明；第二章对相关理论及文献进行回顾与综述；第三章对“过劳”的现状及形成机制进行分析；第四章对“过劳”经济损失进行实证分析；第五章对“过劳”经济损失测算的典型案例进行分析；第六章为“过劳”防止的国外经验借鉴及启示；第七章为本书的基本结论；第八章为本书的贡献、不足与展望。本书的主要发现有以下几点。

第一，从新的视角对加班工资做了审视。对员工在加班期间工作效率很低，企业却依旧没有“加班禁止”的现象进行了阐释。我国《劳动法》对加班工资的起付限制过低，法律制约机制的不健全，其中包括加班时间的监督不严格、加班工资的规定及监管的不完善等，使得企业加班成本的转移路径变得隐蔽，最终演变成员工和社会买单的情形。

第二，企业员工的工作效率随工作时间的推移呈倒“U”形曲线，且存在着一定的演变规律。在上班后的第 2 个小时达到工作效率的最高点，然后随着时间的推移逐步下降，且在下班前的倒数第二个小时内呈现出“断崖式”下滑的趋势。而在加班阶段呈现出倒“V”形关系。

第三，因“过劳”所造成的工资性损失为 0.44 万亿元。而生产率损失的范围则在 0.23 万亿~0.62 万亿元。因此，间接经济损失的范围在 0.67 万亿~1.06 万亿元，所占经济总损失的比重在 51.76%~62.98%，该比重较大。员工因“过劳”所造成的直接经济损失为 6 254.45 亿元。医疗医药费用和预防费用分别为 0.30 万亿元和 0.31 万亿元，而二者所占总损失的比重较为接近。

第四，“过劳”经济总损失的范围在 1.30 万亿~1.69 万亿元。按照调查年（2017 年）中国 GDP 规模（82.07 万亿元）计算，该比重在 1.58%~2.06%。如果加上“过劳死”“过劳抑郁”等经济损失的估计结果，该比重应该在 1.97%~2.58%。

第五，“过劳”与经济损失呈线性关系，而劳动时间则与经济损失呈倒“U”形关系。当身心俱疲的频率达到一月数次及以上时，其对经济损失的影响是十分凸显的，当每日劳动时间不足 7 小时以及超过 10 小时，都会造成更多的经济损失。尤其是每日劳动时间超过 11 小时其对经济损失的危害很大。

针对以上基本结论，本书得到几点相应的政策启示：《工伤保险条例》的纳入，《交通安全法》的完善；超时加班监管力度的增强，进一步维护员工的休息权，加班时间合理范围的提出，渐进式加班工资制度的提出等。

本书受到中国博士后科学基金第66批面上资助项目“‘健康中国’战略下互联网员工过度劳动问题研究”（项目号：2019M660711）及北京市博士后工作经费资助项目“我国过度劳动的形成机制与健康管理实现路径研究”（项目号：23400057210008）资助。

目 录

第一章 概 述

第一节 问题的提出

一、中国“过劳”问题的严重性

（一）“过劳”已成为部分员工的健康常态

国内学者在日本“过劳死”预防协会评判标准的基础上，对北京地区419名员工进行预警分析，其中61.6%的人员已经进入“红灯”预报期，具备“过劳死”特征，26.3%的人已成为“过劳死”的预备军①。也有学者在借鉴日本厚生劳动省发布的“劳动者的疲劳积蓄度自己诊断调查表”的基础上，对北京地区825名知识工作者进行调查，其研究结果显示，该群体中七成员工处于“过劳”状态，近四成员工已迈入危险区中，处于重度“过劳”状态②。孟续铎在利用相同的量表对中国31个省级行政区域的1 176名企业用工人员“过劳”状况的抽样调查中发现，其中，中度、重度“过劳”者已超

---

① 杨河清，韩飞雪，肖红梅．北京地区员工过度劳动状况的调查研究［J］．人口与经济，2009（2）：33-41.

② 王丹．我国劳动者过度劳动的评定及其实证研究［J］．经济经纬，2011（2）：86-90.

过 1/3，且第一、二、三产业都存在过度劳动的问题且无显著性差异①。王欣利用相同量表对中国 1 047 名企业员工进行实地调研，没有“过劳”的人员占 24.7%，不及 1/4，而 3/4 的人员都处于不同程度的“过劳”状态②。2014 年中国劳动力动态调查的数据显示③，在 16 015 份有效样本中，有 18.6%（2 980）的员工认为“每天”“工作让我感到身心俱疲”，有 16.1%（2 583）的员工感觉为“一周数次”，有 24.3%（3 899）的员工感觉为“一月数次”，有 25.2%（4 042）的员工感觉为“一年数次或更少”，仅有 15.7%（2 511）的员工感觉为“从不”。如果将“每天”和“一周数次”身心俱疲认为是较为严重的，那么有超过 1/3 的人员处于这种状态。可见中国员工“过劳”问题亟待解决。

（二）不同行业的员工“过劳”程度差别明显

不同行业类型的员工在“过劳”程度上呈显著差异，其中，“科学研究和技术服务业”的“过劳”程度最高，“信息传输、软件和信息技术服务业”“制造业”“金融业”高于平均水平，而“建筑业”“房地产业”的企业员工“过劳”程度则相对较低④。随着 B2B，B2C 经营模式的不断创新，电商平台的不断发展，互联网+在生活领域中的不断渗透，使现代物流服务业呈现发展态势。在此时代背景下，快递人员势必要承担更多的劳动负担，其“过劳”情形已十分严重，有近一半的员工处于重度“过劳”状态⑤。而一线工人中

---

① 孟续铎．劳动者过度劳动的成因研究：一般原理与中国经验［M］．北京：中国劳动社会保障出版社，2014：9.

② 王欣．工作要求、工作资源对企业员工“过劳”的影响［J］．软科学，2016（6）：83-87.

③ 中国劳动力动态调查（China Labor-force Dynamics Survey，CLDS）是中国社会科学调查平台（世界一流大学配套专项），是中国第一个以劳动力为主题的全国性跟踪调查。感谢中山大学社会科学调查中心所提供的数据。

④ 孟续铎．劳动者过度劳动的成因研究：一般原理与中国经验［M］．北京：中国劳动社会保障出版社，2014：9.

⑤ 王洁．电子商务背景下快递从业人员过劳问题研究［D］．北京：首都经济贸易大学，2015：42-43.

有 60.8%的人员处于中度“过劳”[①]；高校教师中轻度、中度、重度“过劳”人员所占比例较为均匀[②]，以上群体中不“过劳”的人员不足 20%，甚至不足 15%，而该比例低于一般的企事业单位员工。餐饮业员工主要集中在轻度“过劳”区域，总体情况好于其他企业员工[③]。也有学者研究表明，职业为咨询、记者/编辑、市场营销、医师的员工处于重度“过劳”的比例较大[④]。同样的量表测得，日本不同行业员工的“过劳”情况与中国略有差异，“过劳”程度较高的行业包括：住宿、餐饮业，运输、邮政业，教育业，医疗、福利业，生活服务、娱乐业等[⑤]。

（三）员工加班甚至无偿加班现象依旧严重

赖德胜等在报告中指出：“2003—2012 年，加班现象严重，从平均水平看非农就业人员平均周工作时间为 46.0 小时”[⑥]。杨河清等的调查结果显示，被调查员工平均周工作时间为 48 小时；72%的人员工作时间超过 40 小时，50%的人员超过 48 小时[⑦]。黄河对加班情况进行调查，经常加班的人员占 51.6%，周平均加班 2~3 次的占 59.0%，每次平均加班时间在 4 小时以上的为 35.9%，周末休假日经常加班的占 62.1%[⑧]。吴君以北京市 CBD 地区 228 名白领员工

① 陈秀秀．制造业一线员工“过劳”研究——企业微观层面的阐释［D］．北京：首都经济贸易大学，2015：23-24.

② 贺琼．高校教师“过度劳动”问题研究——以北京市高校为例［D］．北京：首都经济贸易大学，2010：22-23.

③ 王素娟，孔海燕．饭店业员工过度劳动的实证分析与管理［J］．旅游学刊，2014（9）：92-100.

④ 王丹．我国劳动者过度劳动的评定及其实证研究［J］．经济经纬，2011（2）：86-90.

⑤ 厚生労働省．過労死等に関する実態把握のための社会面の調査研究事業報告書［R］．平成 27 年．

⑥ 赖德胜，孟大虎，李长安，等．2014 中国劳动力市场发展报告——迈向高收入国家进程中的工作时间［M］．北京：北京师范大学出版社，2014.

⑦ 杨河清，韩飞雪，肖红梅．北京地区员工过度劳动状况的调查研究［J］．人口与经济，2009（2）：33-41.

⑧ 黄河．从劳动时间论员工“过劳”现象及其防止［J］．中国人力资源开发，2010（9）：17-23.

为调查对象，88%的员工周工作时间超过 40 小时①。王丹在调研中发现，员工平均每周加班 10 小时以下的人数占 64%，深夜仍继续工作的占 70%②。孟续铎、王欣的调查结果显示，企业员工平均每天工作小时数为 8.834 小时，平均周工作天数为 5.282 天，其中工作超过 5 天的人数所占比例为 31.2%；且“没有加班工资”的人员占 68.5%，“只支付一定数额或部分加班工资”的人员占 13.7%，“按规定完全支付加班工资”的人员占 17.8%，无偿加班现象同样严重③。

2014 年，中国劳动力动态调查的数据显示，有 60.2%（1 364）的员工为“自愿加班”，19.5%（443）的员工为“有时自愿，有时非自愿”，20.3%（459）的员工为“非自愿”。而自愿加班的原因中，48.9%（884）的员工“为增加收入”，20.6%（372）的员工“为企业分忧”，7.6%（138）的员工“为证明自己的工作能力”，有 2.7%（48）的员工“为获得升迁机会”，20.2%（365）的员工选择了“其他”。而在非自愿加班的原因中，有 41.5%（374）的员工认为“单位规定必须加班，不加班会受罚，甚至失去工作（加班是一种明文规定）”，有 15.0%（135）的员工认为“加班被列入工作表现的考核范围，涉及晋升机会（加班是一种潜规则）”，有 26.9%（243）的员工认为“大家都加班，我也只好加班（加班是一种职场亚文化）”，有 16.6%（150）的员工选择了“其他”。在加班工资给予的情形中，有 4.7%（106）的员工为用“加班时间弥补请假时间”，有 49.6%（1 125）的员工为“领取加班工资”，有 3.4%（76）的员工为“领取加班工资且弥补请假时间”，有 39.2%（889）的员工为“无任何补偿”，有 3.1%（70）的员工选择“其他”。数据说明，大多数员工自愿加班都是以获取收入为目的的，而非自愿加班的员工中“加班为明文规定”以及作为一种“职场亚文化”的现象凸

① 吴君．北京市 CBD 地区白领员工“过度劳动”状况的实证研究［D］．北京：首都经济贸易大学，2010：45-46.

② 王丹．我国劳动者过度劳动的评定及其实证研究［J］．经济经纬，2011（2）：86-90.

③ 孟续铎，王欣．企业员工超时工作成因与劳动时间特征的研究［J］．经济与管理研究，2015（12）：66-74.

显，且有将近40%的员工都处于无偿加班状态。

（四）中国员工的“过劳”程度不亚于日本

众所周知，长时间劳动尤其是60小时及以上的超长时间劳动是导致“过劳死”“过劳抑郁”等的重要因素之一（日本对“过劳死”的认定为“员工在发病前1个月内加班时间超过100小时，或在发病前2~6个月内每个月平均加班时间超过80小时”①）。根据国际劳工组织对全体劳动者（包括非全日制劳动者）2014年的统计结果，日本劳动者劳动时间48小时以上和劳动时间60小时及以上的人员数量，分别占日本劳动者总数的23.1%，9.7%（意大利为9.8%及3.2%，美国为11.4%及3.8%，英国为13.8%及4.8%，瑞典为4.3%及2.1%，德国为10.0%及4.1%，法国为13.8%及6.0%）②。《中国劳动统计年鉴（2015）》中，中国城镇就业人员劳动时间构成的数据表明，2014年劳动时间在48小时以上的人员占比为33.7%，但该统计年鉴缺乏对劳动时间60小时及以上的统计数据③。国内学者对中国企业员工的调研数据表明，2014年，中国员工劳动时间在60小时及以上的人员比重占总体的18.8%④。中国长时间劳动的人员比例明显多于日本。除此之外，日本厚生劳动省同样运用“劳动者的疲劳积蓄度自己诊断调查表”对全体正式员工“过劳”程度进行调查，其中46.1%的人员“不过劳”，21.1%的人员处于轻度“过劳”，17.7%的人员为中度“过劳”，重度“过劳”的人员占15.1%⑤。

① 厚生労働省都道府県労働局労働基準監督署．脳・心臓疾患の労災認定-「過労死」と労災保険［R］．平成13年．

② ILO Key indieators of the labour markete［M］．Geheva：Jnternational Labour Qffiee，2016.

③ 国家统计局人口和就业统计司，人力资源和社会保障部规划财务司编．中国劳动统计年鉴［M］．北京：中国统计出版社，2016.

④ 孟续铎．劳动者过度劳动的成因研究：一般原理与中国经验［M］．北京：中国劳动社会保障出版社，2014.

⑤ 厚生労働省．過労死等に関する実態把握のための社会面の調査研究事業報告書［R］．平成27年．

二、“过劳”问题研究的必然性

中国经济在持续高速增长30多年后开始着眼调整经济结构，使其实现在对称态基础上的经济可持续发展。经济新常态下更加强调以发展促增长，而人与自然环境，人与资源环境良性关系的建立是可持续发展的基础。适度劳动就是在可持续发展方法论及人与环境和谐发展的观念下提出的，利于人类身心健康的发展，更加促进效能产能的提高，营造良好的和谐劳动关系氛围。

近年来，累倒在工作岗位上的事件不在少数。华为25岁工程师胡新宇，普华永道25岁女硕士，沈飞集团董事长罗阳，36岁清华IT男，等等，这些社会精英的骤然离世给社会经济发展带来了很大损失。“过劳”“过劳死”等词汇频繁见诸各类媒体，“过劳”问题也越来越受到社会及学术界的关注，可见中国“过劳”问题的严重性，对于该问题的研究具有必然意义。

新闻报道和案例纪实中的人物是否属于“过劳死”，显然是缺乏法律依据的，因为直至今日中国并没有出台相应的医学认定和法律认定标准。但可以肯定的是，“突然猝死”与自身严重“过劳”是分不开的。相较于发达国家在“过劳”领域的研究进展，中国对于该领域的研究起步较晚，2000年后，才有学者开始关注并从事相关方面的研究。通过对“过劳”问题研究的比较分析发现，与发达国家“过劳”问题研究的学科结构相比较，中国在该领域的学科分布和演进路径上呈现完全不同的特点，偏重于经济学和法学，而支撑学科，医学、心理学鲜有研究成果①。但是，从2012年9月中国适度劳动研究会在北京成立以后，云集了越来越多的学者和机构投身到该领域的研究中来，2019年，中国适度劳动研究会已由最初20余位学者增加到了200余人。首都经济贸易大学劳动经济学院于2006年建立过劳问题研究团队，是国内最早关注该领域问题的团队，而相继又有多所高校和研究机构开展该领域的问题研究。从“过劳”领域研究的申请课题看，国内第一项省部级课题“北京CBD企业知识员工‘过劳’问题研究”（北京市社科），是2010年由杨

① 杨河清，王欣．过劳问题研究的路径与动向［J］．经济学动态，2015（8）：152-160.

河清带领的研究团队申请下来的，随后在2014年有三位学者申请了国家社科基金项目[①]。截至2019年年底已有12位学者凭借“过劳”问题的研究获得了国家社科基金的资助，已有两位学者获得国家自然科学基金的资助，证明了该领域研究的学术价值和意义，以及社会和国家的重视和学者们的关注。

三、“过劳”经济损失研究的必要性

随着中国社会经济的不断发展，“过劳”问题日益凸显，显而易见的是长期处于严重“过劳”会给身心健康带来很大影响，在极端情况下甚至会导致“过劳死”“过劳抑郁”“过劳自杀”的发生。该种情况的发生无论对于员工自身，还是家庭都是难以接受的，而员工对于社会经济的贡献也将随之走到终点。除此以外，“过劳”导致的疾病、伤害、事故的发生，会让员工暂时甚至永久性离开工作岗位而无法从事生产活动。在严重的情形下，例如，流水线上的事故会造成工厂的停产，道路交通事故导致拥堵的发生。与此同时，机器设备以及辅助设备的损坏，产品的破损、货物的延时交付等都会带来经济损失。员工因为处于“过劳”状态，必然会导致生产效率的下降，而这些隐性的经济损失是不可小觑的。长期处于“过劳”状态的员工会通过医疗服务等改善这种状态，通过医药的维护使之不会进一步恶化；而有些员工会通过健身理疗服务等进行预防。如果员工未感到身心俱疲，这些支出会在一定程度上被减少。不仅国内如此，在全球化竞争的背景下，发达国家早已步入了“过劳”时代。美国有40万~80万人被慢性疲劳综合征所困扰[②]。美国每年因疲劳所造成的直接经济损失可达20亿~70亿美元，而个人的经济损失也要达到2 342~8 675美元[③]。澳大利亚患有慢性疲劳综合征的员工每人每年要

---

① 杨河清，王欣．新常态下我国的过度劳动法律规制问题研究［J］．南京大学学报：哲学·人文科学·社会科学，2017（5）：71-77.

② Fukuda K，Straus S E，et al. The chronic fatigue syndrome：a comprehensive approach to its definition and study［J］. Journal of Chronic Fatigue Syndrome，1994，1（2）：67.

③ Leonard A Jason，Mary C Benton，Lisa Valentine，et al.，The economic impact of ME/CFS：individual and societal costs［OL］. Dynamic Medicine 7，2008：6.

支出约 2 000 澳元用于医疗保健①。有学者研究表明，由于“过劳”所带来的生产率下降问题严重，员工每周有 4.1 个小时处于这种状态②。可以看到，国外学者重视该方面的研究，甚至这种研究往往是以研究机构或组织为单位开展的。但是，在国内该方面的研究还处于空白。因此，对于开展“过劳”经济损失的相关研究是必要的，也是顺应时代发展的。

第二节 “过劳”的概念界定及分类

本节在文献综述的基础上，从劳动行为、健康表症、不良后果三个层面循序渐进地论述、界定“过劳”。将三种说法合三为一，贯通诠释，不但凸显了前后的因果关系，更是由表及里的层层深入，逐步剖析，同时对与此概念容易混淆的其他词汇做比对和辨别。按照不同特征，对“过劳”进行分类阐释，旨在廓清此概念的内涵外延。需要强调的是本书虽然尝试从各个视角对“过劳”做出界定，但后面的研究中所指的“过劳”是相对狭义的含义，仅指过度劳动的行为，并不包括“过劳死”在内的广义含义。

一、概念的内涵与外延

（一）劳动行为说

“过劳”是过度劳动、过重劳动的简称。前者在国内的使用较为普遍，而后者在日本使用较为广泛且被一直沿用，如：日本厚生劳动省出台的《防止过重劳动引起健康损害的综合对策》（2002）、《过重劳动对策基本法（案）》（2010）、堀礼子《過重労働による健康障害へのアプローチ》等。在日本，

① Lloyd A, Pender H. The economic impact of chronic fatigue syndrome [J]. Medical Journal of Australia, 1992, 157 (9): 599-601.

② Brogmus G E. Day of the week lost time occupational injury trends in the US by gender and industry and their implications for work scheduling [J]. Ergonomics, 2007, 50 (3): 446-474.

"过劳"通常指长时间的过重劳动①。千田忠男认为，其主要是由于过密及长时间劳动给劳动者带来过重的劳动负担造成的②。但由于过重劳动容易让人产生片面的理解，只将其内涵锁定在工作负荷方面，而忽略了心理负荷，更容易误解为是由于体力劳动所造成的，因此该术语在国内的使用并不多见。

亚当·斯密在《国民财富的性质和原因的研究》中，分析殖民地及劳动力生产增进原因时，提到奴隶为奴隶主工作时频繁出现过度劳动的现象，只是没有明确用"过度劳动"表达③。马克思在《1844 年经济学哲学手稿》中提出了"过度劳动"。他提到"工资的提高引起工人的过度劳动，他们越想多挣几个钱，就不得不牺牲自己的时间，并且完全放弃一切自由，为贪欲而从事奴隶劳动"④。在 18—19 世纪，西方资本主义国家普遍存在过度劳动的现象，而"血汗工厂"就是该现象的典型代表。随着工业化运动的到来，以及大规模提高生产率的机械化，城镇劳工的工时理应缩短，但恰恰相反，在英国、美国和其他国家，工业化初期给城镇劳工带来的是工时的延长。摩尔根提到这是因为"新兴的工业资本家看出如果新的高价机器可以不停地运转，就可以降低单位产品的固定成本。由于缺乏充分的人工照明因而不能 24 小时进行生产，同时多班制未引入，降低成本提高利润就是必须使工人在日光下多工作。""因此，英国工业化开始后的半个世纪里，工厂工时同 19 世纪初一样，极端的事例每天工时长达 19 至 20 小时，每周 90 至 100 小时，而每天工作 15 至 16 小时是很普遍的"⑤。

国内学者王艾青认为，过度劳动是指"人力资源在较长时期的过度使用，即就业者在较长时期处于一种超出社会平均劳动时间和强度的就业状态"，该

---

① 黄河．从劳动时间论员工"过劳"现象及其防止［J］．中国人力资源开发，2010（9）：17-23.

② 千田忠男．现代日本の過度労働——過度労働を働き方に即して防止するために［J］．経済，2003（2）：101-113.

③（英）亚当·斯密．国民财富的性质和原因的研究［M］．孙羽，译．北京：中国社会出版社，1999.

④（德）马克思．1844 年经济学哲学手稿［M］．中共中央马克思恩格斯列宁斯大林著作编译局，译．北京：人民出版社，2008：9.

⑤（美）C A 摩尔根．劳动经济学［M］．杨炳章，等，译．北京：工人出版社，1984：167-204.

界定更加强调人力资源的过度使用①。王丹认为，“过劳”是劳动者在其职业生涯中，在较长时期内已经感知肌体或精神疲劳，且这种长期疲劳已经影响劳动者的身体健康或工作生活质量，但出于各种因素的驱动而依然提供超时、超强劳动的行为状态②。孟续铎认为，“过劳”是指劳动者在其工作过程中存在超时、超强度的劳动行为，并由此导致疲劳蓄积，经过少量休息无法恢复的状态③。王欣、杨河清认为，“过劳”包括行为状态和结果状态两个层面的含义，前者是指超时、超强的工作投入状态，是过度劳动行为的简称；后者则是指在生产活动过程中，由于劳动者长期承受着超出自己身体和精神所能负担的工作量、工作时间、工作强度等工作投入度，而导致疲劳不断蓄积，维持生理机能的内稳态以及心理的自我调节机制被打乱，人体健康处于一种失衡状态，且该状态已无法通过短期的睡眠和休息调整得以恢复④。长期处于该状态的极端后果是“过劳死”的发生。因此，从结果状态说，“过劳”是一种身心健康的预警信号。以上学者多是从经济学视角对“过劳”进行界定的，都是将其视为一种劳动行为，且与劳动时间和劳动强度密切相关，因此这两项也成为衡量劳动者“过劳”程度的核心指标。劳动时间通过出勤记录可以较容易获得，但是无偿加班的时间是不会被记录的。劳动强度可以被认为是劳动者在单位时间内从事劳动生产活动对身体损耗程度和脑力消耗程度的总和。劳动强度包含主观心理感受，而不仅仅是体力劳动强度，因此不易被客观量化，主要通过主观感知进行测量。

（二）健康表症说

劳动者是否处于“过劳”状态，通常要根据健康表征进行判断。日本厚

① 王艾青．过度劳动及其就业挤出效应分析［J］．华东理工大学学报：社会科学版，2006（4）：38-42.

② 王丹．中国知识工作者过度劳动问题研究［M］．北京：首都经济贸易大学出版社，2011.

③ 孟续铎．劳动者过度劳动的成因研究：一般原理与中国经验［M］．北京：中国劳动社会保障出版社，2014：9.

④ 王欣，杨河清．对企业中“强制自发性”型员工“过劳”的研究［J］．软科学，2016（10）：104-108.

生劳动省研制的"疲劳蓄积度自测诊断量表"是基于医学研究成果开发的①。该量表包括：健康自觉症（急躁烦躁、感到不安、静不下心、心情郁闷、不能集中精神等13道自我感知健康的题目）和劳动负担（加班、不规律工作、深夜工作、出差等7道题目）两部分，综合判断被试者的"过劳"程度。日本产业卫生学会研制的"自觉症状调查表"则通过"头重、脾气急躁、眼睛干、头痛、肩酸、全身没力"等25道健康表症的题目进行测试②。由日本劳动科学研究所最新研制的蓄积性疲劳调查量表（Cumalative Fatigue Symptoms Index，CFSI）中的81道题均是与身心症状、状态相关联的，例如，最近没有食欲、没有耐性、稍微有点小事就发脾气、没有心思读或写等③。中国学者王天芳、薛晓琳通过条目构建、预试分析等环节形成"疲劳自评量表"，该量表主要通过躯体疲劳、精神疲劳及疲劳后果三个维度进行测量，包括，我感到四肢酸软、疲乏无力；我感到脑子反应迟钝，休息不能缓解我的疲劳等22个条目④⑤。量表的研发都是基于"过劳"行为后产生的身体及心理健康状态及表象制定的。

除了量表以外，一些学者基于人体健康机能的平衡与紊乱对"过劳"进行界定。福地保马认为，"过劳"是"维持人体健康状态的生理机能体系间的均衡被破坏，引发了通过数夜睡眠、数日修养不可能恢复的状态，由于神经体系的平衡失调，引发生物体稳态维持出现障碍，发生了不可逆的变化"⑥。李乃文、张蕾指出，"过劳"源于精神病学概念，用以描述躯体、情绪、精神、人际关系、行为严重耗竭的病人，但现今已由精神状态和心理体验发展成由于持续高强度、超负荷的超时工作而导致的健康问题⑦。韩飞雪认为，

① 厚生労働省労働基準局労働衛生課．労働者の疲労蓄積度自己診断チェックリストの公開について［J］．労働基準，2003，55（8）：2-4.

② 黄河，耿东．日本《自觉症状况调查表》（2002版）在中国制造业工人的应用性研究［J］．人类工效学，2009（9）：26-28.

③ 黄河．日本最新蓄积性疲劳调查量表：CFSI研究［J］．中国人力资源开发，2014（3）：23-27.

④ 王天芳，薛晓琳．疲劳自评量表的理论构建及其研制［J］．北京中医药大学学报，2007（4）：221-223.

⑤ 王天芳，薛晓琳．疲劳自评量表［J］．中华中医药杂志，2009（3）：348-349.

⑥ 福地保馬．労働者の疲労・過労と健康［M］．京都：かもがわ出版，2008.

⑦ 李乃文，张蕾．"过劳"与工作倦怠的比较研究［J］．现代生物医学进展，2007（4）：607-610.

“过劳”有两层面含义，即：过度疲劳和过度劳动，前者是引发后者的重要原因①。吴迪进一步指出，“过劳”是表示异常疲劳的用语②。

（三）不良后果说

1969年，厚生劳动省认定了第一起“职业突然死亡”事件，后被称作“过劳死”③。前圣德大学教授上烟铁之丞在《产业医学》期刊上发表的《過労死に関する研究：発症前の労働態様について》中首次提到了“过劳死”一词，并于70年代在《医学のあゆみ》中从医学角度对“过劳死”做出了明确定义：“过重劳动引发了高血压、动脉硬化恶化，脑出血、蛛网膜下腔出血、脑梗死等脑血管疾病和心肌梗死等缺血性心脏病的发病，造成永久性丧失劳动能力或死亡状态。”④ 还有学者指出：“过劳死”主要源于心脏病发作和脑卒中，其中蛛网膜下腔出血占18.4%，脑出血占17.2%，脑梗死占6.8%，心脏衰竭占18.7%，心肌梗死占9.8%，其他占29.1%⑤。由于日本过劳死的现象震惊欧美，因此分别用“karoshi”和“karōshi”作为英语和法语的固定词汇，并于2002年将“karoshi”纳入《牛津英语词典》中，从此成为国际语言并得到广泛使用⑥。诸多学者都将“karoshi”的含义表示为“Death from Overwork”而非“Death due to Overfatigue”⑦⑧。可以看出，“过劳死”是由于过度劳动所引发的心脑血管疾病发作而导致的死亡状态。国内“过劳”

① 韩飞雪．我国“过劳”问题研究综述［J］．全国商情（理论研究），2010（4）：111-112.

② 吴迪．日本学者“过劳”问题研究述评［D］．北京：首都经济贸易大学，2013.

③ Nishiyama K.，Johnson J V. Karoshi-death from overwork：occupational health consequences of Japanese production management［J］. International Journal of Health Services，1997，27（4）：625-641.

④ 上烟鉄之丞，笹川七三子．過労死に関する研究（第2報）：発症前の労働態様について［J］．産業医学，1979（6）：640-641.

⑤ Nishiyama K，Johnson J V. Karoshi-Death from overwork：occupational health consequences of Japanese production management［J］. International Journal of Health Services，1997，27（4）：625-641.

⑥ 森岡孝二．過労死・過労自殺をめぐる日米比較［J］．労働の科学，2004（6）：343-346.

⑦ Der-Shin Ke. Overwork，stroke，and karoshi-death from overwork［J］. Acta neurologica Taiwanica，2012，2（21）：54-59.

⑧ Hyun Sul Lim. Karoshi：death from overwork［J］. Journal of the Korean Medical Association，2002，6（45）：741-749.

一词最早出现在1963年唐顺贤所写的《中药治疗过劳症》一文中，所指的是耕畜过劳症①。1984年，埃尔茨（Eltze）、柳林在《震颤按摩对过劳后肌痛的作用》首次将该“过劳”与人体机能相联系②。1990年，有学者将“过劳”与工作行为联系起来进行阐释，钟爱国认为“过劳死”是“狂热的工作”③；沈清则将其解释为“职员因工作过度劳累，经常加班加点，再加上精神压力而猝然死亡”④。随后鲍刚将其解释为“由于工作压力过重造成劳累过度而引发的突发性的非正常死亡”，并提到在日本通常被简易的解释成“企业战士因劳动过度而战死”⑤。日化将其明确定义为“由于长时间过度劳累而造成的突然死亡”，并具体指出这是由于在超越生理性的劳动过程中，劳动者正常的劳动规律和生活规律遭到破坏所导致的⑥。可以看到，国内外学者观点较为一致，过度劳动是导致“过劳死”的根本原因。因此，与“过劳死”有关的认定和赔偿都是在确定是否与工作相关联的基础上判定的。1987年10月，日本厚生劳动省对《劳动者灾害补偿保险法》进行了修订，将“过劳死”纳入劳灾认定的范围内⑦。同时，“过劳死”更广泛的定义也包括了由于过度劳动引起的抑郁症从而导致自杀⑧。

二、易混概念的廓清

（一）“过劳”与适度劳动

“中”在中国传统文化中占据十分重要的位置，也代表了一种重要的思想

---

① 唐顺贤．中药治疗过劳症［J］．中国兽医杂志，1963（6）：25.

② Eltze CH，柳林．震颤按摩对过劳后肌痛的作用［J］．国外医学：物理医学与康复学分册，1984（3）：34.

③ 钟爱国．日本的“过劳死”症［J］．职业与健康，1990（1）：33.

④ 沈清．日本企业中的“杀手”——过劳死［J］．国际展望，1990（1）：24.

⑤ 鲍刚．“过劳死”与日本的企业经营［J］．日本学刊，1993（2）：82-96.

⑥ 日化．日本人的“过劳死”及其社会文化成因［J］．外国问题研究，1996（2）：15-18.

⑦ 労働政策研究・研修機構．長時間労働とメンタルヘルス不調の実情［J］．ビジネス・レーバー・トレンド（特集働き方の改革「元年」——労働時間の適正化どう取り組むか），2008（8）：22-25.

⑧ Kazuo Inoue，Masatoshi Matsumoto. Karo jisatsu（suicide from overwork）：a spreading occupational threat［J］. Occupational and Environmental Medicine，2000，4（57）：284-285.

观念。而“中”的观念在尧舜时代就已经显现出来，后经孔子祖述成为中国传统文化的思想之一。“中”即为“度”，凡事都应有一个适当的“度”。“子贡问：‘师与商也孰贤？’子曰：‘师也过，商也不及。’曰：‘然则师愈与？’子曰：‘过犹不及。’”（《论语·先进》）这句话很好地体现出古代先哲对于“不及”和“过”的深邃思考。没有达到这个“度”就是“不及”，而超过了这个“度”就为“过”，在古代先哲眼中两者都是不合乎标准的。这不仅是一种对做事尺度的把控与思考，是一种道德境界，更是一种对事物的认识方法和态度。适度原则就是哲学上所讲的“度”在实际生活中的体现。“度”是质与量的统一，是在不发生质变的前提下所规定的数量允许的范围、限度，即事物保持原本特征与特质的数量界限，在这个范围内原本的状态可以达到最佳。没有达到这个区间的下限值，便不会达到最佳状态，而超过上限值便会使得事物发生质变，而这两种做法都是不可取的。基于这样的哲学思辨看“不及”与“过度”的两端，用劳动投入量作为标尺，即一端是失业状态，表示劳动投入不足；而另一端则是“过劳”状态，表示劳动投入过多，而两端都是不经济的状态①。王景全在《文明闲暇和人的全面可持续发展》中，从人与资源环境的视角提出：“适度劳动是建立人与自然良性关系和人自己全面发展的关键，是可持续发展方法论的重要选项。”②

中国经济在持续高速增长 30 多年后开始着眼调整经济结构，使其实现在对称态基础上的经济可持续发展。经济新常态下更加强调以发展促增长，而人与自然环境，人与资源环境良性关系的建立是可持续发展的基础。目前，我国与世界先进发达国家的经济社会发展依旧存在着一定距离，虽然国民生产总值世界第二，GDP 增长率保持在 7%左右，平稳发展，经济总量也在不断扩大，但是人均 GDP 水平依旧很低，2017 年的世界排名处于 74 位，与世界先进发达国家存在较大差距。这说明，我国依旧处于赶超状态，仍需要一代人为了国家的经济社会发展做出贡献，而不能像发达国家尤其是北欧福利国

① 杨河清．我国过劳问题严重，亟须加强研究［J］．人口与经济，2014（3）：85-88.

② 王景全．文明闲暇和人的全面可持续发展［J］．中州学刊，2005（7）：94-97.

家那样“坐享其成”。2014年，法国通过一项劳工协议，高科技公司及咨询公司需要保证员工在下班后能完全不受工作烦扰，在晚上6点以后不会接到工作邮件及电话。2015年，瑞士全面实行每天6小时工作制。中国根据《国务院关于职工工作时间的规定》，从1995年5月1日起，规定标准工作日工作时间为8小时，每周工作时间为40小时。但根据《劳动法》规定，每周工作时间不超过44小时，并且该法第四十一条规定：“用人单位由于生产经营需要，经与工会和劳动者协商后可以延长工作时间，一般每日不得超过1小时；因特殊原因需要延长工作时间的，在保障劳动者身体健康的条件下延长工作时间每日不得超过3小时，但是每月不得超过36小时。”我国正处于经济发展的关键时期，加班已成为部分员工的工作常态，因此在这个阶段轻度过劳不可避免，但不代表要一味地过度劳动。严重的过度劳动行为是该防止与杜绝的。严重“过劳”与我国经济新常态下的发展理念以及可持续发展观相违背。

（二）“过劳”与疲劳

“过劳”与疲劳有着密切的联系，但并不能相互替代。当劳动者在连续工作一段时间后，有疲劳感及劳动机能衰退的现象，叫作工作疲劳[①]。小木和孝的研究表明，如果上班期间能够安排合理的小憩和午休时间，对于工作中产生的急性和亚急性疲劳是可以得到消除的；如果有充分的休息和睡眠时间并能得到营养补充，那么一天工作当中产生的日周性疲劳也能够得到消除。但是如果日积月累，长期如此劳动且肌体得不到有效的恢复，疲劳就会渐渐蓄积起来，一旦达到积累疲劳的状态时，即便休息也很难轻易地消除，“过劳”就是由此产生的。由此说明，“过劳”是指因持久工作而得不到休息恢复所形成的蓄积疲劳。而过度劳动的行为会加快疲劳蓄积的程度，因此也常常用疲

① 黄河，耿东，丑纪岳．疲劳蓄积度自测与过劳预防［J］．中国人力资源开发，2009（8）：35-37.

劳蓄积度来测量和表示劳动者“过劳”的程度①。所以，一些学者将“过劳”解释为过度疲劳和过度劳累，从所要表达的内涵而言并没有过多不合理的地方，但是这些表达并不属于专业性、规范性用语的范畴。因此，将“过劳”表达成过度劳动更为规范。

（三）“过劳”与工作倦怠

国内一些学者错误地将“过劳”等同于工作倦怠，甚至认为“过劳”最早期的定义也来源于此词汇②。事实上，这是两个极易混淆的概念。工作倦怠更多的是指“身体、心理、情绪、精神等方面都处于耗竭状态，表现出犬儒主义的处世态度和较差的工作业绩”③。在工作倦怠方面90%的研究都是在此概念基础上进行的④。“过劳”与倦怠都会对身心健康产生消极作用，尤其是在耗竭的维度上有一定的相似度但又有所不同。“过劳”表现出情绪不稳定、睡眠不好、头晕头疼、腰酸背疼等疲劳症状多是身体和心理健康问题。倦怠在该维度上通常表现为失眠、胃肠功能紊乱、胸痛、抑郁、焦虑等，以心理问题为主且还会表现出情感态度的反常，为人处事消极冷淡。二者与工作有着密切联系，但又有着一定的差异。

“过劳”从劳动行为上指过度劳动，按照群体过度劳动的主动性与被迫性可以分为两类：一类是由于竞争压力等外在强制力被迫选择长时间超强、超时的工作，常用“强制自发性”刻画该类群体的特征；另一类群体则会表现出强烈的成功感、自我追求完美的内驱力所导致的主动选择过度劳动，很多情况下这两种心态是矛盾的、并存的，是此消彼长的形态。工作倦怠则是由

---

① 孟续铎．劳动者过度劳动的成因研究：一般原理与中国经验［D］．北京：首都经济贸易大学，2014.

② 王素娟．JD-R模式下过度劳动的多维动态性形成与管理研究［J］．山东大学学报：哲学社会科学版，2012（4）：81-88.

③ Maslach C. Burnout：a multidimensional perspective”，In W B Schaufeli，C Maslach，T. Marek（Eds.）. Professional burnout：Recent developments in theory and research［M］. Washington，DC：Taylor & Francis. 1993，19-32.

④ Schaufeli W B，Enzmann D. The burnout companion to study and research：A critical analysis［M］. London：Taylor & Francis，1998.

于缺乏成就感和职业认同所导致的，表现在生活和工作中往往是缺乏信心和快乐。除此以外，从行为层面说，过度劳动可能会导致职业倦怠，但也可能导致工作狂热；从结果层面看，出现职业倦怠的劳动者不会再在工作上过度投入，而出现“过劳”状态的员工在自我健康觉察不清或者明知道健康出现问题时，往往有可能选择继续过度劳动。国内一些学者把工作倦怠与“过劳”混淆，也有将 The Truth About Burnout 误译为《过劳的真相》①，从而被诸多学者误当成中国第一本有关“过劳”领域的著作。

三、“过劳”的分类特征

（一）体力“过劳”与脑力“过劳”

体力“过劳”与脑力“过劳”是依据体力劳动者与脑力劳动者划分的。从劳动时间方面看，两类人群很难区分，但是在劳动强度方面却有着较为明显的差异。体力劳动者主要从事体力劳动，例如，建筑工人、出租车司机、车间一线工人等。体力劳动的工作常存在较为频繁的身体移动，对机器、物件等进行操作，需要付出力量，消耗身体的热能，工作与睡眠时间不规律等。体力劳动的工作内容通常较为单一、枯燥，且容易造成视觉疲劳②，长期处于这种环境和状态下的劳动者容易导致身体“过劳”。对于处于这种状态的劳动者只要能够保证充分、有规律的休息，“过劳”状态就能够得到较大的好转。但是对于脑力“过劳”的群体就不同了。脑力“过劳”的群体主要包括：企业研发人员、高校教师、科技工作者等。这些工作的完成往往要消耗较多的脑力和心力，大脑要进行频繁的思索，心理负荷较高，有很高的敬业精神，要充分发挥自我的智力优势③。虽然工作的自由度较高但工作联通行为很强，

① （美）克里斯蒂娜·马斯拉奇，（加）迈克尔·P雷特尔．过劳的真相［M］．北京：中国财政经济出版社，2004：10.

② Hongwei Hsiao，Petre Simeonov. Preventing falls from roofs：a critical review［J］. Ergonomics，2001，44（5）：537-561.

③ 贺琼．高校教师“过度劳动”问题研究——以北京市高校为例［D］．北京：首都经济贸易大学，2014.

通常工作与生活的界限不明朗，且有深夜工作的习惯等①。对于该群体“过劳”程度的缓解往往需要自我调节，适度放慢工作节奏，合理安排作息时间，减少深夜工作。

但是有些群体很难进行归类，例如，医生、企业白领等。由于医疗资源分配不均，三级医院医师的工作量要远超过一级和二级医院②。多数门诊医生每日都要超工作负荷地诊疗病人，经常性地值夜班；而外科手术对整个医疗团队的体力和脑力也都是一种挑战。企业白领人员日常工作内容很难自主安排，往往要经常加班加点，下班后仍然要思考工作的员工并不少见。在经济快速发展和科技迅猛更新的时代，人们越来越难以从工作中真正脱离出来，工作时间与非工作时间的心理距离被极大化地缩短了，二者的边界也变得异常模糊，典型的表现就是非工作时间员工工作联通行为（WCBA）的增加③。员工无法避免下班后收到工作短信、邮件、电话，而这些阻碍了员工从工作中真正脱离出来④。因此，可以看到对于两类人群而言，体力“过劳”和心理“过劳”同时并存。对于该群体想要缓解“过劳”程度，不仅需要充分的休息时间，也需要自我心理和情绪调节，更需要组织给予的员工帮助计划⑤。

（二）“强制自发性”与“自发性”

“强制自发性”是由日本学者熊沢诚提出的，是指“员工面对企业的能力主义管理，高的工作水平标准，为了不在残酷的竞争中淘汰，而不得不自我觉悟，被迫拼命工作，表现出精神很痛苦”⑥⑦。在工作中，通常会表现出一

---

① 刘贝妮．高校教师工作时间的理论与实证分析［D］．北京：首都经济贸易大学，2014.

② 刘鑫，张震．医务人员过劳原因分析［J］．医学与社会，2016（1）：23-26.

③ 李爱梅，夏萤，高结怡，等．下班后能否从工作中解脱？——员工心理脱离的影响因素、作用机制与研究展望［J］．外国经济与管理，2015（37）：59-68.

④ Michael White. Working hours：assessing the potential for reduction［J］. International Labour Office，1987：43.

⑤ 石建忠．劳动者过劳现象若干理论问题探讨［J］．中国人力资源开发，2010（9）：24-29.

⑥ 熊沢诚．能力主義と企業社会［M］．東京：岩波書店，1997.

⑦ 熊沢诚．偽装管理職問題の周辺——正社員を追いつめる構造と労働側の戦略［J］．Posse 2，2008：76-95.

种主动的工作态度和行为。该类型员工属于看似主动但实质是被强迫工作的行为，尤其是在工作中很少感到乐趣的存在。通常会表现出一种压力感，迫于无奈的工作，精神状态不佳，甚至伴有紧张和焦虑的情绪。小仓一哉认为，日本劳动者能够接受包括无偿加班在内的长时间劳动，是因为日本人勤劳意识很强，也就是日本人有着很强的勤劳价值观①。但是熊沢诚则认为，除了这种固有的劳动文化以外，日本企业所强调和重视的能力主义（日本的能力主义不仅指完成工作的能力，还包括加班、在工作上所表现出的积极性、协调性、热情、态度等能力，甚至还包括潜在的能力）制度，是迫使员工无偿加班以及长时间劳动甚至迈向“过劳死”的罪魁祸首②。他指出，员工的这种劳动行为并非自愿行为，是企业通过某种强迫机制驱使员工做出长时间劳动的行为。所以“强制自发性”型员工在工作行为上会表现出一定或者很高的工作投入程度，但非主观意愿而是一种由外在强制力（岗位的胜任要求、任务的完成期限、工作质量的要求等）引发的，从内心情感上逼迫自己不得不进行投入的行为状态，因此在工作的过程中常会表现出无法享受其中乐趣的现象③。

“自发性”型员工对于工作是自愿行为，在工作中几乎不会受到工作、组织等外力的影响，对于工作充满热情和乐趣，而这种主动自愿工作的行为动力来自内驱力。本田由纪强调，现代年轻人与拥有相对稳定的工作和收入相比，更愿意从事“有趣”的，“自己想做的”的工作，工作的价值倾向发生了改变④。他们除了稳定的工作和收入以外还有其他追求：趣味性（做自己喜欢做的事）、游戏性（憧憬工作中所能带来的创新和自由）、被他人的认可度（希望被他人认可）、企业文化的洗礼（与公司有着共同的价值观，被公司鼓舞士气的话所洗礼）等；而这些员工所珍视的工作的意义和价值，对工作价

① 小倉一哉．過働社会ニッポン–長時間労働大国の実態に迫る［J］．日経ビジネス人文庫，2011.

② 熊沢诚．働き過ぎに斃れて［M］．東京：岩波書店，2010.

③ 王欣，杨河清．对企业中“强制自发性”型员工“过劳”的研究［J］．软科学，2016（10）：104–108.

④ 本田由紀．軋む社会–教育・仕事・若者の現在［M］．東京：河出書房新社，2011.

值的信念被企业巧妙地利用了，成为企业的饵食，这实际上是一种剥削，对工作价值的剥削①。因此，与其说是强制，不如说是为了自我实现而无偿加班，因此年轻人对无偿加班并不反感。可以看到，该类型员工追求完美和自我实现，精神状态很好，即便组织给予挑战性工作时也不会感到压力，即便压力存在而且很大。通常工作时精力十分集中，废寝忘食，甚至达到忘我的精神境界，为了更好地完成工作不知疲倦。阿部真大写道“像骑摩托车的骑手一样，对于骑摩托车的趣味与稳定的工作和收入相比，他们更在意工作本身的乐趣和自己想要做的事，最近年轻人的就业意识开始发生了转变，甚至在工作中忘记了时间。阿部把这种为满足自我实现需求的过度劳动行为称为‘工作狂’”②③。因此，对于身心健康的损害和消耗自己很难察觉到。

第三节 “过劳”经济损失的概念及要素划分

进入 21 世纪，经济全球化所带来的竞争和压力加剧，不仅是日本员工，美国员工“过劳”问题也日益凸显。艾伦的报告显示，2001 年在对 1 003 名员工进行调查时，82%的人在 3 个月内都存在不同程度的超时、超强劳动，其中 28%的员工认为经常或总是这样；有 1/3 的员工已呈现出“过劳”状态，并且认为这是导致自己在工作中经常出错，影响工作效率和家庭和谐的主要原因；而在 2004 年的第二次调查中，这种情况并没有发生太多变化④⑤。事实上，美国有 40 万~80 万人被慢性疲劳综合征困扰着，而这种症状平均可持续

① 本田由紀.「<やりがい>の搾取-拡大する新たな”働きすぎ”［J］. 世界 SEKAI，2007(3)：762.

② 阿部真大. 搾取される若者たち-バイク便ライダーは見た！［M］. 東京：集英社新書，2006.

③ 阿部真大. 働きすぎる若者たち-「自分探し」の果てに［M］. 東京：生活人白書，2007.

④ Ellen Galinsky，Stacy S Kim，James T Bond. Feeling overworked：When work becomes too much［R］. Families and Work Institute，2001.

⑤ Ellen Galinsky，Stacy S Kim，James T. Bond，et al. Over work in America：when the way we work becomes too much［R］. Families and Work Institute，2004.

5 年，最长可达 20 年①②③。美国每年因疲劳所造成的直接经济损失可达 20 亿~70 亿美元，个人的经济损失也要达到 2 342 美元~8 675 美元④。有学者推算出因医疗保健产生的直接支出为每人每年 3 226 美元，而因缺勤导致生产时间受到影响所带来的个人收入损失为 8 554 美元，后者占到了总损失的 82%（个人经济总损失为 11 780 美元）；而美国国民经济总损失的估算值则在 140 亿~370 亿美元⑤。

文献研究发现，对于事故和职业病所造成经济损失方面的研究越来越多，尤其是发达国家对于该理论的探索越来越深入，测算评估系统也越来越完善。但对于由于过度劳动引发的事故以及所造成的人员伤亡损失的研究并不多见，有学者提到“员工因疲劳而造成的经济损失以及对个人、企业、社会的影响，发达国家的学者已对此有所研究，但与其他视角的研究相比该方面成果较少”⑥。目前，只有日本对“过劳死”所造成的经济损失有过相关的研究报告，但其他国家较少看到。2010 年，日本国立社会保障・人口问题研究所对由于员工过劳自杀和过劳抑郁所造成的直接经济损失的推算结果显示，1998 年到 2009 年，日本累计损失 GDP 4 兆 7 千亿日元，到 2020 年累计损失将达到 14 兆 8 千亿日元⑦。2016 年，日本厚生劳动省发布的《过劳死等防止对策白书》公布了“过劳”所导致人员伤亡的发生状况和劳灾补偿状况，进一步

① Fukuda K, Straus S E, Hickie I, et al. The chronic fatigue syndrome: a comprehensive approach to its definition and study [J]. Journal of Chronic Fatigue Syndrome, 1994, 1 (2): 67.

② Reyes M, Nisenbaum R, Hoaglin D C, et al. Prevalence and incidence of chronic fatigue syndrome in Wichita, Kansas [J]. Archives of Internal Medicine, 2003, 163 (13): 1530-1536.

③ Nisenbaum R, Jones A, Jones J, et al. Longitudinal analysis of symptoms reported by patients with chronic fatigue syndrome [J]. Annals of Epidemiology, 2010, 10 (7): 458.

④ Leonard A Jason, Mary C Benton, et al. The economic impact of ME/CFS: individual and societal costs [J]. Dynamic Medicine, 2008, 7 (1): 6.

⑤ Brimmer Dana J, Resch Stephen C, et al. The economic impact of chronic fatigue syndrome in Georgia: direct and indirect costs [J]. Cost Effectiveness and Resource Allocation, 2011, 9 (1): 1-12.

⑥ Leonard A Jason, Mary C Benton, et al. The economic impact of ME/CFS: Individual and societal costs [J]. Dynamic Medicine, 2008, 7 (1): 6.

⑦ Yoshihiro Kaneko. Socioeconomic factors behind suicide and estimation of economic benefits from measures against suicide/depression [R]. National Institute of Population and Social Security Research, 2010: 36-46.

推动了日本对过劳问题的研究①。

一、"过劳"经济损失的界定范围

经济损失通常是指可以通过市值或可以按照一定市值进行货币转换的商品或服务损失②。"过劳"的经济损失是指，因员工"过劳"所导致的可以通过市值或可以按照一定市值进行货币转换的劳动及商品损失。狭义的"过劳"经济损失是指，因员工"过劳"所要支付的预防费用、医疗医药费用、生产损失及工资收入损失等直接经济损失和能够通过货币转换所造成的间接经济损失；广义的"过劳"经济损失是指，除包括狭义"过劳"经济损失之外的，因"过劳"所导致的患病、事故及伤亡，以及"过劳死""过劳抑郁""过劳自杀"所造成的部分丧失劳动能力、完全丧失劳动能力，甚至由于死亡导致的劳动及商品上的可通过货币转换的市值损失。需要强调的是，该经济损失并不等同于净收入，而是从成本支出的角度进行估计的，因此并非利润损失。

二、经济损失要素的划分形式

安德列奥尼（Andreoni）认为，经济损失应该包括有关活动在生产计划阶段的费用（广义的预防费用）、企业运营期间的费用（包括固定和变动的预防费用，固定和变动的保险费用，事故发生后的变动费用，与事故有关的物质损失费用以及特殊的预防费用）和生产损失相关联的财政损失三部分③。目前，国际上对于经济损失测算要素的划分形式主要包括：按直接经济损失和间接经济损失划分，按经济损失的对象划分，按资本损失和恢复成本划分，按有形成本与无形成本划分，按固定成本与可变成本划分。

---

① 厚生労働省労働基準局総務課過労死等防止対策推進室．平成28年版過労死等防止対策白書［OR］．http：//www. mhlw. go. jp/stf/seisakunitsuite/bunya/0000138529. html，2016-11.

② 罗云．事故对社会经济影响的调查分析［J］．安全，2004，25（3）：2-4.

③（意）安德列奥尼．职业性事故与疾病的经济负担［M］．宋大成，等，译．北京：中国劳动出版社，1992：1-20.

（一）按直接经济损失与间接经济损失划分

1986年，国家标准局发布的《企业职工伤亡事故经济损失统计标准》（GB 6721-86）（以下简称《标准》），是按照直接经济损失（因事故造成人身伤亡及善后处理支出的费用和损坏财产的价值）和间接经济损失（因事故导致产值减少、资源破坏和受事故影响而造成其他损失的价值）的方式对费用进行划分的。虽然在经济损失要素的划分上还存在较多的问题，但是至少说明按照直接经济损失和间接经济损失的划分是较为合理的。

本书所指的直接经济损失是员工“过劳”与其直接联系的、能用货币形式直接或间接估算的损失，既包括为防止“过劳”所支付的心理咨询费用、保健品费用、体检费用，也包括因“过劳”所带来的财产损失、医疗医药等费用、应急处理及善后赔偿支出等，通常而言，该种经济损失是较容易被确定和可测量的。间接经济损失是指与“过劳”无直接关联但能以货币价值衡量的损失，通常这笔支出不会被直接反映在会计账本上或不会通过保险来担负，事实上是难以进行衡量的，包括工作场所的生产损失、家庭场所的生产损失。

（二）按有形成本与无形成本划分

有形成本与无形成本的区别在于是否能用货币价值表示“过劳”的具体后果。有学者认为，这种分类类似于直接经济损失与间接经济损失。有形成本是出现在会计资产负债表上的，并能够进行补偿和辨别的成本；而无形成本是间接的，没有货币价值，是不可估量且主观的①。但有些学者认为，无形成本只是间接经济损失中的一部分②。

① Butcher F. Aftermath: using research to understand the social and economic consequences of workplace injury and illness [J]. Social Policy Journal of New Zealand, 2004 (23): 181-194.

② Shalini R T. Economic cost of occupational accidents: Evidence from a small island economy [J]. Safety Science, 2009, 47 (7): 973-979.

（三）按固定成本与可变成本划分

固定成本指无论“过劳”所导致的事故发生率情况如何，其成本是恒定的；而可变成本则是随发生率的变化而变化的。两者的区别在于成本是否随“过劳”所导致的事故发生率而变动。例如，赔偿受伤人员的固定保险费是固定成本；而可变成本是在以第一次保险赔偿的基础上，成本随着事故发生的次数而不断增加。因此可变成本为企业降低“过劳”所导致事故的风险和建立预防措施提供了动机①。

（四）按事故经济损失的对象划分

将经济损失的对象分为：人、物、雇主、机构等。日本对经济损失测算的分类为：人的损失、物的损失、雇主的损失和各类公共机构的损失②。

（五）按资本损失和恢复成本划分

由于“过劳”导致的安全事故一方面会导致人力、物力、财力资源的流失；另一方面还将承担破坏和损坏的资源尽可能地恢复原状、弥补的事故后果。例如，荷兰、芬兰将经济损失评价的指标分为三大类：人力资本的损失（生产损失）、生命价值（受害者及其家属的生活质量损失）、恢复成本（医疗费用、财产损失、机构支出）③。在对人力资本损失和生命价值进行测算时，由于死伤程度不同所造成的经济损失差异较大，因此，一些国家采用了更为细化的分类方法。例如，美国、澳大利亚将受害者按照伤亡程度进行等级划

① Rikhardsson P, Impgaard M. Corporate costs of occupational accidents: an activity-based analysis [J]. Accident analysis and prevention, 2004, 36 (2): 173-182.

② 内閣府政策統括官．交通事故の被害・損失の経済的分析に関する調査，2012.

③ Tervonen J. Accident costing using value transfers: New unit cost for personal injuries in Finland [R]. VTT Communities and Infrastructure, 1999.

分，再对不同伤亡程度下的生产损失、生命价值等进行估算①②。

（六）按伤亡相关联和事故相关联划分

将“过劳”所导致的安全事故经济损失分为两类，即：与伤亡相关联的经济损失（生产损失、医疗医药费用、急救费用、生命价值）和事故相关联的经济损失（警员成本、保险机构支出、财产损失）。

本书与国际主流分类方法相一致，因此经济损失的构成主要包括：直接经济损失、间接经济损失以及生命价值。也有一些国家和组织在进行经济损失分类时将生命价值纳入间接经济损失的范围内。

三、经济损失要素的构成

根据文献研究可知，各国对评价指标的划分、归类的方式不同，但是所包含的指标较为相似。因此，经济损失可按照直接经济损失、间接经济损失、生命价值的指标要素进行划分，具体如图 1.1 所示，即包括：预防费用、财产损失、医疗支出、应急处理及善后赔偿支出、工作场所生产损失、家庭生产损失以及生命价值。

（一）直接经济损失

1. 预防费用

有学者在对事故经济损失研究时提到，“在事故发生之前产生的费用叫作预防费用，而在事故发生之后产生的则是事故费用”③。有学者表明，对于事故经济损失的测算既要包括事故所造成的费用，也要包括为预防事故发生所

① Blincoe L, Miller T R, Zaloshnja E, et al. The Economic and societal impact of motor vehicle crashes, 2010 [R] . National Highway Traffic Safety Administration (NHTSA) Technical Report, 2015.

② Tim Risbey, Mark Cregan, et al. Social Cost of Road Crashes [R] . Australasian Transport Research Forum. 2010.

③ 宋大成. 安全经济学讲座（二）：事故和费用 [J] . 劳动保护，2001（8）：38-39.

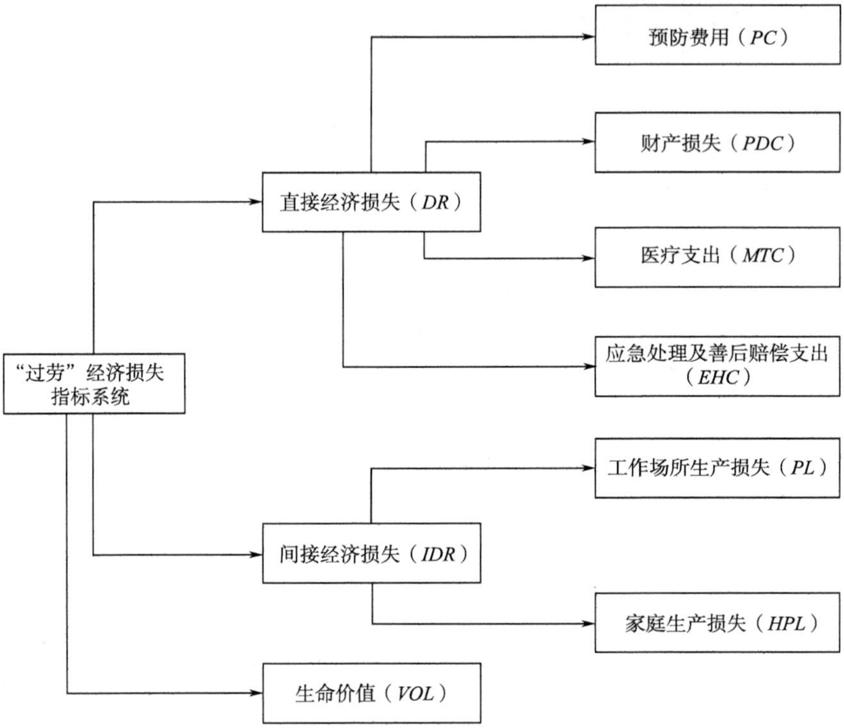

图 1.1 “过劳”经济损失指标系统

要支付的预防措施的费用①。即将防止“过劳”症状的发生或加重而事先采取的一系列预防措施所支付的费用纳入其中。二级指标主要包括：心理咨询费、保健品费用、挂号费、医药费、身体检查费、交通费等。对于员工而言，这些费用大多需要自理，但实行了员工帮助计划的企业对核心员工进行心理辅导和指导则作为一种长期激励和福利，属于员工广义薪酬的一部分。

2. 财产损失

财产损失包括因“过劳”导致的安全事故所造成的生产设备、生产工具、生产对象（产品、货物），以及辅助设施等的破坏，为事后修缮或购买新设施而产生的支出。主要包括以下二级费用指标：生产设备损失、生产对象损失、

① （意）安德列奥尼．职业性事故与疾病的经济负担［M］．宋大成，等，译．北京：中国劳动出版社，1992：1-20.

生产工具损失、辅助设施损失等。

3. 医疗支出

医疗支出的经济损失是指已步入“过劳”状态的员工，因为感到身心疲劳而不得不到医院就诊治疗所产生的支出；因“过劳”导致安全事故发生时所需的急救医疗服务，进行救治时所需承担的医疗、医药等的支出；部分伤害者由于暂时性或永久性残障而要进行伤残鉴定和康复性治疗所需的支出。结合《企业职工工伤保险试行办法》（劳部发〔1996〕266号）中的“工伤保险待遇”等，主要包括以下二级指标：治疗费、医药费、门诊挂号费、就医交通费、护理费、住院费、住院伙食费、康复费、伤残鉴定费、尸检费等。由于中国城镇职工基本医疗保险已实行了全覆盖，对于个人在起付线以上只需要按照报销比例进行支付，同时医疗保险补偿机制的建立，很大程度上减少了医疗医药费用的开支。费用由社保机构统筹管理，但缴费的源头来自个人、单位和国家。在就医的过程中，资源是稀缺的，医疗资源被占用后就无法被分配到其他地方，而是以医院医生、护士等参与医疗服务人员的工资性收入呈现的。

4. 应急处理及善后赔偿支出

为尽可能地消除事故的后果和隐患，需要进行应急处理和善后赔偿工作，因此势必会消耗人力、物力、时间，由于为处理因“过劳”导致的安全事故提供必要的服务，从而减少该资源用于其他活动的可能性所造成的损失。发生安全事故时需要急救治疗服务以及警务、消防人员的及时管控，事后保险公司、司法机构介入所需的支出，以及民政部门对死亡人员的家属给予的丧葬补贴，对残障人员给予的社会救济补贴等。二级指标主要包括：急救治疗服务费，警务处理费，消防处理费，保险公司运营费，与司法机构关联的咨询、调查、诉讼、审判费，福利及社会救济补贴等。

（二）间接经济损失

1. 工作场所生产损失

大多数研究者基于一个经济假设，即：员工的工资等于他的边际产品价值，因此失去的产出价值就应该等于失去的收入①。由于“过劳”导致受害者死亡或出现不同程度的伤残状况，势必会缺勤，延误工期。轻伤人员短暂的缺勤，重伤人员则需要长时间恢复，尤其是对于长期不能回到工作岗位的员工，企业还要招聘、培训新人而担负成本。有些员工即便回到原企业，但由于身体状况已经不再胜任原工作，要面临更换岗位的损失；一些人员还要重新在劳动力市场寻找新的职业和工作，要为此付出搜寻成本，但这些是难以计算和衡量的。二级指标主要包括：缺勤、误工所带来的收入损失，企业招聘、培训新人的成本。

但是，也有学者认为员工暂时的缺勤并不会给企业带来太多损失，因为长期不能上班的员工，企业会通过招用新的员工替代，因此，任何看似生产产出减少的现象都是短暂的（摩擦期间内），当工作被重新分配后这一切便会消失，这被称为摩擦成本法②。该理论认为，生产损失仅限于摩擦期间内（较为短暂的），并不是受害者歇工的始末时间，也就是说，在这个阶段过后生产率会恢复到生产安全事故发生之前的水平，但是这个摩擦期间是很难被估计的。

国民经济是由各经济部门构成的，但是国民经济并不等于各经济部门的加总，因为部门之间并不是相互排斥的，而是夹杂着费用的转嫁，有重叠的部分。学者提出摩擦成本法，主要是由于在估算经济损失时多是先按照损失来源对象进行分类，即：企业、机构、个人，为了避免不同对象在某一费用上的重复计算，提出这样的考虑。生产损失是基于企业方面的经济损失，对于个人而言势必会存在因无法工作而带来的收入性损失，如果像《标准》中所指出的既要计算生产损失又要将歇工工资纳入其中，则明显属于重复计算，而两者之间又确实存在着“转嫁”关系。所以说，如果不对经济损失的来源方进行分类，仅对费用要素逐一评价，那么按照歇工时间始末进行估算并没

① International Labour Office. Estimating the Economic Costs of Occupational Injuries and Illnesses in Developing Countries：Essential Information for Decision-Makers ［R］. International Labour Organization，2012.

② Koopmanschap M A，Rutten F F，et al. The friction cost method for measuring indirect costs of disease ［J］. Journal of Health Economics，1995，14（2）：171-189.

有过失，且较容易进行。

对于企业经济损失而言还应包括利润损失，即：因事故导致的减产、停产损失以及车间的连续损失（由于人受伤或机器受损引起的工作停顿，而基于生产程序的特性，发生在任何一处的停顿都可能导致其他机器、车间的停顿或不良运转）。市场中并不是只有一家企业，如果一家企业发生安全事故而导致减产、停产，利润受到影响，事实上并不会影响其他企业的生产经营。市场中所销售的该厂商的产品会被其他厂商的产品所替代，不会造成产品数量的真正减少和失衡，与此同时，这些商品最终会由消费者购买。因此，如果从国民经济核算的角度思考则不应该包括厂商利润损失。

2. 家庭生产损失

家庭生产损失是指“过劳”受害者本人既不能参与家务劳动还需要他人照顾所要担负的家庭劳务损失。由于因“过劳”导致受害者出现不同程度的伤残状况，尤其是全部或部分丧失劳动能力的人，会影响其日常生活中的家务劳动。因此，至少需要一名家庭成员放弃工作或者雇小时工对其照顾。如果每小时的家庭生产活动损失计算是基于受害者的小时工资，那么这项损失有可能被高估，因为一般家庭会让比自己小时工资低的人员从事家庭生产活动。也就是说在从事家庭生产活动时，个人家庭生产价值要低于他们自身的工资水平①。

（三）生命价值

生命价值主要通过对伤害者生活质量损失的测量而得到，这是一种无形的损失，此项已被纳入越来越多的职业伤害经济损失估算中。因“过劳”造成的安全事故发生后，尤其是丧失劳动能力的员工所要承担的伤痛，本人及其家属所要面对未来生活憧憬的破灭，家庭要为此付出的情感，以及因此所带来的生活质量的下降②。

① Raymond Richard. Which estimates of household production are best? A Comment [J]. Journal of Forensic Economics, 1993, 6 (2): 161-163.

② Weil D. Valuing the economic consequences of work injury and illness: a comparison of methods and findings [J]. American Journal of Industrial Medicine, 2001, 40 (4): 418-437.

第四节 研究意义及价值

一、理论意义及价值

首先，本研究有助于弥补我国“过劳”问题研究中关于经济损失研究的不足。随着社会经济的不断发展，“过劳”问题、加班问题等已成为部分员工的工作常态。“过劳”现象凸显，问题亟待解决。严重“过劳”所带来的后果，不仅是个人身心健康上的损害，还会导致工作效率下降，甚至由于精神不集中而造成工伤事故的发生，从而给个人、企业乃至社会经济带来损失。但是，现有的研究成果很少，不能给社会、政府提供更有力的政策制定依据。本研究着重从理论层面对“过劳”经济损失进行解读和剖析，再通过实证性研究进行验证。对于“过劳”经济损失测算的框架、体系、理论、原则、方法等进行了深入的探索，使其能够成为一个研究经济损失的系统或者模式。在一定程度上开拓了该问题的研究视角和空间，也为更多的学者参与此研究奠定了理论基础。

其次，在一般性研究的基础上，从理论层面对与“过劳”相关联的安全事故经济损失测算进行了探索。在国内，对于事故经济损失的评价和测算与国外研究相比，较为落后。在半个多世纪前，发达国家对于职业病、生产事故、交通事故所造成的经济损失就进行了理论研究，尤其是方法论上的不断突破与完善。而今，日益成熟的方法、理论已被应用到实际问题中，在定期展开上政府研究报告式的汇报。但国内的研究很少，尤其是与“过劳”相关联的依旧空白。但是安全事故中与疲劳相关联的事件并不在少数，疲劳驾驶事故也是交通事故发生中的重点之一。这些事故给社会、国家造成的经济损失，该如何从理论上进行评价和测算是本研究要解决的重点。本研究将构建一个全面、系统的理论框架，为后续应用奠定基础。

二、实践意义及价值

本研究在实践应用层面同样有着较高的意义和价值。本研究不仅从理论层面对“过劳”经济损失测算进行了一般性研究，且通过实证性研究对该理论体系及方法进行了验证。将理论和方法运用于实际问题中，可提升实用价值。对不同特征群体工作效率的差异化分析，以及“过劳”经济损失的亚层次分析等，不仅可以反映不同特征下各群体的“过劳”经济损失情况，还可以利用直接经济损失、间接经济损失，甚至各要素指标下的亚层次经济损失的测算结果找到“最大”与“核心”指标，为日后将该体系完全落实到劳动力市场监测中提供有利依托。核心指标的进一步凝练能够为监测和及时反映劳动力市场中劳动力“过劳”情况提供有利依据，甚至为“过劳”经济损失景气预测提供了先行研究的实践基础。

第五节　研究内容及方法

一、研究内容

本书的研究对象是“过劳”的经济损失测算，因此本书的主要研究内容包括：“过劳”的文献研究及述评，“过劳”经济损失测算的一般方法及理论，“过劳”经济损失的测算及贡献率的分析，“过劳”经济损失测算的典型案例分析，“过劳”防止的国外经验借鉴及政府规制等。根据所要研究的主要内容，提出了本书的研究思路及技术路线图（见图 1. 2）。

全书共有八章。第一章，概述。揭示了“过劳”问题的严重性、研究的必然性，以及“过劳”经济损失研究的必要性，寻找研究的空白地带，并为后续研究内容做铺垫。从劳动行为、健康表征、不良后果三个层面深入，循序渐进地对“过劳”概念的内涵、外延进行界定，并对其相关易混淆概念进行异同分析，依据“过劳”特征对其进行分类界定。在综合各学者观点的基础上，提出了“过劳”的广义及狭义定义，对“过劳”经济损失做出了概念界定并进行了要素划分。

第二章，“过劳”及其经济损失的文献与理论分析。本章利用文献计量学分析方法，对国外“过劳”问题研究的演进路径及趋势动态进行了梳理，并对中国、日本的研究发展历程、发展特征、学科分布等进行了比较分析。

第三章，“过劳”现状的比较及形成机制分析。本章利用中国、日本的劳动时间及经济发展水平、长时间劳动员工的占比状况等经验数据，以及中国、日本的“过劳”程度的调研数据等，对中国、日本“过劳”程度进行比较分析和判断。利用元（Meta）分析，从微观、中观、宏观三个层面对“过劳”的形成机制进行了跨层次分析。

第四章，“过劳”经济损失的实证分析。本章在国外文献研究的基础上，着重论述了经济损失测算的方法。本研究采用的方法主要包括：直接法（总产值法）、人力资本法（生产损失法）、意愿支付法（生命价值法）。采用“货币工资转换”法的思想对工作场所生产损失进行研究。在此基础上，构建了“过劳”经济损失测算的计量模型，并明确了实际测量的范畴和数据来源。在规范性研究的基础上，对员工工作效率随工作时间推移的演变规律、不同特征群体的工作效率的差异化等进行了研究。对样本人均直接经济损失、人均间接经济损失等按照既定的理论和方法进行了测算。结合单项权重、多重权重等多组估计结果，给出了中国城镇就业人员“过劳”的工资性收入损失、生产率损失、直接经济损失、间接经济损失，以及总经济损失值的估计范围区间。并利用其他国家的相关经验数据对本研究的结果加以佐证。在此基础上，通过与日本数据的匹配对“过劳死”所造成的经济损失进行了补充研究。通过“过劳”与经济损失的关联性分析进一步对上述估计结果再度验证。通过 OLS，2SLS，LIML，GMM 和迭代 GMM、两步 GMM 等估计后，给出了“过劳”和劳动时间对经济损失的影响程度，以及所呈现的关系趋势。利用有序回归分析及夏普利值分解法进一步得到不同阶段和程度下的“过劳”及劳动时间对经济损失的影响。

第五章，“过劳”经济损失测算的典型案例分析。本章在一般理论及方法研究的基础上，以与“过劳”相关联的安全事故为特例，进行更为深入的案例分析研究。对生产安全事故与疲劳驾驶事故经济损失测算的理论展开了论述和探讨。对事故的概念及其与“过劳”的关系进行了梳理。按照一般理论框架，结合不同事故的特征，分别对生产安全事故和疲劳驾驶事故经济损失测算的指标要素划分、选取、评价方法、伤害等级的划分、计量模型的构建等做了研究。

第六章，“过劳”防止的国外经验借鉴及启示。本章总结了国外“过劳死”相关法律兴起和认定，以及疲劳驾驶事故相关的法规及预防措施。以日本为例，梳理了“过劳死”相关法案出台的背景及推进过程。对日本、韩国等关于“过劳死”医学认定的规章制度进行了解读和异同、优劣的比较分析。介绍了日本及欧洲地区疲劳驾驶相关的法律制度及预防措施中的安全先进技术。根据这些经验及启示，从个人、企业、国家三个层面提出了相应的对策建议，旨在让因“过劳”受到伤害的人员越来越少，所造成的社会经济损失越来越少。

第七章，研究结论。本章主要从“过劳”研究的发展规律及分布特征，“过劳”经济损失的一般理论及方法，“过劳”经济损失的结果估计及验证，“过劳”经济损失相关联的案例分析，“过劳”防止的国外法律法规及预防措施等方面做出了总结。

第八章，研究贡献、不足与展望。本章包括对研究贡献、局限性及未来研究方向的讨论。强调本研究对社会经济及研究领域的贡献之处，包括：关于企业加班成本转移路径新阐释视角的提出，关于“过劳”经济损失测算理论及方法的构建，关于我国“过劳”经济损失的估计与多重验证。对未来的研究方向及空间提出了展望。

二、采用方法

（一）文献研究法

本书采用文献研究法对文献进行主观和客观的评价。通过文献述评的方式

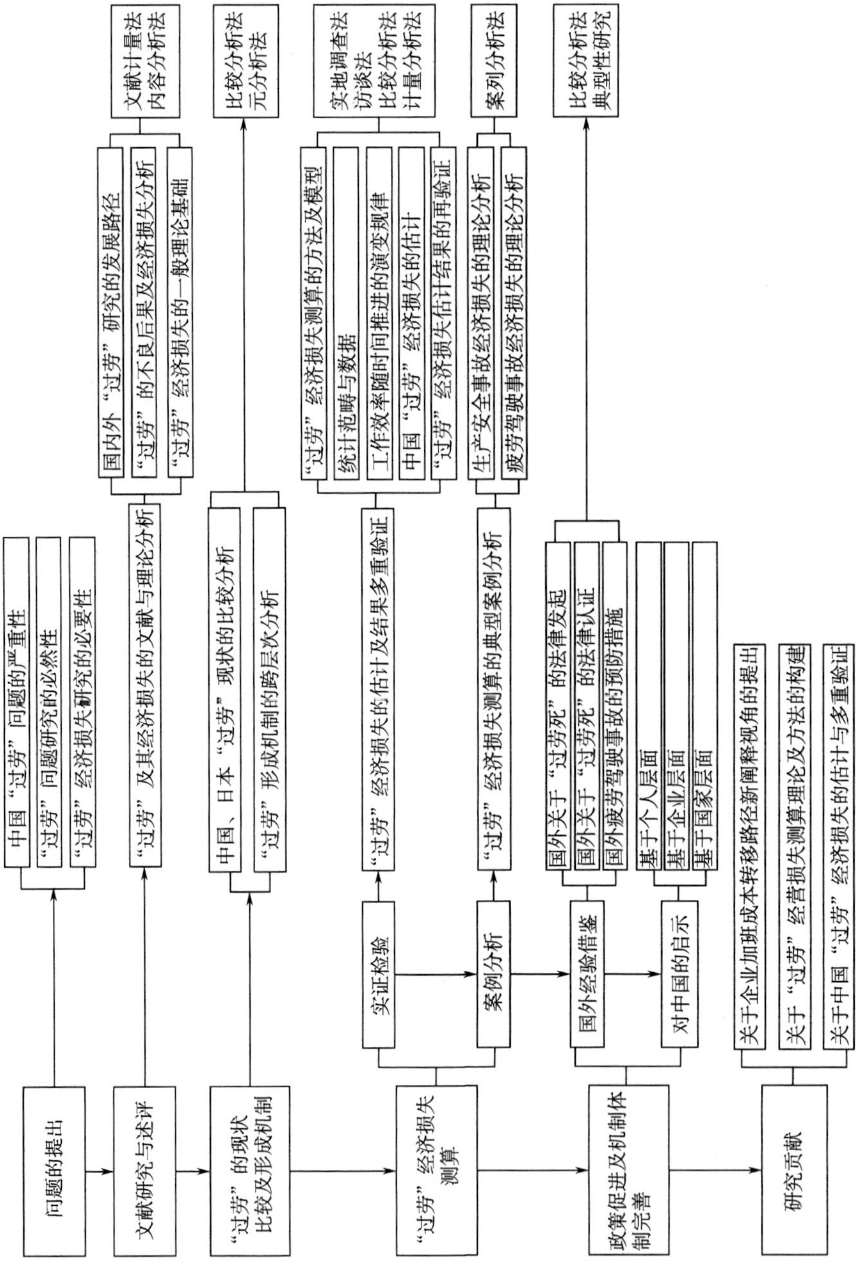

图1.2 研究思路与技术路线

对文献内容进行梳理、总结、评价为主观评价法；通过文献计量学的方式对文献特征、结构、影响程度、作者间的关联性等进行统计分析为客观评价法。

1. 文献综述法

搜集某一领域或某一课题的相关文献资料，通过分析、阅读、整理、提炼，对已有研究中的学术观点、研究进展、存在问题等进行综合性的介绍和阐述。文献研究方法被运用得非常广泛，主要是由于从方法到实现的过程不需要过多条件的支撑和特殊软件的支持，搜集资料的过程较为简便，判断分析的过程以主观评价为准，不需要客观比对，因此，在操作层面上更容易实现。在文献纳入研究的范围上没有任何约束和限制，更不需要文献平台具备某种检索条件和准则格式，也不要求文献本身是否具备“同质性”的条件。但是这种方法，相对主观。本书采用该方法对“过劳”概念的界定，“过劳”经济损失测算的理论及方法，“过劳”国外经验及预防措施等进行梳理。

2. 文献计量法

文献计量法是以文献计量学为理论基础，支撑人们探索与解决有关文献信息计量与分析的一种研究方法。主要是由文献计量特征、文献统计分析方法、基本流程与文献计量规律等构成①。文献计量的对象是文献特征，分为可计量特征和不可计量特征。包括：引文数量、索引数量、引文耦合、影响因子、条目、词频、共词、作者、合作者、来源、文献类型、国家。通常需要在文献平台中以文献特种格式输出后，利用频数统计、科学知识图谱、网络分析等方法，按照文献分布规律、量变规律、引文规律对以上特征进行研究。文献计量法是一种能够深度挖掘文献信息的方法，尤其是对引文索引及共引的计量分析，能够清晰地得知作者之间的关系纽带。而对于不同时期同一关键词词频的统计则能够形成动态的研究路径，摸清该问题的演变过程及规律。但是文献计量法也有约束性，需要具备准则的文献才能够被编辑。另外，不同文献平台文献格式的编码对接也较为复杂。因此，对于英文文献的计量分

① 罗式胜．文献计量学概论［M］．广州：中山大学出版社，1994.

析十分有限，仅能够对 WOS 库中的文献运用该方法进行研究。在本书中，拟采用该方法对国外“过劳”问题研究的演化路径及动态动向，中国、日本“过劳”研究的发展历程及特点比较两部分内容进行研究，旨在探寻国外在该问题研究上的发展路径及规律，以及我国国内的发展模式及瓶颈。

3. 元分析法

在文献之间进行比较分析，并提炼、合并关键效应指标上，文献述评法和文献计量分析法显得“捉襟见肘”。元（Meta）分析与文献述评法都属于文献内容分析法。与其不同的是，元分析不但克服了传统文献综述的主观性过强的缺点，而且可以进行定量的、系统的、客观的、可重复的综合分析，尤其是在成因的分析上，对于各研究成果效应的合并具有无法替代的作用①。元分析实质上是“合并统计量”的思想，通过对同一研究目的多个样本的综合，可扩大样本量，提高检验效能。尤其是对于有争议甚至矛盾的同类研究用该分析可以得出较为明确的结论，对效应的估计更为精准②。但元分析的结果过于依赖原始研究，需要对研究样本的范围、对象等进行筛选，尤其是“同类研究”文献的严格排查，否则会直接影响到结果③。另外，对于文献原始研究的数据采集具有较大难度，需要向文章作者索要原始数据，无意间加大了难度。目前，元分析在医学、社会学、管理学等领域中被广泛使用，已成为文献分析国际化的主流。本书采用该方法对“过劳”的成因进行分析，汇总国内学者已有的实证研究成果，对影响因素进行效应合并判断。

（二）经济模型法

经济模型法指经济理论的数学表达，是一种通过建立合理的模型将复杂问题简单化的方法。但简单化的过程更多的是指将复杂因素纳入模型中，用简洁的数学语言对该问题做出符合实际的描述和反映。该方法是研究经济现

① 张天嵩，董圣杰，等．高级 Meta 分析方法——基于 Stata 实现［M］．上海：复旦大学出版社，2015.

② 曾宪涛．应用 STATA 做 Meta 分析［M］．北京：军事医学科学出版社，2014.

③ 郑明华．Meta 分析软件应用与实例解析［M］．北京：人民卫生出版社，2013.

象互相依存的数量关系，能够反映经济现象的内部联系和运行规律，帮助进行经济分析和预测，解决现实的经济问题。本书在研究“过劳”经济损失的理论中，对劳动投入的选择，劳动投入与产出，安全、健康的成本—效益分析，生命的风险代理理论分析，等等，采用微观经济学模型的分析方法并结合主题研究的特征特点进行阐释。对于生产率随劳动时间推移的演变规律、加班工资成本转移的路径等进行理论探索。试图运用作图的方式对这些规律进行表达。在一般理论研究和典型案例分析中，对于经济损失指标体系的构建，以及经济损失计量模型的构建，运用相关的经济学、统计学模型，并以数学表达式的方式进行诠释。

（三）实证分析法

实证分析法是认识客观现象，提供实在、有用、确定、精确知识的研究方法，其重点是研究现象本身“是什么”的问题。实证分析法只揭示客观现象的内在构成因素及因素的普遍联系，归纳概括现象的本质及其运行规律。该方法的目的在于认识客观事实，研究现象自身的运动规律及内在逻辑。该方法对研究的现象所得出的结论具有客观性，并根据经验和事实进行检验。因此，在理论的基础上提出理论假说并用事实对其进行检验是该方法的关键环节。本书运用实证调查研究与个性化访谈相结合的实证研究方法，通过调研所获得的一手数据，对不同特征群体的工作效率进行描述性分析、列联表分析、组间差异性分析等。利用相应的理论方法及计量模型对直接经济损失、间接经济损失，以及总经济损失的区间范围进行估计。并对不同人口特征、分布特征、区域特征的群体所造成的人均经济损失进行亚层次分析。通过不同国家经验数据的匹配对研究结果进行多重验证，利用 OLS，2SLS，LIML，GMM 和迭代 GMM、两步 GMM 等方法，给出“过劳”以及劳动时间对经济损失的影响程度，以及所呈现的关系趋势。利用有序回归分析及夏普利值分解法，进一步得到不同阶段和程度下的“过劳”及劳动时间对经济损失的影响。

（四）案例分析法

案例分析法是结合实际，以典型案例为素材，并通过具体分析、解剖，进入特定的情景和过程，建立真实的感受和寻求解决问题的方案。通过案例分析法可对某一研究对象的特征信息等进行抽象和归纳，通常可以结合文献资料对单一对象进行分析，从而得到事物一般性、普遍性的规律。反映抽象理论的案例有多种渠道来源，因此案例的选择和收集是较为关键的，而案例本身应该具有一定的可深入性和延展性，尤其在应用和实践层面能够给出更多的指导意见。案例本身应该具有一定的代表性，所反映的问题应是某一领域中较为凸显或者典型性的，但又较难通过客观数据给予描述和分析。因此，对与"过劳"相关联的生产安全事故的经济损失，尤其是疲劳驾驶事故所造成的经济损失，本书采用案例分析法对该内容进行剖析。疲劳驾驶事故作为"过劳"不良后果的典型代表之一，具有重要的研究意义。作为安全事故中的一个类别，同样具备事故的特征，由于相关经验数据的缺失，更不容易通过调研完成。

（五）比较分析法

比较分析法多是通过两两比较而得到次序或得到更可靠和更有效的评估。尤其在研究对象较为固定，数量较少的时候采用。该方法更具有针对性，通过两两对比或轮流对比的方式，寻求同中之异或异中之同，从而探求普遍规律与特殊规律，进而得到更为可靠的归纳，加强对个别事物或者研究对象某方面的判断。在比较的过程中采用较为可观的数据加以比对，通常要充分考虑各因素的相互关联性，需统一标准和口径，否则会出现偏差，从而导致判断失误。该方法对主观经验判断是一个补充，具有客观科学性。本书在多个地方采用比较分析法，通过中国、日本"过劳"研究的发展历程及特点的比较，揭示两个国家在同一个命题上研究路径、阶段性特征、发展模式、学科分布等的异同之处，有利于中国在该问题研究上的长足进取。在透析日本"过劳死"的经济损失研究的基础上，对中国、日本“过劳”情况进行比较研究，通过数据匹配的方式对中国“过劳死”经济损失进行估计。

第六节 研究的创新性努力

一、“过劳”的内涵、外延及易混概念

国内学者对于“过劳”的概念界定尚缺乏共识，甚至出现相近概念混淆和乱用的现象。“过劳”需要多学科融合，嵌入研究。因此厘清概念有利于让不同学科能够站到同一研究平台，为开展后续研究，融入更多的研究视角奠定基础。本书从劳动行为、健康表征及不良后果三个层次，按照因果逻辑顺序及关系，将此概念贯穿连通起来进行诠释。不仅站在劳动经济学的视角，还融合了更多的学科知识，便于日后发展多学科共同研究。在此基础上，对“过劳”及与相关相近的易混淆概念进行了辨别和异同分析，旨在将“过劳”与适度劳动、疲劳、工作倦怠等概念进行区分。同时能够让“过劳”的界定更加明确，更容易做出判断。此外，将“过劳”按照体力“过劳”与脑力“过劳”“强制自发性”“自发性”的特征进行分类阐释，以更加深入地对“过劳”做出多视角、多维度的解读。

二、揭示国内外“过劳”的研究路径及动态

国内学者多是对中国“过劳”的发展路径进行研究，而对国外在该问题上的发展规律尚不明晰。即便有学者对日本的“过劳”研究进行过文献述评，但是无法凸显不同时期学术研究的动态变化。本书利用文献计量学方法，通过相关专业软件，在多个文献平台上大量收集文献信息数据。通过对文献特征的挖掘，对国内外“过劳”问题研究的路径及动态进行剖析。本书通过定向与定量相结合的方法，对“过劳”问题研究的相关文献进行梳理，从文献内容及结构特征等方面进行剖析，从而深入了解美国、英国、德国、法国、

日本等发达国家对“过劳”研究的路径及动向，通过研究特点及趋势进行对比分析，旨在揭示国内外在“过劳”研究上的发展规律及模式，寻找其间的差距与差异，使中国学者在“过劳”研究上能够多学科融入，不断突破瓶颈，深入展开。

三、提出企业加班成本转移的新阐释视角

本书基于劳动力投入与产出理论，对企业成本的转嫁做了详尽的分析。从新的视角对加班工资做审视，阐释了为何员工在加班期间工作效率很低，企业却依旧没有暂停员工加班的安排。根据边际生产力递减规律可知，这种情形是不太容易出现的。但很多企业愿意甚至较为隐蔽地带有强迫性地让员工加班，主要缘于加班成本转移的路径很隐蔽，并不会被社会所发现和察觉。其主要原因是中国《劳动法》对加班工资的起付限制过低，法律制约机制的不健全，其中包括加班时间的监督不严格、加班工资的规定及监管不完善等，最终演变成员工和社会买单的情形。

四、构建“过劳”经济损失测算的理论体系

中国对于“过劳”问题的研究多集中于从经济学、管理学等视角进行成因分析，而日本多从医学角度与身心健康相关联对“过劳死”的成因进行剖析，从法律角度对“过劳死”的法律认定及《过劳死防止法》的推进等进行研究。欧美则对隐性缺勤现象以及所导致的生产损失进行了较为深入的分析。然而对于因“过劳”导致工作效率下降，缺勤等造成的生产损失，安全事故等所造成的社会经济损失的研究鲜有。本书从“过劳”经济损失测算的一般理论及方法研究入手，通过构建经济损失测算的理论及方法体系，系统、全面、深入地对这个命题进行研究。拟通过总产值法、人力资本法、意愿支付法等，以及“货币工资转换”的思想对“过劳”经济损失进行测算。在扎实相关理论框架、测算方法、指标选取、模型构建等前提下，在一般性研究的基础上，对与“过劳”相关联的事故经济损失测算的理论及方法进行研究。

五、测算员工工作效率及“过劳”经济损失

无论是理论分析还是实证研究，中国对“过劳”经济损失方面还鲜有研究。在扎实理论体系的基础上，对中国“过劳”经济损失进行实际测算并加以验证。在夯实相关方法论的前提下，恰当结合本研究特点，对不同特征群体的员工工作效率的差异性进行剖析，并利用货币工资转化法测算出相应的生产损失。结合国内外相关测算方法的基础上，利用人力资本法、意愿支付法及总产值法对“过劳”经济损失进行测算，并用亚层次分析法对各要素指标下的经济损失进行测算。通过与日本数据进行比较、匹配等对“过劳”经济损失的估计结果进行多视角的验证。

六、比较分析国外相关法律法规及预防措施

中国学者对于“过劳”的相关法律法规的完善以及对“过劳死”纳入《工伤保险法》等方面已有不少研究，而本书在深入分析国外相关法律法规制度的基础上提出对策建议。拟对日本“过劳死”相关法律兴起、完善的背景及认定过程进行梳理，对韩国、日本“过劳死”相关的法律、医学认定进行比较分析。旨在通过异同分析透视出更完善的认定标准，为后续中国相关法律认定的出台奠定基础。

第二章　“过劳”及经济损失的文献与理论分析

随着社会经济的不断发展，“过劳”是否会继续成为员工工作的常态，值得我们思考。相较于发达国家在此方面的研究成果，中国对于该领域的研究起步较晚，2000年后，才有学者开始关注并从事相关方面的研究。截至2017年12月31日，中国CNKI平台上关于“过劳”研究的文献记录为386条，而在日本的CINII平台上可以检索到的书籍165种，期刊文献2 478篇。不仅研究成果的数量与发达国家有较大差距，且与发达国家“过劳”问题研究的学科结构相比较，中国在关于“过劳”研究的学科分布和演进路径上也呈现完全不同的特点：更偏重于经济学和法学，但支撑学科，例如医学、心理学鲜有研究成果①。同时，与国内劳动经济学传统研究领域相比，“过劳”问题还属于新兴领域。目前对“过劳”所导致的生产效率下降、安全事故的发生，所造成的社会经济损失等方面的研究较为欠缺，有待学者进一步挖掘。

第一节　国内外“过劳”研究的发展路径及比较

一、国外“过劳”问题研究的演化路径及动向

在18世纪，处于资本主义初期阶段的欧洲国家普遍存在超时、超强劳动

① 杨河清，王欣．过劳问题研究的路径与动向［J］．经济学动态，2015（8）：152-160.

的现象。马克思在《资本论》中深入地论述了当时工厂工人的劳动生产过程及其被资本家剥削的各种形态。而过度劳动也多次出现在马克思所著的《1844 年经济学哲学手稿》中，“工资的提高引起工人的过度劳动。他们越想多挣几个钱，就越不得不牺牲自己的时间，并且完全放弃一切自有，为贪欲而从事奴隶劳动”①。从马克思对“血汗工厂”的形象刻画中可以看出其暗含着对“过劳死”问题的思考，并以鲜活的事例形式写入《资本论》中。在朱通九所著的《劳动经济学》中也提到“在基尔特时代工人使用工具，处于劳动的主动地位，但在工厂制度时代，工人要服从于机器，机器处于主动地位，工人是被动的，因而会导致工时过长，工人精力疲乏从而容易发生事故”②。

20 世纪五六十年代，“过劳”现象开始在日本凸显。60 年代初期，日本劳动时间达到顶峰，包括加班在内的年均实际劳动时间为 2 400~2 500 小时，法定劳动时间接近 2 200 小时。1969 年，厚生劳动省认定了第一起“职业突然死亡”事件，后被称作“过劳死”。从 20 世纪 70 年代初的石油危机，到 90 年代初期泡沫经济崩溃，日本经济指标达到空前水平，企业为了谋求更大的发展，获得更多的利润，驱使员工无偿加班，由于长时间劳动而引发的“过劳”问题在日本大面积爆发，且由体力劳动者逐渐向公司白领、技术人员、医护人员、教职人员蔓延，最终“过劳死”现象越演越烈，造成了严重的社会经济问题。

（一）“过劳”问题相关文献的检索及方法

本节对国外文献的检索主要通过汤姆森科技信息集团开发的 WOS v5.15 网络文献检索平台进行。该平台是大型综合性、多学科、核心期刊引文索引数据库。包括 WOS 核心合集、中国科学引文数据库（CSCD）、美国医学图书馆（MEDLINE）等 9 个子库。而 WOS 核心合集包括三大引文库（SCI，SSCI，A&HCI）和科学引文检索扩展库（SCIE），科技会议文献引文索引库（CPCI-

① （德）马克思．1844 年经济学哲学手稿［M］．中共中央马克思恩格斯列宁斯大林著作编译局，编译．北京：人民出版社，2008：9.

② 朱通九．劳动经济学［M］．上海：上海黎明书局，1931：121-132.

S)，社会科学和人文科学会议文献引文索引库（CPCI-SSH）等二级子库。该平台以英语语言为主，是国际上公认的权威文献检索数据库。为便于后期深入分析，本节主要借助该文献数据库查找与“过劳”问题研究领域相关的期刊文献。

国内学者王丹倾向于将“过劳”限定为“过度劳动”方面①。孟续铎则认为，“过度疲劳”和“过度劳累”属于非学术用语，不宜作为“过劳”的诠释，而“过度劳动”最接近“过劳”概念②。因此，从英文关键词合理翻译的角度看，将“过劳”翻译成“overwork”更为准确也更受到认可，而非“over fatigued”。“过劳死”（karoshi）、“过劳自杀”（karojisatsu）来源于日本，后被欧美学者普遍使用③。因此，本节在 WOS v5. 15 网络文献检索平台上检索含有“karoshi”“karojisatsu”以及标题中含有“overwork”等关键词的期刊文献。排除与研究问题无关的文献后，通过 Endnote 9. 0 对文献数据进行重复性筛查剔除重复文章。截至 2014 年 12 月，与该研究相关的题录共计 394 篇，其中 WOS 核心合集中 251 篇。本节进一步利用 Noteexpress 2. 0 及 BibExcel 对数据库中的题录按照字段进行统计计量，包括作者、国家、出版物、出版年、研究方向及分类、引用参考文献等信息。并借助 Ucinet v6. 1 对引文共现矩阵进行了可视化分析。

（二）国外“过劳”问题研究的路径回视

1. 医学领域研究成果一枝独秀（19 世纪到 20 世纪 70 年代）

通过文献检索分析可知，国外第一篇提及“overwork”的论文可以追溯到 1884 年。也有学者在后期研究中追溯与工作死亡的相关事件到 1863 年，文中提到“那一年伦敦新闻报道了一名 20 岁的女工人，在服装厂平均每日工作时间为 16. 5 小时，后死于过度劳动”；文中还提到，在那个时期英国、美国年

① 王丹．中国知识工作者过度劳动问题研究［M］．北京：首都经济贸易大学出版社，2011.

② 孟续铎．劳动者过度劳动的成因研究：一般原理与中国经验［D］．北京：首都经济贸易大学，2013：44.

③ 吴迪．日本学者“过劳”问题研究述评［D］．北京：首都经济贸易大学，2013：1.

均工作时间都在3 500小时左右①。进入20世纪，国外学者主要从医学角度开始对“过劳”问题进行探究。如：克劳松（Grouzon）对话务员的研究结果表明，该岗位员工“过劳”后容易引起神经扰乱并产生幻听②。有学者先后对医生等脑力劳动者从医学诊断及身体健康、精神健康的层面对“过劳”的后果进行了剖析③④⑤⑥。如图2.1所示，从“过劳”问题研究发轫到1960年，每年都有一两篇该领域的期刊论文发表。进入六七十年代，“过劳”问题的研究依旧停留在医学领域，且多为“过劳”综合征的治疗等方面⑦。期刊论文年均增长率为42%，实际发刊数量较上一时期有明显提高。

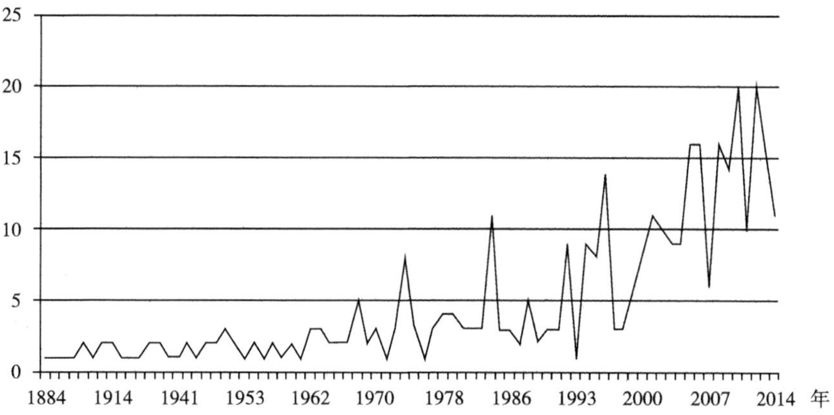

图2.1 国外期刊文献发表数量的变化趋势（1884—2014年）

数据来源：经WOS平台搜索、汇总整理。

---

① Nishiyama K, Johnson J V. Karoshi-death from overwork: occupational health consequences of Japanese production management [J]. International Journal of Health Services, 1997, 27 (4): 625-641.

② Crouzon O, De Fursac J R. A case of auditory hallucinatory delirium in an overworked telephone operator [J]. Revue Neurologique, 1923, 40: 517-521.

③ Fromenty L. Intellectual overwork and schizophrenia [J]. Annales Medico-Psychologiques, 1939, 1 (5): 755-764

④ Moor F. Overworked and underworked doctors [J]. British Medical Journal, 1941 (1): 84-85.

⑤ Alvarez W C. Diagnostic time savers for overworked physicians [J]. Journal of the American Medical Association, 1943, 122 (14): 933-937.

⑥ Lampard M E. The overworked doctor [J]. Practitioner, 1951, 16 (994): 389-394.

⑦ Downey C E. How to cure the overwork syndrome [J]. Dental Economics, 1973, 63 (4): 28-29.

2. 各学科领域的研究开始融入（20 世纪 80—90 年代）

进入 20 世纪 80 年代，讨论视角开始在社会学科领域拓展。莱因（Rhein）从社会科学的视角，探究了员工过度劳动的同时却只得到与付出无法相匹配的、很廉价的劳动报酬的现象①②。亨特（Hunt）进一步对过度劳动与失业共存的现象进行了分析③。迈入 90 年代，“过劳死”方面的文献越来越多，尤其是日本学者的研究成果更为突出。日本“过劳”问题研究从 20 世纪 50 年代开始启动，70 年代呈“星星之火”，80 年代末期全面开花，以后经历了长达 20 年的繁盛时期，到 2009 年后步入平缓发展期，半个多世纪的研究历程经历了倒“U”形的发展过程。

随着社会学、法学等学科的融入，医学领域独树一帜的局面被打破，研究对象也开始更多地向企业员工转移。日本多名学者从长时间劳动及工作压力的角度对“过劳死”问题进行研究，例如，1990 年的一项调查显示，日本 45%的企业员工每周工作超过 50 小时，中层管理者不仅要经常无报酬加班，还需要承担巨大的工作压力，而这些都是导致“过劳死”的重要原因④。上畑（Uehata）认为，对于白领而言，长时间劳动中夹杂着工作的压力，例如，职业生涯发展问题、过度的差旅、严格的工作要求等都会引起“过劳”；而对于蓝领而言，无规律的夜班，人手不足以及时而需要长距离地移动体位等都是引发“过劳”的诱因⑤。雅各布斯（Jacobs）等认为，劳动时间的长短是决定员工是否“过劳”的主要诱因⑥。这个阶段，“过劳”问题的研究融入了更多的学科和研究视角，多领域成果“全面开花”。

---

① Rhein R W Jr., Chang J. Nurses blame their vanishing act on overwork, low pay—and doctors [J]. Medical World News, 1981, 22 (6): 11-12.

② Kirkley J L. Are you underpaid and overworked [J]. Datamation, 1983, 29 (9): 33.

③ Hunt M. Research: Overworked, Underemployed [J]. Nursing Mirror, 1983, 157 (12): 37-38.

④ Yamauchi M. Karoshi strikes japanese businessmen [J]. British Medical Journal, 1991, 303 (6815): 1419.

⑤ Uehata T. Long working hours and occupational stress-related cardiovascular attacks among middle-aged workers in Japan [J]. Journal of Human Ergology, 1991, 20 (2): 147-153.

⑥ Jacobs J A, Gerson K. Who are the overworked Americans? [J]. Review of Social Economy, 1998, 56 (4): 442-459.

3. 经济学视角的研究逐步增多（21 世纪伊始）

国外较多学者先从医学、法学、心理学开展了“过度劳动”导致过劳致病甚至致死的相关研究。但是，“过度劳动”问题主要源自社会劳动，其本身属于社会问题，涉及的群体是劳动者，涉及元素为劳动时间和劳动强度，另外，“过劳”的后果还涉及就业挤出效应和经济损失效应等，所以该问题的有效研究是经济学的任务。2000 年以后，经济学视角的研究逐步增多。有学者调查显示，2006 年劳动赔偿事件中精神障碍共 205 起，其中包括 66 起自杀和自杀未遂事件，在所有的精神障碍人员中，年龄在 30～40 岁的工作人员占 40%①。康德近藤（Kondo）对过劳自杀的现象进行了经济学分析：“在金融危机的时候自杀率会升高，因为自杀通常是由心理疾病，如抑郁所导致的。而在失业与不稳定就业中所带来的经济困难是导致抑郁的缘由。经济不景气期间，员工下岗，不稳定就业的概率增加，即使是正式员工也对大规模下岗忧心忡忡，或者完全难逃此劫。”② 与此同时，学者们探讨无偿加班以及工作—家庭平衡的问题也越来越深入。有学者从工作—家庭平衡的模型出发，探讨了男性工作者如果忙于自身工作，就会很少考虑家庭，而且长时间劳动以及过度的轮班制度会带来家庭冲突，对家庭和谐以及家业平衡只起消极作用③。贝克斯（Beckers）等通过对荷兰 1 612 名全职工作者的调研发现，自愿无偿加班的劳动者都有较高的收入并且十分热爱自己的职业，而非自愿加班的劳动者都表现出很高的过劳程度和很低的工作满意度，尤其是不愿意加班且又没有加班工资的人明显出现了职业倦怠④。值得注意的是，在外国学者的研究中，也反映在中国内地可以见到过长劳动时间的现象，尤其是在私企和

---

① Atsuko K. Karoshi（work to death）in Japan［J］. Journal of Business Ethics，2009，84（S2）：209-216.

② Kondo N，Oh J. Suicide and karoshi（death from overwork）during the recent economic crises in Japan：the impacts，mechanisms and political responses［J］. Journal of Epidemiology and Community Health，2010，64（8）：649-650.

③ Atsuko K. Karoshi（work to death）in Japan［J］. Journal of Business Ethics，2009，84（S2）：209-216.

④ Beckers D G J，van der Linden Dimitri，et al. Voluntary or involuntary? control over overtime and rewards for overtime in relation to fatigue and work satisfaction［J］. Work and Stress，2008，22（1）：33-50.

外企，在北上广的一线大都市，3/4 以上的员工出现疲劳、肌肉酸疼、睡眠饮食失调、职业压力、工作—家庭无法平衡的现象，并且有 15.4%的人员已经走到“过劳死”的边缘①。该阶段期刊论文发表数量年均增长率虽然下降至 21%，但是从发文数量看每年都超过了 10 篇。

（三）国外“过劳”研究的动向分析

1. 国外“过劳”研究论文状况分析

对国外发表论文折算数量排名前八位的活跃作者的情况进行统计分析，如表 2.1 所示。通过论文发表数量计算出折算数量，在所有研究“过劳”问题的学者中，折算数量大于 1.5 的共计 9 位。而实际发表篇数在两篇及以上的共计 79 位，其中 3 篇及以上的共计 12 位。按照“过劳”问题研究的历程划分，将发表阶段分为四个阶段，主要是出于详细分解各位作者的研究状态，从而得到“过劳”问题研究活跃作者的研究动向及发展路径。可以看到英国学者摩尔（Moor）在 1936 年就开始研究医生的“过劳”问题。虽然一些学者发表篇数不是很多，但是在这个领域研究的持续时间很长，如几位美国的学者赫比森（Herbison）、扎维德（Jaweed）、迪图努（Ditunno）等。通过进一步分析，不难发现三位美国学者来自同一个研究团队，共同发表了多篇“过劳”问题的研究成果。也可以看到镜森定信（Kagamimori）等学者是近年才开始对该问题进行研究的。而对于该问题的研究领域在不断扩大，从 80 年代前聚集在医学领域逐步发展到社会学、经济学、管理学等领域。国外该问题研究的动向与国内较为不同，从研究人员看，国内学者一年之中发表数篇“过劳”研究文章，而后不见成果，近年停滞的现象较为明显；从研究领域看，国内首先进入该问题研究的人员主要来自经济学、管理学、法学、社会学等社会科学领域，而医学方面的研究至今很缺乏。该问题研究的学科领域发展呈现与国外逆向而行的路径。

---

① Tsui AH H. Asian wellness in decline：a cost of rising prosperity［J］. International Journal of Workplace Health Management，2008，1（2）：123-135.

表 2.1 国外活跃作者“过劳”问题研究论文发表情况（篇）

作者	国家	发表及被引频次				发表阶段				研究状况	
		实际①数量	折算②数量	被引频次	被引年均频次	19th~1950s	1960s~70s	1980s~90s	21th	研究状态	研究领域
杰拉尔德·J. 赫比森（Herbison G J）	美国	8	3.3	88	2.25	0	4	4	0	长期③研究	医学
琳达·比彻姆（Beecham L）	英国	3	3.0	4	0.21	0	0	3	0	近年停滞	医学
马喆·M. 扎维德（Jaweed M M）	美国	8	2.8	88	2.25	0	4	4	0	长期研究	医学
桊柱荼（Youngjoo C）	美国	3	2.6	33	8.10	0	0	0	3	近年兴起	社会学
摩尔（Moor F）	英国	2	2.0	0	0.00	2	0	0	0	早期④研究	医学
杰拉尔德·A. 雅可布（Jacobs J A）	美国	3	1.8	272	19.15	0	0	1	2	较⑤长期研究	经济学 管理学
约翰·F. 迪图努（Ditunno J F）	美国	8	1.6	88	2.25	0	4	4	0	长期研究	医学
鏡森定信（Kagamimori S）	日本	2	1.5	0	0.00	0	0	0	2	近年⑥兴起	公共卫生 环境卫生 职业卫生

数据来源：经 WOS 平台搜索、汇总整理。

注：①实际数量：无论独立发表还是合作发表都按照发表 1 篇计数。

②折算数量 = $\sum$ 实际数量×权重。权重分布：独立作者权重为 1；两名作者，第一作者权重为 0.6，第二作者权重为 0.4；三名作者，第一作者权重为 0.5，第二作者权重为 0.3，第三作者权重为 0.2，以此类推。

③长期研究指 20 年以上都在该领域有所建树。

④早期研究指研究时间早于绝大多数学者，但近 10 年没有该领域的研究成果。

⑤较长期研究是指 10 年以上、20 年以内一直在该领域有成果。

⑥近年兴起指近 10 年以内一直在该领域有成果。

2. 国外“过劳”问题研究的刊载状况分析

国外有 238 种期刊刊载过“过劳”问题的相关研究成果，其中刊载量超过3篇的共计9种期刊。《物理医学与康复》（Archives of Physical Medicine and Rehabilitation）是长期以来一直刊载“过劳”研究文章的期刊，还有6种期刊近年来陆续刊载相关文章。在经济学和管理学领域没有相对集中的刊载期刊，但在所有的刊载期刊中经济学类期刊占到了7.14%。这一检索结果与WOS收录的期刊类型及学科有着一定关系。WOS库中收录的社会科学类期刊总量仅为自然科学类、医学类期刊总量的一半。另外，该问题也的确是先从医学领域开始的，所以医学方面的研究成果积累较为久远、丰富。另外，国内研究与国外研究成果相差较大的是，国外对于“过劳”问题的研究非常注重基础性研究，即围绕劳动时间、长时间劳动、无偿加班等问题进行关联性分析，而国内近些年从经济学视角研究的成果不少，但是结合国情开展基础研究的不多。

“过劳”问题综合性强，“过劳”研究涉及的学科主要包括经济学、社会学、管理学、法学、心理学、生理学、医学、安全工程学等。不同学科关注“过劳”问题的焦点不同，运用的方法也不同。医学比较关注“过劳”及“过劳死”的衡量标准，发生原因和机理；法学比较关注对“过劳死”的法律认定及赔偿问题；管理学、心理学更多地从微观层面关注组织内部的管理方式对过劳的影响；经济学和社会学则更多关注过劳发生的宏观经济、市场、社会因素，以及过劳带来的经济损失和社会风险等。从日本的研究看，运用跨学科的研究方法对过劳问题进行研究是趋势所在，因为任何一种单一的学科方法都不能完整解释过劳问题，必须通过交叉学科的手段才能全面把握这一问题。

在WOS核心合集中对刊物所属国家进行检索，该研究问题的251篇发表论文中127篇是由美国的杂志社进行刊载的，占到了50.60%。如表2.2所示。刊载数量排在前十的期刊中有4本来自美国的学术杂志，其中有一本属于刊载早期研究成果较多但近年来没有相关刊载；一本属于长期持续刊载；另两本属于近些年才开始陆续刊载。英国杂志社的刊载量为62篇，其中《英国医院医学杂志》（British Journal of Hospital Medicine）近五年的平均影响因子在10以上，“过劳”领域的文献刊载已达到20篇，也是最早刊载该研究问题的期刊。德国和法国杂志社刊载的早期研究成果较多，分别有10篇和8篇。加拿大杂志刊载的文章有6篇且聚焦于劳动关系研究视角，日本杂志则是更多地集中于“过劳死”“过劳自杀”等方面的研究，共计9篇，主要分布在《职业健康杂志》（Journal of Occupational Health）和《产业卫生》（Industrial Health）上。国内被SSCI和AHCI收录的中文期刊很少，而且国内在该领域的研究还属于起步阶段，所以在WOS核心合集中没有见到一篇国内学者发表的相关论文，也没有检索到一种国内刊载的杂志。

表2.2 国外“过劳”问题研究的期刊刊载情况（篇，次）

期刊名称	国籍	学科	影响因子	被引年均频次	被引频次	总计	19th—1950s	1960s—70s	1980s—90s	21th	状态
英国医院医学杂志（British Journal of Hospital Medicine）	英国	医学内科	13.511	1.29	25	20	8	3	9	0	近年停滞
内科医学（Annals of Internal Medicine）	美国	医学内科	17.035	2.96	59	11	0	1	10	0	近年停滞
物理医学与康复（Archives of physical medicine and rehabilitation）	美国	康复医学	2.655	3.49	76	9	1	3	4	1	长期持续
国家（Nation）	美国	政府法律	0.409	0.00	0	6	0	0	0	6	近年兴起
护理标准（Nursing standard）	英国	护理	—	0.00	0	5	0	0	1	4	近年兴起
职业健康杂志（Journal of Occupational Health）	日本	公共卫生 环境卫生 职业卫生	1.638	13.48	153	5	0	0	1	4	近年兴起

续表

期刊名称	国籍	学科	影响因子	被引年均频次	被引频次	总计	19th—1950s	1960s—70s	1980s—90s	21th	状态
职业与环境医学(Occupational and Environmental Medicine)	美国	公共卫生 环境卫生 职业卫生	2.359	5.06	44	5	0	0	0	5	近年兴起
康复医学杂志(Journal of Rehabilitation Medicine)	瑞典	康复医学	2.376	1.37	8	5	0	0	0	5	近年兴起
产业卫生(Industrial Health)	日本	医学	1.007	6.33	49	4	0	0	0	4	近年兴起

数据来源：同表 2.1。

3. 国外“过劳”问题研究的文献被引状况分析

在 WOS 库中，论文发表且被收录的篇数直接反映学者的科研水平，而文献的被引情况则反映了论文的质量。由于只有在 WOS 核心合集中才能统计文献被引情况，因此文章的统计数量被缩减到 251 篇。考虑到有些论文发表时间较早，所以用“被引频次”诠释论文质量会有失偏颇，因此，通过“被引年均频次”指标进行比较。年均被引频次排名靠前的论文多是 2000 年以后发表的，少数论文是在 1990 年以前发表的。可以看出美国、日本、英国在该领域的贡献较大。如表 2.3 所示，排名靠前的论文中属于经管领域的有三篇，社会学、心理学、医学领域的各有两篇，呈现的学科分布与之前刊载状况截然不同。可以看到，经管类的三篇论文均是 2000 年后发表的，属于近年来的研究成果。说明越来越多的学者开始从经济学、管理学的视角关注“过劳”研究。而且可以看出，虽然医学领域的论文发表篇数众多，但是在论文质量方面及被引用的广泛度方面，经济管理类的论文更胜一筹。

在文献计量学中，施引文献可以用于识别研究前沿，而被引文献则组成了研究前沿的知识基础①。图 2.2 反映了作者间相互引用的情况。从相互引用的篇目可以很好地分析该问题研究的一些基础性文献。通过进一步查询可知，互引中的文献所属学科领域多为社会学、职业卫生学、经济学等，说明这些学科及领域是构成该问题研究必不可少的专业元素和研究基础。而互引次数频繁的论文多发表于 20 世纪 90 年代，这个时期也正是各学科相互融合，共同研究该问题的萌芽阶段。可以看到，在国际上“过劳”问题研究形成多个学科发展，为 20 世纪 90 年代勾勒出一个里程碑的时代。国内迄今还未出现这样的景象，而是经济学、管理学、法学一边倒的研究现象，其他学科，特别是医学、心理学的支持太少。

表 2.3 “过劳”问题研究的文献被引情况（次）

文献	期刊	国家	学科	影响因子	被引年均频次	被引频次
过劳的是个人还是家庭？基于工作、闲暇和家庭时间的阐释（Overworked individuals or overworked families? Explaining trends in work, leisure, and family time）	工作和职业（Work and Occupation）	美国	经管	1.249	10.21	143
过劳与超负荷工作对男性的家庭关系质量的影响（Implications of overwork and overload for the quality of men's family relationships）	婚姻家庭杂志（Journal of Marriage and Family）	美国	社会学	2.067	6.57	92
加强独立的领域：配偶过劳在双职家庭中对男性和女性就业的影响（Reinforcing separate spheres: the effect of spousal overwork on men's and women's employment in dual-earner households）	美国社会学评论（American Sociological Review）	美国	社会学	3.936	5.60	28

① 李杰，郭晓宏，姜亢．心理学领域疲劳研究的知识网络［J］．中国人力资源开发，2014（3）：17-22.

续表

文献	期刊	国家	学科	影响因子	被引年均频次	被引频次
谁是过劳的美国人 (Who are the overworked Americans?)	社会经济评论 (Review of Social Economy)	英国	经管	—	5.12	87
在日本由于长时间工作引起的健康问题：工作时间、工人的赔偿(过劳死)和预防措施 (Health problems due to long working hours in Japan: Working hours, workers' compensation (Karoshi), and preventive measures)	产业卫生 (Industrial Health)	日本	医学	1.007	5.00	45
在日本的过劳自杀：22 例与工作相关自杀的特征 (Karojisatsu in Japan: Characteristics of 22 cases of work-related suicide)	职业健康杂志 (Journal of Occupation Health)	日本	医学	1.638	4.50	45
超时工作和低支付：基于个体的性别差异分析 (Overworked and underpaid: on the nature of gender differences in personal entitlement)	人格与社会心理学杂志 (Journal of Personality and Social Psychology)	美国	心理学	5.080	4.19	130
自愿还是非自愿？控制加班和有酬加班下的疲劳与工作满意度的关系 (Voluntary or involuntary? Control over overtime and rewards for overtime in relation to fatigue and work satisfaction)	工作与压力 (Work and Stress)	英国	心理学	2.494	4.00	28
教师过劳：工作压力和家庭需求 (Overworked faculty: Job stresses and family demands)	美国政治与社会科学 (Annals of The American Academy of Political and Social Science)	美国	经管	0.989	3.82	42

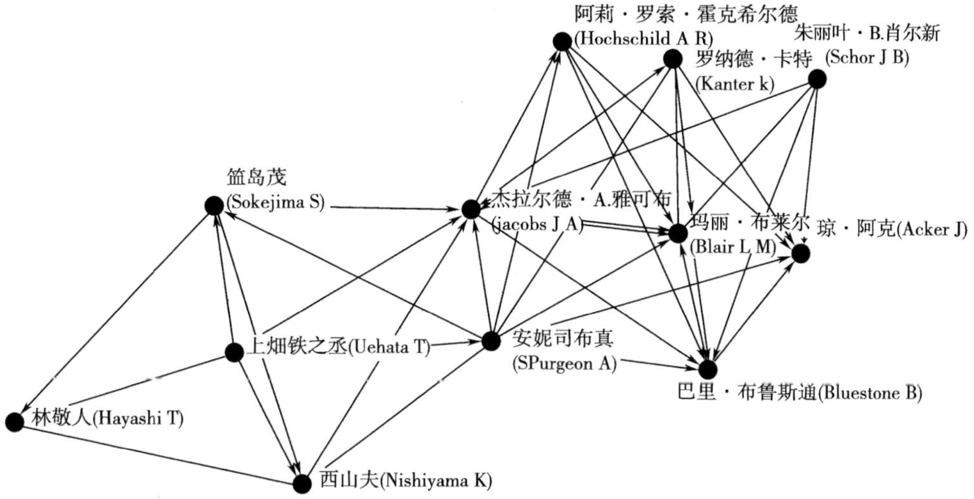

图 2.2 “过劳”问题研究的引文—被引共现网络

数据来源：经 WOS 平台搜索、汇总整理。

二、中国、日本“过劳”研究的发展历程及特点比较

20 世纪五六十年代，“过劳”现象开始在日本凸显，60 年代末日本“过劳死·自杀协商中心”代表，前圣德大学教授上畑铁之丞在《产业医学》期刊发表的《关于过劳死的研究：发病前的劳动状态》中首次提到了“过劳死”一词，并于 70 年代在《医学的进步》中，从医学角度对“过劳死”做出了明确定义①。石油危机后，日本企业为了迅速崛起，在高压负荷经营下，造成员工在规定的日常工作时间内无法完成工作任务而不得不选择加班②。除此以外，企业还鼓励员工自愿加班的行为，而员工也往往“正中下怀”，像一只“工蜂”一般为企业自我牺牲，贡献一切力量，甚至把企业当作自己的

① 上畑鉄之丞，笹川七三子．過労死に関する研究（第 2 報）：発症前の労働態様について［J］．産業医学，1979（6）：640-641.

② Kayo Kobayashi，translated by Giles Murray. The Japnese Economy［J］．アイビーシーパブリッシング，2005（10）：5-10.

“家”[①]。除此之外，从战后恢复期终身雇佣制所带来的“福音”，到成为企业的“包袱”而逐步淡出历史舞台，从西方管理制度中借鉴的职务、职能工资制，积极地开发员工的潜能到现阶段的成果主义薪酬制度，经历了三次大的兴替、变革[②]。在日本经过第二次石油危机的冲击后，企业增长速度明显下降，再加上老龄化社会的到来，企业不得不采取“减量经营”的方式，例如，通过裁减人员、让员工临时回家休假、减少招聘新员工的数量、倡导老员工提前退休、砍掉亏损的部门等方法。因此与高速增长期相适应的年功序列工资制已经不再适用。该种工资制已经逐渐成为企业的负担和累赘，且逐步被职能工资制取代。尤其是进入 80 年代，日本企业开始逐步废除年功序列工资制，多采用职能工资制，旨在调动员工的工作热情，激发员工的内在潜力，这也与日本企业十分重视人才培养和开发有着密切关系。

日本经济长期萧条，90 年代以来国内外市场竞争日益激烈，而日本企业正式员工中中高龄化程度严重，终身雇佣制度已经在某种程度上成为企业的包袱。海内外国际人才的流动化，提高了企业的竞争意识。日本企业大规模实施了减员计划，甚至将老员工派遣到子公司以减轻负担，而终身雇佣制也从根本上开始崩溃。为了更好地适应市场经济，必须更有效地对员工实行激励机制，而终身雇佣制是滞后于时代发展的。因此，日本对传统的工资制度和管理模式进行了一系列变革，成果主义薪酬制度应运而生。1992 年，富士通作为国内的大型企业，最先引入成果主义薪酬制度。工资制度随时代发展的变迁无疑越发透露着“竞争”的理念，员工在企业中工作压力越来越大，不稳定因素也随之增多，“从外到内”“从上到下”被这种环境和氛围包裹着。如图 2. 3 所示，“过劳死”问题到 90 年代开始凸显。

---

① 堀場雅夫，鈴木三郎，等．働きバチニッポンどう変わる? <特集>［J］．経済人，1989，43（9）：4-39.

② 王欣．日本企业薪酬制度的发展及启示［J］．企业管理，2016（4）：112-115.

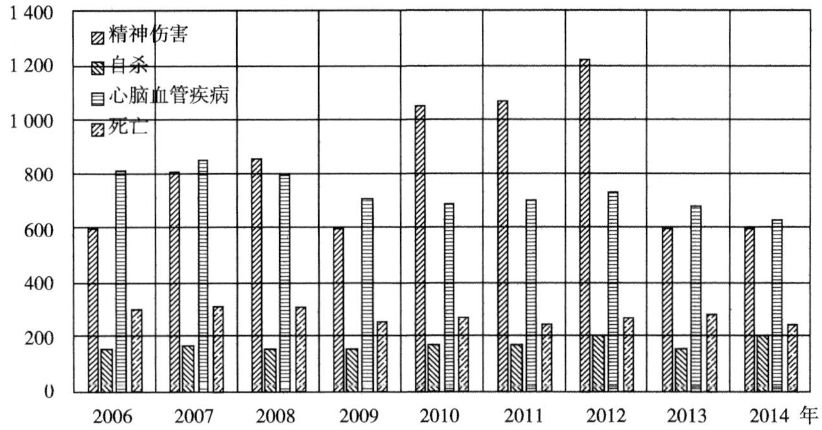

图 2.3 精神伤害及心脑血管疾病、劳灾赔偿（件数）

资料来源：“过劳死”110 号数据汇总统计。

2007 年到 2015 年，日本因工作疲劳而导致“过劳自杀”的人数，始终保持在 670 人次以上，员工年均劳动时间也保持在 2 000 个小时左右①。近年来“过劳抑郁”“过劳自杀”等精神伤害事件日益增多，而心、脑血管疾病以及“过劳猝死”事件则呈下降趋势。长期劳动负荷，睡眠、休息时间不足，余闲时间不够，容易引发精神抑郁、疲劳、心脑血管疾病等，出现“过劳”现象，甚至导致“过劳死”的发生。

国内多位学者研究表明，在中国，“过劳”已逐步成为企业部分员工的工作常态，如果不采取有效的方式缓解和防治可能会演变成更为严重的社会问题，也必然会给国民经济造成巨大的损失。本节主要通过追溯中国、日本“过劳”问题研究的发展历程及动态趋势，进行比较分析，旨在发现我国在该学术问题研究上所遇到的瓶颈，为后续研究工作的深入开展提出策略。

（一）“过劳”问题相关文献的检索及方法

中国文献的检索主要通过中国知网（CNKI）学术文献总库进行查询，该

① 厚生労働省労働基準局．過労死等防止対策白書［OL］．http：//www. mhlw. go. jp/stf/houdou/0000139008. html，2016-11-12.

文献总库包括六个子数据库。由于需要与日本相关问题的研究进行比较分析，所以只选用“期刊文章”子数据库进行论文检索并作统计及计量分析。日本文献的检索主要通过日本国立情报研究所（CINII）的学术论文平台进行，该文献平台包括两部分：期刊文章和图书著作。

在中国知网学术文献总库中检索“篇名”含有“过劳”“过度劳动”“过度劳累”“过劳死”等关键词的文献，排除与研究主题无关的文献后，通过Endnote 9.0对文献数据进行筛查，剔除重复文章，再利用Noteexpress 2.0对数据库中的题录进行统计计量。截至2017年12月31日，与该研究主题相关的题录总计为441种，其中包括书籍5种（见表2.4），会议论文集10种，学位毕业论文42篇（博士论文2篇，硕士论文40篇），期刊文章386篇。在CINII学术论文平台中检索“题名”分别含有“过重劳动”“过劳”“过度劳动”“过劳死”的文献，经排除与研究主题无关的文献后，通过相同的数据库整理和文献计量工具进行分析，截至2017年12月31日，日文文献中该研究主题相关的书籍165种，期刊文章2 478篇。

由此可以看出，国内关于“过劳”问题研究的学术成果并不多，期刊发表论文仅是日本学者该领域发表数目的1/6。与国内劳动经济学其他领域研究论文的发表数目相比，“过劳”研究的成果也显得非常有限。有学者统计在中国知网的学术文献总库中检索“题名”含有“失业”的相关文献共计20 000多篇，“劳动争议”的文献有7 500多篇，而“贫富差距”的文献也有1 700多篇①。

表2.4　国内学者研究“过劳”问题的著作出版情况

序号	书名	作者	出版社	出版年
1	当代中国劳动者过度劳动问题研究	石建忠著	中国经济出版社	2016
2	理论与现实——过劳研究论文集	杨河清主编	首都经济贸易大学出版社	2015
3	劳动者过度劳动的成因研究：一般原理与中国经验	孟续铎著	中国劳动社会保障出版社	2014

① 孟续铎．我国“过劳”问题的研究历程与特点——基于文献统计分析的结果［J］．北京劳动保障职业学院学报，2013（7）：8.

续表

序号	书名	作者	出版社	出版年
4	中国知识工作者过度劳动问题研究	王丹著	首都经济贸易大学出版社	2011
5	过劳的真相——击败企业过劳	Christina Maslach, Miehaelp. Leiter 著, 逸文译	中国财政经济出版社	2004

数据来源：经读秀图书平台搜索、汇总整理。

（二）中国、日本"过劳"问题研究的发展进程

1. 中国"过劳"问题研究的发展进程

通过文献计量分析可知，中国关于"过劳"问题的研究从 1990 年开始①。在该年有两篇相关研究论文，分别是《日本的"过劳死"症》和《日本企业中的"杀手"——过劳死》，且均从职业健康的角度描述日本"过劳死"的严重性②③，而 20 世纪 90 年代也正是日本"过劳死"事件大爆发的时间。这说明，中国"过劳"问题的研究从源头就受着日本相关研究的影响。接下的几年里，国内"过劳"的相关研究都是描写日本"过劳死"情况的，一直到 2000 年以后，才开始有中国学者独创内容的研究，但也全部都是关于"过劳死"的。

从图 2.4 中可以明显看出，2005 年期刊发表增长率为 1 050.00%，期刊数量由 2005 年以前的每年不足 10 篇到 2005 年及以后的每年几十篇。显然 2005 年是发生质变的一年，越来越多的学者开始关注"过劳死"问题。因此，2005 年可作为中国"过劳"问题研究的一个历史性转折点。2005 年在 23 篇相关研究中有 21 篇是关于"过劳死"问题的，其中 3 篇是关于中青年"过劳死"的，4 篇是关于知识分子"过劳死"的。2006 年，学者王艾青在《过

① 孟続鐸，楊河清，等．中国における「過労」問題の研究動向：文献による統計的分析［J］．愛媛経済論集，2012，31（2・3）：37-49.

② 钟爱国．日本的"过劳死"症［J］．职业与健康，1990（1）：33.

③ 沈清．日本企业中的"杀手"——过劳死［J］．国际展望，1990（10）：24.

度劳动及其就业挤出效应分析》一文中，首次提出“过度劳动”①。“过度劳动”一词在接下来的十年时间里被更多的学者采用，尤其是2010年以后，“过度劳动”方面的研究明显增多。这与国内“中国适度劳动研究中心”（现为“中国适度劳动研究分会”）的成立有密切关系。学会至今已有八届研究会。第一届研究会有30名学者参加，目前，学会已有近200余名会员，包括：高校教师、研究院所研究人员、医生、企业顾问、全国总工会负责人员以及在读研究生等。但同时也发现，2008年以后“过劳死”方向的研究成果在逐步减少，呈不稳定下滑趋势，截至2017年该方向研究文献仅为7篇。可以明显看出，中国对于该问题的研究受到了日本的影响，也是从医学和法学上的探讨开始的，但并未形成气候、规模和影响力。2005年以后从管理学、经济学、社会学等视角对“过度劳动”的解读逐步成为对该问题研究的主流学科。尤其在学会的支持和推动下，相关问题的研究视角不断深入、拓宽，各学科领域的专家学者对这个问题越来越关注。

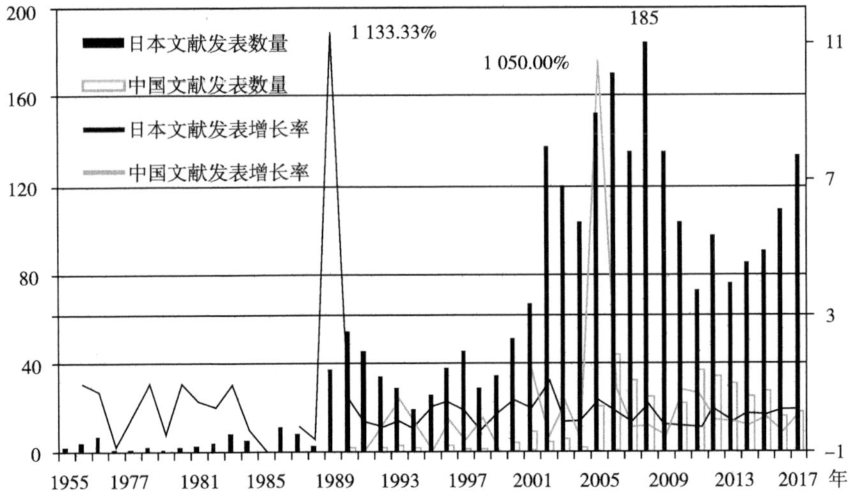

图 2.4 中国、日本期刊文献发表数量及所占比例的对比

数据来源：经CNKI，CINII平台搜索、汇总整理。

① 王艾青．过度劳动及其就业挤出效应分析［J］．华东理工大学学报：社会科学版，2006（4）：38-42.

2. 日本“过劳”问题研究的发展历程

通过文献计量分析可知，日本学者对于“过劳”问题的研究出现过两个转折点，分别是1989年和2009年。日本关于“过劳”问题的研究最早可以追溯到1955年，由大桥一雄发表的《過重労働と農民の早老》的论文，首次使用“過重労動”（过重劳动）一词①。而这个时期日本员工劳动时间达到顶峰，包括加班在内的年均实际劳动时间为2 400~2 500小时，法定劳动时间接近2 200小时②。1969年，日本厚生劳动省认定了第一起“职业突然死亡”事件，后被称作“过劳死”③。因此，有学者开始关注并开展研究。第一次在学术期刊上提到“働きすぎ”（过度劳动）是1971年刊出的《“働きすぎ人間”の日曜日》一文④。1989年以前日本相关研究仅十余篇，而在此时间节点后，每年均有几十篇研究成果。1989年期刊发表数量的增长率达到了1 133.33%。在1989年前“过劳死”事发案件逐年增多，但是日本政府只出台了有关“心、脑疾病致死情况”的劳灾认定，其标准极其的严苛，对于“过劳死”迟迟未做出明确的法律规定和补偿。1987年10月，日本厚生劳动省对《劳动者灾害补偿保险法》进行了修订，将“过劳死”纳入劳灾认定范围⑤。而这个阶段日本正处于经济繁荣期，长时间劳动的现象十分普遍。由日本总务省统计局《劳动力调查》可知，1970年到1988年，劳动时间在年均2 416小时左右徘徊，而1989年之后有明显下降趋势。因此，该阶段吸引了越来越多的学者，为了劳动者的切身利益和这个突兀的社会现象而研究，也有一些学者开始关注劳动时间与“过劳”的关联性问题。2002年以后，每年期刊发表论

---

① 大橋一雄．過重労働と農民の早老［J］．農業と経済，1955（11）．

② 岛田晴雄．劳动经济学［M］．杨河清，等，译．北京：北京经济学院出版社，1989：21-23，285-292.

③ Nishiyama K，J V Johnson. Karoshi-death from overwork：occupational health consequences of Japanese production management［J］. International Journal of Health Services，1997，27（4）：625-641.

④ “働きすぎ人間”の日曜日．ビジネスマンが直面する五大問題（特集）［J］．中央公論経営問題，1971（2）：154-173.

⑤ 労働政策研究・研修機構．長時間労働とメンタルヘルス不調の実情［J］．ビジネス・レーバー・トレンド（特集働き方の改革「元年」——労働時間の適正化どう取り組むか），2008（8）：22-25.

文数量均超过 100 篇，涌现出大量的研究成果。到 2008 年期刊发表论文数量达到顶峰，为 185 篇。但从 2009 年后数量开始出现明显下滑，因此 2009 年也是一个转折点。近几年，日本关于“过劳”问题的研究有了复苏的气象，期刊发表论文数量有所回升。

由上述说明，日本“过劳”问题研究从 20 世纪 50 年代开始启动，70 年代呈“星星之火”，80 年代末期全面开花，以后经历了长达 20 年的繁盛时期，到 2009 年后步入平缓发展期，如图 2.4 所示，半个多世纪的研究历程经历了“N”形的发展过程。以 1989 和 2009 年作为转折点可以凸显研究的发展特点，而整个历程也因此被划分成三个阶段：1989 年以前、1989—2008 年、2009 年至今。从研究人群看也体现出时代的特征，1980 年以前，以农村劳动者为研究对象的研究成果较多，而 1980 年以后开始涉及企业员工，并逐步成为“过劳”问题的核心群体。从对体力劳动者的研究逐步转向企业白领、医生、教师、技术人员等脑力劳动者的研究越来越多。

从中国、日本研究过劳问题的历程可以看出，中国关于“过劳”问题研究还处于初期发展阶段，最多也就是刚刚步入第二阶段。第一阶段中国用了 15 年，日本用了近 30 年。中国“过劳”问题研究的第一个转折点出现在 2005 年，而日本出现在 1989 年，仅从时间历程看，我们的研究落后于对方 15 年左右。日本“过劳”问题研究在经历了长达 20 年之久的“遍地开花”的“繁荣”时期后，开始步入停滞期或者说已经步入了一个低迷期，近几年才开始有复苏的迹象。而中国对于“过劳”问题的研究则步入快轨。虽然从增长率上看，相同阶段和时间的增长速率较为一致，但从发表篇数的绝对数值看，差距甚大。日本“过劳”问题研究在第二阶段时每年期刊发表论文篇数均在 30 篇以上，进入第三阶段则稳定在 100 篇以上，即便走向低迷，期刊发表论文篇数也均维持在 70 篇以上。而中国“过劳”问题研究 2005 年以后虽然每年发表论文篇数上升到两位数，且这些年始终维持在每年 30 篇左右，至今未突破百篇。说明中国对于该问题的研究进度还处于日本的第二阶段。在第一阶段国内研究比对方少走了 15 年，但在第二阶段已超过了 10 年的研究周期，是否会较长期地停留在该阶段，能否冲破这个阶段的屏障是该研究领域的学者需要深思的。

（三）中国、日本“过劳”问题研究的文献结构特征分析

1. 中国、日本作者“过劳”问题研究状况分析

对中国发表论文实际篇数超过3篇的学者进行统计分析，共有12位。如表2.5所示，可以明显看出发表论文篇数不足5篇的学者占了一半，超过10篇的学者仅有3人。同时可以看到，在三位学者中只有一位学者从2006年至今，在每个阶段中均有论文发表，研究状态呈持续发展态势。其余两位学者处于研究停滞状态。尤其是研究领域中不多见的法学视角研究的学者已处于完全停滞状态，仅在2006—2010年发表了10篇论文，此后再无建树（可能是由于博士就读期间集中发表，毕业后改变研究方向或者未在学术机构从事研究工作）。除此之外，其余多数学者都处于近年停滞或者完全停滞的研究状态，并没有将此问题的研究坚持下去，而转向其他研究方向。仅有一名学者，从2011年以后逐步在该问题的探索上渐入佳境，不断积累。可以说，曾经在该问题研究上活跃的大多数学者而今已不再活跃，甚至退出了这个舞台，转向其他研究。因此，该问题的研究需要注入新的活力，需要有更多的热爱该问题的学者参与其中。从该领域活跃作者已发表的“过劳”相关论文中可以分析出各自的研究视角和方向。目前，中国对于“过劳”问题的研究主要集中在经济学、社会学、管理学、法学，但医学和心理学方面的研究极其不足。

表2.5 中国作者“过劳”问题研究的论文

作者	发表数量		发表阶段					研究状况	
	实际数量	折算数量	2001	2001—2005	2006—2010	2011—2015	2016—2017	研究状态	研究领域
杨河清	16	10.28	0	0	5	6	5	持续发展	经济学 社会学
罗财喜	10	10	0	0	10	0	0	完全停滞	法学
王丹	10	6.6	0	0	3	7	0	近年停滞	管理学

续表

作者	发表数量		发表阶段					研究状况	
	实际数量	折算数量	2001	2001—2005	2006—2010	2011—2015	2016—2017	研究状态	研究领域
王欣	8	4.8	0	0	0	4	4	近年兴起	经济学 管理学
孟续铎	7	5.2	0	0	0	7	0	近年停滞	经济学
杨菊贤	5	3.8	0	0	4	1	0	近年停滞	医学
唐和平	4	4	0	4	0	0	0	完全停滞	社会学
王艾青	3	3	0	0	3	0	0	完全停滞	经济学
黄河	3	2.6	0	0	2	1	0	近年停滞	经济学 社会学
王素娟	3	2.6	0	0	0	3	0	近年停滞	管理学
董保华	3	2.6	0	0	0	3	0	近年停滞	法学
胡喜盈	3	2.2	0	3	0	0	0	完全停滞	社会学

数据来源：知网平台搜索、汇总整理。

以同样的方法对日本活跃作者“过劳”问题研究的论文发表状况进行统计分析，如表2.6所示。日本“过劳”问题研究的学者中实际发表篇数大于两篇的人数超过100位；大于5篇的人数超过30位，大于10篇的人数超过10位。表中所列出的均是论文发表实际数量超过20篇的学者。其中有一位学者论文发表数量达到73篇，有三位学者超过了40篇。也可以看到，上畑铁之丞从第一阶段研究至今一直在“过劳”问题上保持着长期研究的状态。日本“过劳”问题研究的发展历程将发表阶段划分为四个，其中有6位处于长期研究的状态，三位属于较长期研究，一位是近年崛起的学者，说明日本“过劳”问题研究的活跃学者在一直锲而不舍地探究。因为有这些学者几十年的坚守，才形成了日本“过劳”问题研究上独领风骚的格局，形成了让世界各国都知晓的一个热点论题。而从所涉及的研究领域看，10位学者中仅有一位以经济学、管理学研究视角为主，两位是医学视角的，其余七位均是法学视角的。而从整体期刊论文的发表看，同样可以找到这样的规律，日本该问题的研究主要集中在法学和医学，而经济学、社会学、管理学直接与“过劳”相关的论文成果不多，这个现象与国内相反。

表 2.6 日本活跃作者“过劳”问题研究的论文发表状况

作者	发表数量		发表阶段				研究状况	
	实际数量	折算数量	1989	1989—1998	1999—2008	2009—2017	研究状态	研究领域
川人博	73	68.2	0	20	30	23	长期研究	社会学 法学
岩城穣	43	41.8	0	2	15	26	长期研究	法学
森冈孝二	42	41.6	0	0	14	28	较长期研究	经济学 管理学
井泽慎次	41	41	0	0	0	41	近年兴起	法学
外井浩志	39	39	0	0	12	27	较长期研究	法学
上畑铁之丞	38	35.6	3	12	18	5	长期研究	医学
冈村亲宜	35	33.8	0	14	18	3	长期研究	法学
堀江正知	35	16	0	0	24	11	较长期研究	医学
松丸正	25	24.4	2	1	8	14	长期研究	法学
玉木一成	24	23.4	0	5	12	7	长期研究	法学

数据来源：经 CINII 平台搜索、汇总整理。

由上述可知，中国“过劳”问题研究还有很长的路要走，目前国内缺乏关于“过劳死”的医学认定，更没有相关的劳灾补偿法律。而日本在这方面走在了相关领域研究的前面。2014 年 5 月 23 日，日本国会通过《过劳死防止法》，日本把“过劳死”的劳灾认定和补偿又推向了一个新的历史高度。中国“过劳”问题研究的学者中大多已转向其他方向的研究。这是国内“过劳”研究至今未形成一定规模的原因之一。

2. 中国“过劳”问题研究学者所属机构分析

将论文发表的实际数量在 3 篇及以上的发文机构进行排序，如表 2.7 所示。在所有机构中只有中南财经政法大学和江苏大学属于较长期研究机构，其余 9 所机构都是从 2006 年以后开始陆续涉足该领域。近年崛起的研究机构有3家，近年停滞的研究机构有4家，有3家处于稳定发展状态。可以看到，首都经济贸易大学、湖南财经高等专科学校（现湖南财政经济学院）、国网能源研究院和中南财经政法大学属于所有机构中论文发表篇数多的四家。一个重要研究领域的深入和持续发展，不仅需要个人力量，还需要依靠团队建设。尤其是首都经济贸易大学，2011年以后在该问题研究上具有很大贡献，至今已累计达到28篇论文的成果。

表2.7　中国作者所属机构“过劳”问题研究情况

发文机构	发文数量	发表年份				研究状况	
	实际数量（篇）	2001	2001—2005	2006—2010	2011—2017	研究状态	研究领域
首都经济贸易大学	28	0	0	4	24	近年兴起	经济学 管理学
湖南财经高等专科学校	10	0	0	10	0	近年停滞	法学
国网能源研究院	9	0	0	2	7	近年兴起	经济学管理学
中南财经政法大学	8	0	1	5	2	较长期研究	法学 管理学
华东政法大学	5	0	0	0	5	近年兴起	法学
华中师范大学	5	0	0	5	0	近年停滞	法学
山东大学	4	0	0	1	3	稳定发展	管理学 法学
重庆大学	4	0	0	3	1	稳定发展	社会学
上海交通大学医学院附属第九人民医院	4	0	0	4	0	近年停滞	医学
西安邮电学院	3	0	0	3	0	近年停滞	经济学
江南大学	3	0	0	2	1	稳定发展	经济学 社会学
江苏大学	3	0	1	1	1	较长期研究	法学

数据来源：经知网平台搜索、汇总整理。

日本有过劳死律师团全国联络会，下设110联络站服务机构共有47个，主要用来处理过劳死的劳灾申请、辩护、起草相关的法律文件等①。该机构不仅自行替政府起草“过劳死”相关法律的草案，而且还从2011年11月18日起在全国范围内发起百万人签名活动，敦促政府尽快立法，同意出台《防止过劳死基本法》。在这个组织的推动下，2010年4月，日本出台了“过重劳动对策基本法（案）”，2014年6月20日，日本参议院一致通过《过劳死防止法》，并于同年11月1日施行②。所以，研究团队的建设和民间组织的发展是防止“过劳”立法走入正轨的关键。为了更好地响应该法案，在民间团体“过劳死防止对策推进全国中心”的协助下，2015年5月23日成立了“过劳死防止学会”。该学会主要开展有关过劳自杀、过劳疾病等的研究，旨在为有效防止过劳死提供对策。该学会会员所涉及的学科领域甚广，主要由研究人员、律师、活动家、记者、过劳死受害者家属等构成。

3. 中国、日本“过劳”问题研究的期刊登载状况分析

如表2.8所示，中国有关“过劳”问题研究的论文刊载数量超过4篇的期刊共有12种。其中《中国人力资源开发》长期刊载相关文章，有9种期刊近年来陆续刊载。其中，《中国人力资源开发》《安全与健康》《法制与社会》刊载总量均超过10篇。这三种期刊主要以经济学、管理学、社会学和法学为主；其余几种期刊研究领域情况也大体相同，医学、心理学等相关学科鲜见。12种期刊中，只有《人口与经济》属于CSSCI期刊，被北大核心期刊收录的共两种《人口与经济》和《中国人力资源开发》（2011年前为CSSCI检索期刊）。期刊的级别在很大程度上决定了发表论文的质量，以及科研成果的贡献度及水平高低。与劳动经济学其他领域相比，在期刊上发表的“过劳”问题研究论文的水平还有很大差距。这与“过劳”问题的特点及特征有关，“过劳”问题属于社会问题，但最后引发的“过劳死”需要医学界做出明确定义。

① 過労死弁護団全国連絡会議. KAROSHI［過労死］［M］. 窓社，1991：93-94.

② 過労死110番全国ネットワーク［OR/NL］. http：//www. karoshi. jp/. 2014-08-01.

表 2.8　中国期刊“过劳”问题研究的刊载

期刊名称	刊载数量	刊载年份				研究状况	
	总量（篇）	2001	2001—2005	2006—2010	2011—2017	刊载状态	刊载领域
中国人力资源开发（北大核心）	27	0	1	10	16	长期刊载	经济学 管理学
安全与健康	14	0	0	1	13	近年兴起	社会学 法学
法制与社会	11	0	0	7	4	稳定发展	法学
检察风云	7	0	0	6	1	近年停滞	法学 社会学
职业	6	0	3	0	3	中间停顿	社会学
人口与经济（CSSCI）	5	0	0	1	4	近年兴起	经济学
知识经济	4	0	0	3	1	稳定发展	经济学法学
合作经济与科技	4	0	0	0	4	近年兴起	经济学
人才资源开发	4	0	0	3	1	稳定发展	法学 管理学
经营管理者	4	0	0	1	3	近年兴起	管理学
工友	4	0	0	2	2	稳定发展	管理学
法制与经济	4	0	0	2	2	稳定发展	法学

数据来源：经知网平台搜索、汇总整理。

“过劳”问题是一个多学科交织在一起，需要共同研究的话题。而国内高水平的期刊对论文发表都有较为明确的栏目方向和发表范畴，需要十分明确研究主题的所属领域及视角、研究方法的归属等。融入多学科的论文是较难在高水平专业期刊上刊载的，这样的论文容易被当成“不伦不类”的文章退稿。从这个方面也反映出国内关于“过劳”问题研究的水平，同时也反映出多学科领域融合和划分的矛盾性，但是也可以看出不乏在该问题上的高水平研究成果。目前已经累计有 28 篇论文被 CSSCI 或 CSCD 期刊收录，包括：《中外法学》《中国临床心理学杂志》《人口与经济》《旅游学刊》《经济学动态》《法商研究》《当代法学》等影响因子很高的期刊(见表2.9)。

2010年以前心理学、医学视角的高质量论文较多,2010年以后几乎均出自经济学和管理学,而法学的视角研究各阶段均有,但与日本的研究相比相差甚远。经济学和管理学视角的大多都是文献述评及“过劳”成因的研究,法学视角多是“过劳死”立法及“过劳”维权方面的研究。但是可以看到,从心理学对“过劳”量表研制的研究,从医学角度对“过劳死”判定以及“过劳”预防和防止的研究均鲜有。而从这些高水平期刊刊载“过劳”问题的论文看,研究对象主要集中于企业员工,其他群体甚少。当然这并不能说明其他群体“过劳”的状况鲜有研究,但对高校教师、医生、一线员工等群体的“过劳”问题研究并不深入,在研究水平上还有待提高。

表2.9 CSSCI/CSCD期刊“过劳”问题研究的登载(篇,按刊名首字母排序)

期刊名称	影响因子	刊载数量	发表年份	篇名	作者	刊载领域
中外法学	5.39	1	2013	日本过劳自杀工伤规制之借镜:从富士康事件谈起	郑晓珊	法学
中国青年研究	1.04	1	2005	中青年“过劳死”现象的社会学研究	滕继果 吕尚彬	社会学
中国临床心理学杂志	2.05	2	2004	职业过劳测验的编制	李靖	心理学
			2003	职业过劳与心理健康、组织公民行为等因素的关系	李靖	心理学
中国行为医学科学	1.26	1	2006	过劳死的发生和预防	杨菊贤 卓杨	医学
山东大学学报(哲学社会科学版)	1.61	1	2012	JD-R模式下过度劳动的多维动态性形成与管理研究	王素娟	管理学
软科学	1.74	2	2016	工作要求、工作资源对企业员工“过劳”的影响	王欣	管理学
			2016	对企业中“强制自发性”型员工“过劳”的研究	王欣 杨河清	管理学

续表

期刊名称	影响因子	刊载数量	发表年份	篇名	作者	刊载领域
日本学刊	1.30	1	1993	“过劳死”与日本的企业经营	鲍刚	管理学
人口与经济	3.10	5	2016	中日“过劳”问题研究发展历程及特点比较——基于文献计量分析的结果	杨河清 王欣	经济学
			2014	城市从业者“过劳”的成因分析——基于北京地区的调查数据	肖红梅	经济学
			2014	我国过劳问题严重，亟须加强研究	杨河清	经济学
			2014	企业员工“过劳”现状及其影响因素的研究——基于“推—拉”模型的分析	孟续铎 王欣	经济学
			2009	北京地区员工过度劳动状况的调查研究	杨河清 韩飞雪 肖红梅	经济学
求索	0.46	1	2011	员工过度劳动的危害与矫治	李芝山	管理学
求是	0.97	1	2007	“过劳”现象应予重视	陈凯星	管理学
南京大学学报：哲学·人文科学·社会科学	1.27	1	2017	新常态下我国过度劳动法律规制问题研究	杨河清 王欣	法学
旅游学刊	2.49	1	2014	饭店业员工过度劳动的实证分析与管理	王素娟 孔海燕	管理学
兰州学刊	0.56	1	2008	论“过劳”现象与工会维权	罗婷婷	法学
经济学动态	2.26	1	2015	过劳问题研究的路径与动向	杨河清 王欣	经济学
江西社会科学	0.65	1	2009	我国“过劳死”立法初探	吴义太 肖赣萍	法学

续表

期刊名称	影响因子	刊载数量	发表年份	篇名	作者	刊载领域
华东理工大学学报：社会科学版	0.88	1	2006	过度劳动及其就业挤出效应分析	王艾青	经济学
工业技术经济	1.43	1	2009	过度劳动的经验分析及其对就业的影响	王艾青	经济学
法商研究	3.99	1	2017	论过度劳动的法律治理	谭金可	法学
当代经济研究	1.11	1	2007	过度劳动及其就业挤出效应分析	王艾青	经济学
当代法学	3.35	1	2010	“过劳死”的比较法思考	孙国平	法学
产经评论	1.09	1	2011	过度劳动的程度测定及其应用	王丹	经济学
北京联合大学学报：人文社会科学版	1.17	1	2012	北京市 CBD 知识员工过劳状况调查研究	杨河清 吴君	经济学

数据来源：经知网平台搜索、汇总整理。

表 2.10 中列出了日本“过劳”问题研究期刊的刊载情况。“过劳”问题研究期刊的刊载数量在 3 篇以上的有 100 多种，在 10 篇及以上的有近 50 种，表 2.10 中列出了刊载量在 50 篇以上的期刊，共计 14 种。可以看到《ひろばユニオン》刊载的相关论文为 217 篇，而《劳动法律旬报》和《民主法律》也超过了 100 篇。同时《劳动法律旬报》《劳动运动》《劳动法学研究会报》长期稳定刊载“过劳”问题研究的论文。长期稳定刊载的期刊共有 6 种，近 10 年兴起的有 8 种。从刊载期刊的数量及刊载状态看，对于“过劳”问题研究起到了良好的长期依托和支持作用。

表 2.10　日本期刊“过劳”问题研究论文的登载

期刊名称	刊载数量	刊载年份				研究状况	
	总量（篇）	1989	1989—1998	1999—2008	2009—2017	刊载状态	刊载领域
医学联合集刊（ひろばユニオン）	217	0	31	132	54	长期稳定	医学
劳动法律旬报（労働法律旬報）	113	2	54	20	37	长期稳定	法学

续表

期刊名称	刊载数量	刊载年份				研究状况	
	总量（篇）	1989	1989—1998	1999—2008	2009—2017	刊载状态	刊载领域
民主法律（民主法律）	103	0	5	58	40	长期稳定	法学
劳动者的生活与健康（働くもののいのちと健康）	85	0	0	36	49	近年兴起	法学 医学 管理学
劳动与健康（労働と健康）	72	0	0	52	19	近年兴起	社会学 法学 心理学
劳动标准宣传刊（労働基準広報）	72	0	0	9	63	近年兴起	法学
劳动者的权利季刊（季刊労働者の権利）	69	0	11	30	28	长期稳定	法学 管理学 社会学
劳动运动（労働運動）	67	2	47	4	14	长期稳定	经济学 社会学
产业卫生学杂志（産業衛生学雑誌）	66	0	1	49	16	近年兴起	医学
劳动与医学（労働と医学）	61	0	0	22	39	近年兴起	医学
劳动安全卫生宣传报（労働安全衛生広報）	57	0	0	19	38	近年兴起	法学 医学
劳动法学研究报（労働法学研究会報）	55	2	11	18	14	长期稳定	法学
安全与健康（安全と健康）	53	0	0	22	31	近年兴起	管理学 法学
员工安全（安全スタッフ）	52	0	0	19	13	近年兴起	管理学 法学

数据来源：经 CINII 平台搜索、汇总整理。

同时可以看到，长期稳定刊载的6种期刊中有4种主要以法学领域为主体，说明日本“过劳”问题研究在医学和法学两个学科有很深厚的研究基础，并处于长期持续不断地研究状态。而近年兴起的刊载“过劳”问题研究论文的期刊中多了医学、管理学、社会学以及心理学的研究成果，经济学方面的论文成果并不集中，只有一种期刊集中刊载过以经济学视角研究“过劳”问题的论文。这与日本学者中从经济学视角探究“过劳”问题的人员数量不占优势有一定关系。活跃作者多数集中于法学和医学领域，其他学科领域的活跃作者数量很少，涉及经济学和管理学视角研究的学者只有森冈孝二。但是在日本通过长时间劳动和无偿加班来间接研究和反映“过劳”问题的论文非常多，通过检索“题名”中不包含“過重労働”（过重劳动）、“過労”（过劳）、“過度労働”（过度劳动）、“過労死”（过劳死）、“働き好き”（过度劳动）的关键词，只包含“長時間労働（长时间劳动）”、“サービス残業（无偿加班）”的关键词，这类期刊的论文经过相同方法检索整理后共计7 424篇，书籍有27种。而长时间劳动主要是基于厚生劳动省的“每月勤劳统计调查”和总务厅统计局的“劳动力调查报告”两组数据，大多是从经济学的研究视角进行研究的，例如：小仓一哉发表的《日本の長時間労働》（《日本的长时间劳动》）、森冈孝二发表的《労働時間の二重構造と二極分化》（《劳动时间的双重结构与二极分化》）等都具有代表性[①][②]。如果从长时间劳动角度间接研究“过劳”问题，那么经济学和管理学领域的科研成果更占多数。其中以森冈孝二的《働きすぎの時代》（《过劳时代》）（2005年）、小仓一哉的《過働社会ニッポン》（《日本的过劳社会》）（2007年）、熊沢诚的《働き過ぎに斃れて》（《过劳化》）（2010年）等著作最具代表性[③]。

---

① 小倉一哉．日本の長時間労働——国際比較と研究課題［J］．日本労働研究雜誌，2008(6)：4-16.

② 森岡孝二．労働時間の二重構造と二極分化［J］．大原社会問題研究所雜誌，2011：1-18.

③ 長井偉訓．日本における「過労問題」の今日的特質とその構造［C］．第一届适度劳动大会论文集，2012：125-145.

所以，从中国、日本“过劳”问题研究的期刊刊载状况比较看，中国相关的研究成果质量有待进一步提高，固有模式和期刊栏目的突破，融合多学科对“过劳”问题研究的路径还需成熟和进一步探讨。另外，中国研究劳动时间的文献共计 250 篇，核心期刊刊载的论文共计 128 篇，但是这些论文大多完全没有涉及“过劳”的内容，这点与日本该领域的研究有很大不同。从经济学视角，利用经济学方法论探究劳动时间和超时工作，从而回归到“过劳”主题的论文甚少。而这与劳动时间数据的统计基础有关，中国与劳动时间相关的数据主要集中于《中国劳动统计年鉴》，存在统计口径不明确，没有说明统计的劳动时间包含哪些时间，是否包括有薪加班时间和无偿加班时间。且中国 21 世纪初期经历了统计制度的改革，导致时间序列数据只能追踪到十多年前，这点与日本的“每月勤劳统计调查”有很大差距，后者是月报数据，年报数据可以追踪到 20 世纪 60 年代。由于统计数据的缺失和统计口径准确性的欠缺，从经济学视角无论是直接还是间接研究“过劳”问题都造成了很大的困难。

第二节 “过劳”的不良后果及经济损失分析

前文对国内外“过劳”研究的发展路径及特点分析的结果如图 2. 5 所示，中国已经有不少学者围绕“过劳”的前因变量展开了诸多的研究，多是从管理学、经济学、社会学、心理学等视角进行的研究。很多学者对于“过劳”造成的身心健康损害也有所建树，例如，日本学者多从医学、心理学角度通过机理研究进行阐释，对“过劳死”“过劳抑郁”“过劳自杀”等进行研究。国外还有一部分学者从管理学、组织行为学角度对隐性缺勤、工作倦怠等问题做出了较为详尽和深化的研究，主要集中于欧美学者。然而，对于“过劳”带来的工作效率下降、工伤事故伤害以及导致的社会经济损失的研究，国内外相关文献及研究都很少，尤其是国内该领域一直处于空白，至今无人问津，可继续挖掘的空间很大。

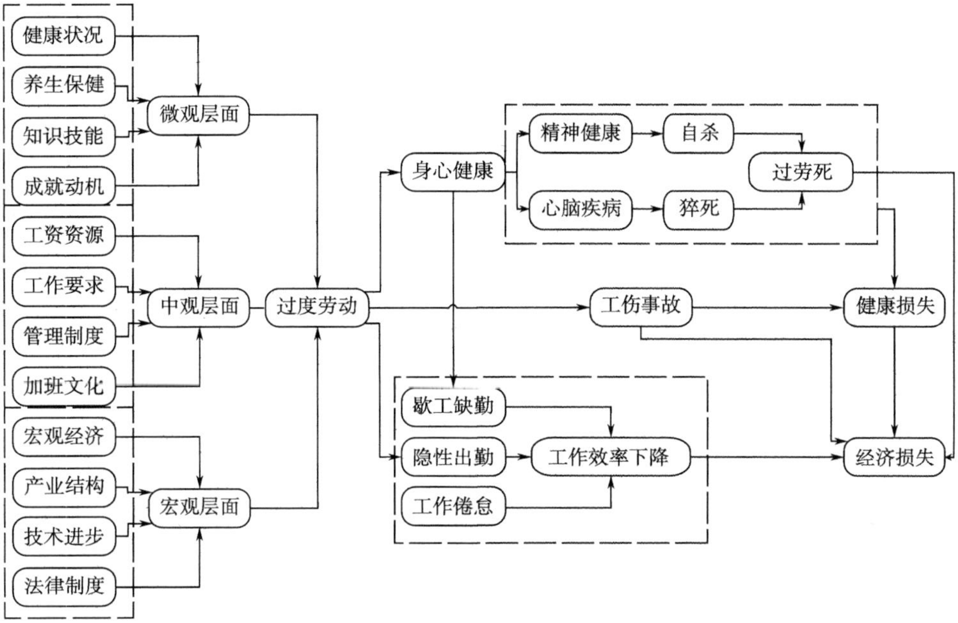

图 2.5 “过劳”的国内外研究路径

一、对个人身心健康的影响

“过劳”的发生与长时间劳动密不可分。长时间劳动使得睡眠、休息时间不足，人体组织机能得不到恢复又要投入新一天的工作中，长此以往无疑会对身体健康产生很大影响，因此员工容易患高血压、心脑血管疾病，出现精神抑郁、疲劳等症状，严重情况下会导致“过劳死”的发生①②。有学者研究表明，1 天工作 11 小时以上的劳动者急性心梗的发病率是 1 日工作 7~9 小时人员的 2.9 倍③④。运用日本厚生劳动省发布的“劳动者的疲劳积蓄度自己诊

① van der Hulst M. Long workhours and health [J] . Scandinavian Journal of Work, Environment & Health, 2003 (29): 171-188.

② Sparks K, Cooper C, et al. The effects of hours of work on health: a metaanalytic review [J] . Journal of Occupational and Organizational Psychology, 1997 (70): 391-408.

③ Virtanen M, Ferrie J E, et al. Overtime work and incident coronary heart disease: the Whitehall II prospective cohort study [J] . European Heart Journal, 2009, 31 (14): 1737-1744.

④ Sokejima S, et al. Working hours as a risk factor for acute myocardial infarction in Japan: case-control study [J] . British Medical Journal, 1998 (317): 775-780.

断调查表”进行调查统计，每月超出规定劳动时间但在45小时以内的人员中“过劳”的比例为50%，如果超过80小时则该比例达到70%①。运用CHQ量表验证心理健康与劳动时间的关系，结果表明长时间劳动是心理健康受损的要因，无论有酬加班还是无偿加班对于心理健康影响作用都很大，且后者的危险性更高②。从医学角度大量的研究表明，过度劳动的行为对身体健康的危害很大，严重者一方面会出现精神问题，最终导致“过劳自杀”的发生；另一方面会表现在心脑血管疾病的爆发，从而引发“过劳猝死”。

二、对职场工作表现的影响

过度劳动使得员工身体健康受到很大影响，工作中士气低落，效率下降，容易频繁出错，在交通运输业以及制造业中还会导致工伤和事故的发生。韦格索（Vegso）等通过对企业的事故数据进行对比分析，认为每周劳动时间超过64小时的员工发生伤害事故的概率比劳动时间在40小时以内的员工多88%③。而每日工作超过12小时发生事故的概率比工作10小时多40%④。长时间劳动会使员工产生身心疲劳，导致工作效率下降，出现缺勤或者隐性缺勤，从而造成经济损失，尤其是周工作时间超过48小时；如果企业适当缩短工时会提高生产效率。有学者研究表明，长时间劳动并不能带来生产率的提高；且超时工作对工作绩效和生产率都存在显著的副作用，超时工作的时间每延长10%，生产率将会降低2.4%⑤⑥。每周工作时间超过60小时，白领人

① 岩崎健二．長時間労働が健康におよぼす影響［J］．ビジネス・レーバー・トレンド（特集—長時間労働とワークスタイル），2007（7）：6-9.

② 黒田祥子，山本勲．従業員のメンタルヘルスと労働時間-従業員パネルデータを用いた検証［R］．経済産業研究所 RIETI Policy discussion paper，2014：20.

③ Vegso S，Cantley L，et al. Extended work hours and risk of acute occupational injury：a case cross-over study of workers in manufacturing［J］．American Journal of Industrial Medicine，2008（50）：597-603.

④ Salminen S. Shift work and extended working hours as risk factors for occupational injury［J］．The Ergonomics Open Journal，2010（3）：14-18.

⑤ Shepard E，Clifton T. Are longer hours reducing productivity in manufacturing?［J］．International Journal of Manpower，2000，21（7）：540-553.

⑥ Proctor S P，White R F. et al. Effect of overtime work on cognitive function in automotive workers［J］．Scandinavian Journal of Work，Environment & Health，1996（22）：124-132.

员的工作效率将会下降20%①。

由于员工长期超时、超强劳动所造成的“过劳”状态对自身健康的危害很大，并且容易引起情绪不稳定，精力不能集中，导致工作效率下降。除此以外，一些员工会选择歇工、缺勤。但是另外一些员工在自认为身体状况还能够支撑完成工作的情况下，通常不会主动选择请假休息，而是坚持出勤。但是在身体未能得到休整，精力未能恢复的情景下，员工很容易出现隐性缺勤的现象。而这种现象又通常很难被发现，虽然不会给员工自身带来任何工资性收入的减少，也因此不会影响到财政税收，但是这种“出工不出力”的行为确实会给企业带来一定的经济损失。这种经济损失是较为隐蔽的，不易被发现且不易被测量，但确实存在着。有学者研究表明，由于“过劳”所带来的隐性缺勤问题很严重，员工每周有4.1个小时处于这种状态，即：按时出勤但是工作效率很低②。

三、对和谐劳动关系的影响

日本学者熊沢诚在解释“强制自发性”时提到，“员工面对企业的能力主义管理，高的工作水平标准，为了不在残酷的竞争中被淘汰，而不得不自我觉悟，被迫的拼命工作，表现出精神很痛苦”③。这类员工通常会表现出一种压力感，迫于无奈的工作，精神状态不佳，甚至伴有紧张和焦虑的情绪。当员工长期处于长时间劳动状态，尤其是无偿加班次数的增多势必会影响员工的工作情绪，这种情绪一旦失控，甚者会表现出对工作的抱怨以及对雇主的不满。因此，过度劳动并不利于雇主与雇员之间和谐劳动关系的发展。2015年，中共中央、国务院在《关于构建和谐劳动关系的意见》中明确指出，要“切实保障职工休息休假的权利，完善并落实国家关于职工工作时间、带薪年

① Nevison John M. White collar project management questionnaire report [R]. Internal Working Paper. Concord, MA: New Leaf Project Management, 1992.

② Brogmus G E. Day of the week lost time occupational injury trends in the US by gender and industry and their implications for work scheduling [J]. Ergonomics, 2007, 50 (3): 446-474.

③ 熊沢诚. 能力主義と企業社会 [M]. 東京: 岩波書店, 1997.

休假等规定，并依法足额支付加班加点工资”，但是也可以看到加班已成为部分员工的工作常态，员工的休息权并未得到应有的保障。由于中国相关法律的不健全，对于在工作中由于长期劳累导致“突然死亡”的情况，既无法视为工伤事故进行处理，又没有“过劳死”的法律依据和裁定，导致受害者及家属在维权上的困顿，事故后的赔偿问题通常也难以解决，双方的劳动纠纷不断，而这些都不利于和谐劳动关系的建立和发展。

四、对社会经济发展的影响

随着社会经济的不断发展，全球化竞争的日益严峻，“过劳”问题也越发严重。日本、韩国、美国等发达国家的员工都先后出现了“过劳”症状，而因此造成的经济损失也十分可观。2010 年，日本国立社会保障·人口问题研究所对由于员工过劳自杀和过劳抑郁所造成的直接经济损失的推算结果显示，1998 年到 2009 年，日本累计损失 GDP 4 兆 7 千亿日元，而到 2020 年累计损失将达到 14 兆 8 千亿日元①。美国有 40 万~80 万人员被慢性疲劳综合征所困扰，而这种症状平均可持续 5 年，最长可达 20 年②。美国每年因疲劳所造成的直接经济损失可达 20 亿~70 亿美元，而个人的经济损失达到 2 342 美元~8 675 美元③。有学者推算因医疗保健产生的直接支出为每人每年 3 226 美元，国民经济总损失的估算值则在 140 亿~370 亿美元④。在澳大利亚，患有慢性疲劳综合征的员工每人每年要支出约 2 000 澳元用于医疗保健，其中 1 268 澳元来自政府的间接支出；一些患者因病不得不暂时脱离工作岗位而带来了个人收入及所得税缴纳的减少，由此造成的政府和地区经济损失可达每人每年

① Yoshihiro Kaneko. Socioeconomic factors behind suicide and estimation of economic benefits from measures against suicide/depression ［R］. National Institute of Population and Social Security Research, 2010: 36-46.

② Fukuda K, Straus S E, et al. The chronic fatigue syndrome: a comprehensive approach to its definition and study ［J］. Journal of Chronic Fatigue Syndrome, 19941 (2): 67.

③ Leonard A Jason, Mary C Benton, et al. The Economic impact of ME/CFS: Individual and societal costs ［J］. Dynamic Medicine, 2008 (7): 6.

④ Brimmer Dana J, Resch Stephen C, et al. The economic impact of chronic fatigue syndrome in Georgia: direct and indirect costs ［J］. Cost Effectiveness and Resource Allocation, 2011, 9 (1): 1-12.

9 500 澳元，以此最终估算出全国范围内因疲劳所造成的年支出总成本至少为 5 900 万澳元①。

一些国家通过员工因治愈疲劳所产生的心理咨询及医疗费用的支出，休病假所带来的工资性收入的减少，久病不愈而导致的失业，发生“过劳死”事件后的经济赔偿等，计算出个人或者政府的经济损失。英国学者根据患有慢性疲劳综合征的员工 3 个月前所支出的医疗保健费（不包括非处方医药费用），家庭成员和亲朋好友所支付的看护慰问费，因病而脱离岗位或失去工作所造成的个人收入减少，3 个月每人总支出为 1 906 英镑②。有些发达国家的学者已对员工因疲劳而造成的经济损失，以及对个人、企业、社会造成的影响进行研究，但与其他视角的研究相比该方面成果较少③。

有学者研究发现，心理健康会显著影响劳动生产率，可通过多种途径致使生产率损失，病休或缺勤增多，工作达标率和胜任率降低④。员工因病缺勤时，个人的生产率为零；而带病坚持工作时，该生产率会介于 0～100%。因此，因病缺勤时所损失的生产率是很容易被记录的，而员工疲惫不堪时的生产率则很难被发觉。欧美学者从 20 世纪 90 年代起就已十分关注这样的问题。斯图尔特（Stewart）等研究发现，员工带病工作导致生产率下降，每年给美国造成的经济损失超过 1 500 亿美元；英国一项研究也显示，仅心理健康问题引起的生产率下降给英国带来的损失约为每年 151 亿英镑，是因病缺勤所致损失的 1.5 倍⑤。而有学者研究表明，由于“过劳”所带来的生产率下降问题

---

① Lloyd A, Pender H. The economic impact of chronic fatigue syndrome [J]. Medical Journal of Australia, 1992, 157 (9): 599-601.

② Mccrone P, Darbishire L, et al. The economic cost of chronic fatigue and chronic fatigue syndrome in UK primary care [J]. Psychological Medicine, 2003, 33 (2): 253-261.

③ Leonard A Jason, Mary C Benton, et al. The economic impact of ME/CFS: individual and societal costs [J]. Dynamic Medicine, 2008 (7): 6.

④ Evans-Lacko S, Knapp M. Global patterns of workplace productivity for people with depression: absenteeism and presenteeism costs across eight diverse countries [J]. Social Psychiatry and Psychiatric Epidemiology, 2016, 51 (11): 1525-1537.

⑤ Sainsbury Centre for Mental Health. Mental health at work: developing the business case [R]. London: Sainsbury Centre for Mental Health, Policy Paper 8, 2007.

很严重，员工每周有 4. 1 个小时处于这种状态①。也有学者对美国疲劳综合征群体因生产率下降导致的经济损失进行测算，得到该群体生产率减少的幅度为 54%，美国每年因疲劳综合征造成的个人及国家经济损失分别为 20 000 美元和 91. 3 亿美元；若按照一定范围进行估计，则造成的损失分别为 12 000 美元~28 000 美元和 55 亿~127 亿美元②。国外学者研发的测量量表已有 20 余种，主要通过自陈记录式或回答问题式对自己带病工作的生产率或工作效率进行判断、描述③。

综上所述，过度劳动会使员工健康水平下降，从而出现歇工、缺勤、隐性缺勤、工作倦怠的问题，导致生产效率下降。而员工生产效率的下降会给企业带来经济损失。员工身心健康出现问题，不仅会造成因歇工、缺勤所带来的工资收入的减少，还要为缓解“过劳”付出医疗医药费用、心理咨询费用、购买保健品费用等。如果身心健康继续恶化，会造成劳动能力的丧失或者步入死亡。这不仅给企业生产经营活动带来生产性损失，受害者的家属也要承担很大的精神损失，甚至家庭生产损失。每年由于过度劳动所造成的工伤事故也不在少数，例如，疲劳驾驶事故、与疲劳相关联的生产安全事故等的发生，不仅员工的工资收入会因休假而减少，企业也要担负生产性损失，甚者进行停产处理。这期间所产生的医疗医药费用、紧急处理费用等也是经济损失的一部分。但是对于因“过劳”所造成的经济损失的研究目前较少，尤其在国内还较为欠缺，相关的研究成果也并不多见，更没有较为深入的理论探索和验证性成果。

除此之外，“过劳”所造成的后果还包括对就业以及消费的影响。王艾青指出，过度劳动对就业有挤出效应，由于过度劳动的存在造成该行业的实际

① Brogmus G E. Day of the week lost time occupational injury trends in the US by gender and industry and their implications for work scheduling [J] . Ergonomics, 2007, 50 (3): 446-474.

② Kenneth J Reynolds, Suzanne D Vernon, et al. The economic impact of chronic fatigue syndrome [J] . Cost Effectiveness and Resource Allocation, 2004, 2 (1): 1-9.

③ 侯文静，詹靖. 工作场所出勤主义生产率减损测量研究的述评与展望 [J] . 中国人力资源开发，2016 (12): 48-54.

就业人数远低于应该就业的人数①。王艾青认为，一些行业为了减少开支，降低成本，迫使员工不得不加班加点完成任务。由于实际劳动时间超过社会平均劳动时间，如果员工加班所完成的工作量与招聘新员工在规定劳动时间内所完成的工作量刚好能够相抵消，那么企业会继续采取加班制度而不会录用新的员工。因为只需对员工支付加班费用，而加班费用远低于招聘新员工所需要的招聘费用、培训费用、入职后的固定工资的总和。因此，过度劳动所带来的是企业新员工录用的减少。李小好认为，过度劳动对消费产生了挤出效应，主要表现在工作时间对消费时间的挤占②。当然人们把更多的时间和精力都花费在工作上，甚至产生工作联通行为，使本来的闲暇时间也被工作所挤占。闲暇时间的减少，使购物、旅游、娱乐等消费性活动的时间相继减少。当人们在双休日或者节假日还在为工作忙碌着，即便有很强的消费能力也无福消受。

第三节 “过劳”经济损失的一般理论基础

一、劳动投入的选择

（一）劳动的回报效用

前面章节所谈到的在“过劳”的成因当中，有些人是为了收入的增加、晋升机会的获得，有些人是因为出于对工作的责任感、追求完美，有些人则是因为工作有趣而愿意投入更多，等等。可见其“过劳”原因的复杂性，因此仅用收入对劳动的投入程度进行阐释是不够的。工作是为了更好的生活，

① 王艾青．过度劳动及其就业挤出效应分析［J］．华东理工大学学报：社会科学版，2006（4）：38-42.

② 李小好．过度劳动的经济学思考［J］．市场论坛，2007（8）：93-94.

人们更多的用收入作为工作的一种回报形式甚至衡量方式是不全面的。事实上，工作的回报形式很多：收入、心理报酬、健康等。心理报酬不同于收入，是一种无形的工作回报形式，包括：领导支持、公司奖励、组织认同、下属尊重、组织氛围和谐等。具体是指员工个人主观意识上对单位及其提供的工作待遇、环境、氛围、机会等的一种心理感受，属于非经济报酬的范围。员工都希望通过自己的努力得到非经济性的奖励，这种奖励包括社会性鼓励和职业性鼓励两方面内容，前者由在单位的地位象征、表扬肯定、荣誉、成就感等基本要素构成；后者由自我发展、职业安全、晋升机会、和谐关系等基本要素构成①。虽然员工都希望通过努力获得与之相匹配的经济报酬，以维持生计和满足物质条件，但是个人价值的肯定与成就感的满足对于员工工作投入的主动性有着促进和推动作用。心理报酬往往会干扰员工工作的投入度②，因此，心理报酬与收入的加总才是真正的报酬总和。随着社会经济的不断发展，人们对于健康越来越重视，甚至超过了对于闲暇的渴望。劳动的过多投入或许可以从中获得更多的收入、认可、乐趣，但与此同时也会失去健康。因此，报酬越多、健康水平越高，劳动的回报效用可提升的就越高。即：劳动的回报效用是报酬和健康的函数。用 U 表示劳动的回报效用，Y 表示报酬（经济性和非经济性报酬），h 表示健康水平（或者健康投入量），该表达式为：

$$U = f(h, Y) \tag{2.1}$$

（二）报酬约束线与无差异曲线

用 Y 表示报酬（经济性和非经济性报酬），l 表示劳动投入量，w 表示工资率，θ 表示非经济性报酬替代率，报酬约束式表达如下：

$$\begin{aligned} Y &= (w + w \cdot \theta) l \\ &= w(1 + \theta) l \end{aligned} \tag{2.2}$$

① 曾捷英. 关于员工心理报酬问题的调查——以我国民营零售企业销售人员为例［J］. 中国流通经济，2012（3）：104-108.

② 罗红卫. 心理报酬与员工工作投入度关系的实证研究［J］. 企业经济，2012（1）：85-87.

如图 2.6 所示，横轴用 I 表示，代表投入量或者投入程度，纵轴用 Y 表示，代表报酬，报酬约束式用直线 IY 表示。OI 代表个人在工作和健康上投入的总和。从原点 O 向右方计量的投入量为健康投入量，即健康水平，包括参与健康项目所花费的时间、程度等，用 h 表示。从右侧的点 I 向左方计量的投入量为劳动投入量，包括劳动时间、劳动强度等，用 l 表示。健康投入量与劳动投入量是此消彼长的关系，即：在劳动时间越长，劳动强度越高，劳动投入量越大，在维持健康上所花费的时间就越短，投入度越低。因此，无论个人在劳动与健康之间做什么样的组合配置的选择，其投入量的总和都等于 OI。表明，如果放弃在健康上的投入而选择劳动，最终可得到报酬 Y。而此时，健康投入的机会成本是 $w(1+\theta)h$。

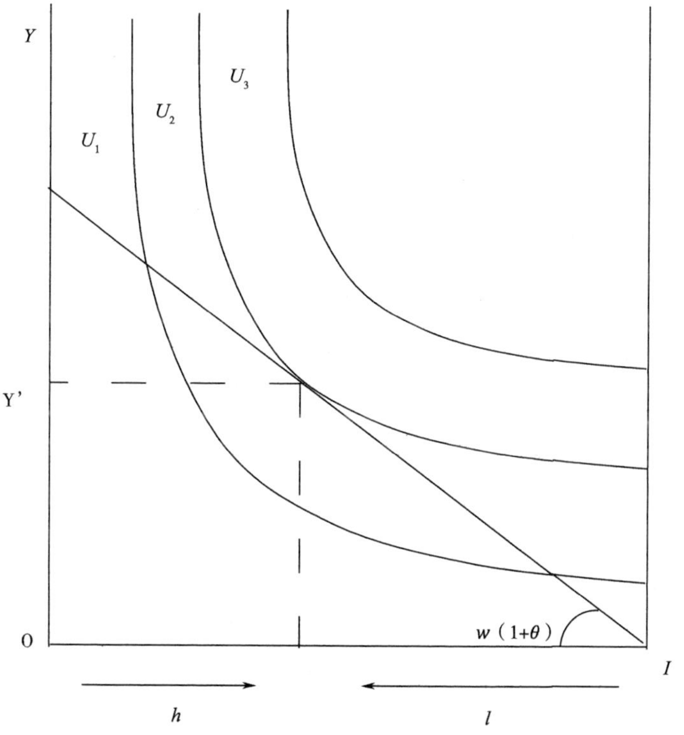

图 2.6 报酬约束线与无差异曲线

根据图 2.6，同一条无差异曲线上所有点之间的效用相同，离原点越远的无差异曲线所表示的效用越高，反之效用越低。由于主体的偏好不同，因此无差异曲线的形状不同，即不同的人具有报酬替代健康投入的不同比率。例如，有人愿意每日放弃 1 小时锻炼身体的时间选择加班工作，即便收入水平没有增加，但是让自己的晋升机会多了一份把握而感到满足，总报酬提高了。但是，有些人却觉得这么做很不值得，认为健康更重要。而每个效用组合所在的无差异曲线对应的斜率，便是该点的边际替代率，即在主体保持相同效用的条件下，增加或减少一些健康投入与需要减少或增加多少报酬的比，如下公式：

$$MRS = \frac{\Delta Y}{\Delta i} = \frac{\text{报酬的边际效用}}{\text{健康的边际效用}} \tag{2.3}$$

根据效用函数的推导，全微分后得到：

$$MRS = \frac{dY}{di} = -\frac{\frac{\partial U}{\partial i}}{\frac{\partial U}{\partial Y}} \tag{2.4}$$

（三）约束条件下的最大效用

无差异曲线说明了个人的主观愿望，而报酬约束线则反映了个人的现实条件。从主观愿望和个人偏好而言，个人可以做出各种效用水平的选择。所以，任何人都希望选择离原点距离较远的无差异曲线，以获得更大的效用和满足。但是，很多情况下并不能如愿以偿，因为受到条件约束，这种约束由报酬约束线表示。较多的健康投入和较高的劳动能力使报酬约束线远离原点，反之会靠近原点。而达到均衡状态，就要求在约束条件下健康投入与报酬的组合能使主体获得最大效用，在该约束下劳动的回报效用最大。如图 2.7 所示，图中有三条无差异曲线，其劳动的回报效用水平大小顺序为：$U_1<U_2<U_3$。可以看出 U_3 的效用水平虽然最高，但是受主体约束而无法达到。U_1 与 IY 相交于 b 与 c 两点。虽然这两种组合是约束条件下的最大组合，但是这两

点都位于 U_1 曲线上，显然 U_1 的效用水平低于 U_2。如果点 b 沿着无差异曲线 U_1 向右下移动，或点 c 沿着该曲线向左上移动，那么 bc 段上的所有组合都位于报酬约束线的下方，显然未达到最大效用水平。因此，只有在无差异曲线与报酬约束线相切的 a 点，才能实现均衡状态。所对应的健康投入为 Oi'，劳动投入为 Ii'，报酬为 OY'。

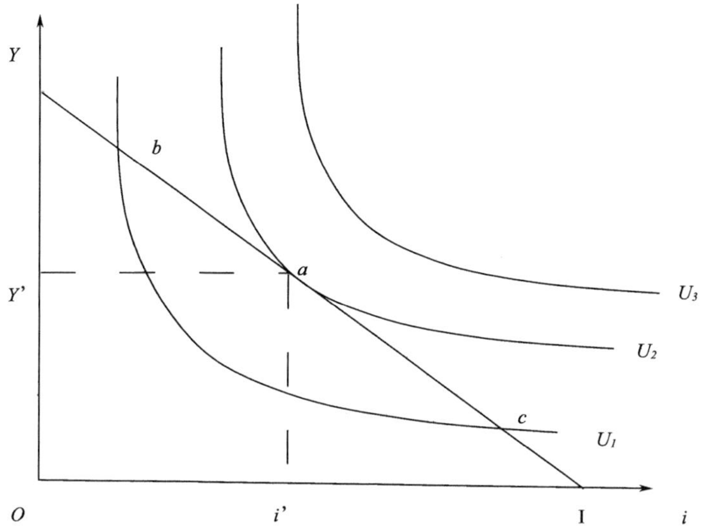

图 2.7 约束条件下的最大效用

因此，无差异曲线 U_2 在点 a 的切线是报酬约束线 IY。无差异曲线在点 a 的斜率与报酬约束线的斜率相等。因为报酬约束线的斜率是个人放弃健康投入，从事劳动投入而获得的报酬比率，无差异曲线的斜率是健康投入替代劳动投入的边际替代率。所以均衡状态下，二者相等，即：$w(1+\theta)=MRS$。

（四）最佳劳动投入的调整

如图 2.8 所示，在不改变效用水平，只改变比率的情况下，a 点向 c 点移动。c 点是由约束线的平行线与无差异曲线 U_1 相切确定的，即替代效应。由于替代效应，劳动投入增加了 $i_a i_c$，而健康投入由 Oi_a 减少到 Oi_c。显然，替代效应对劳动投入具有正向效应。由于报酬增加，为了获得较多的健康投入，只能减少劳动投入，用增加的报酬换取健康投入。在斜率不变的情况下，c 点向 b 点移动，这就是报酬效应。报酬效应作用的结果使劳动投入减少了 $i_b i_c$。显然，报酬效应对劳动投入具有负向影响。因此，可以看到，从 a 点移动到 b 点实现均衡，是两种效应同时作用的结果。

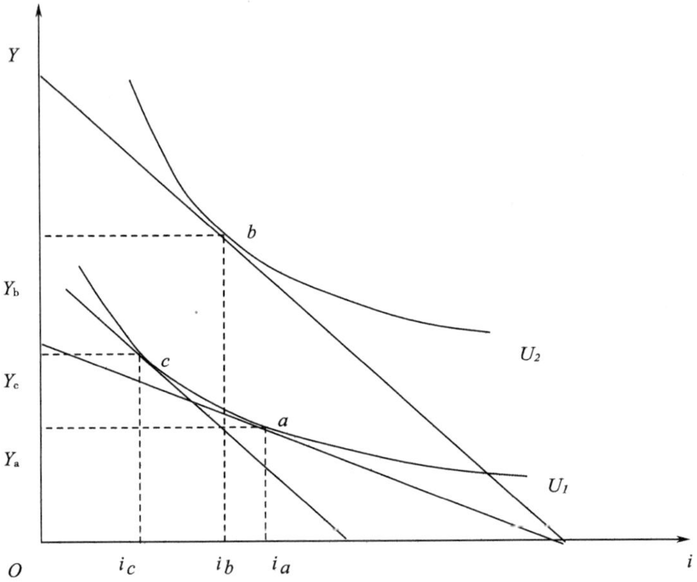

图 2.8　最佳劳动投入

二、劳动投入与产出

（一）边际生产力递减

如图 2.9 所示，纵轴是劳动产出，用 Q 表示；横轴是劳动投入量，用 L 表示。劳动投入量是劳动时间、劳动强度、劳动者数量的乘积。如果为了便于观察、分析，只考察劳动者个体，那么此时劳动投入量只含劳动时间、劳动强度两项。横轴左侧，即 $t=t_0=0$ 时，劳动投入量为零，代表劳动者处于休息、失业、无业状态。右侧可视为劳动的投入量过大，造成了过劳死的极端状态。图中 t_0 和 t_1 的区域可定义为劳动投入不足的区间，学术界已经有很多学者对此进行了诸多研究，本节不再进行更多阐释。随着时间和劳动投入量的不断推移，员工在刚进入工作状态时，劳动投入量很低，生产率也不高，此时员工处于劳动不足的状态。但随着完全进入日程安排和工作状态中，即从 $t=t_1$ 时开始，员工的劳动投入量明显增加，这个阶段员工的精神、心理和体力与工作能够相适应并且配合较好。因此，图中 t_1 和 t_3 区域可以定义为适度劳动区间，即劳动者身心与工作对象的匹配程度，以及生产效率的水平两个方面都处于最佳阶段。而 t_3 往右的区域是过度劳动区间，其中为便于分析，还可以区分出轻度过劳和严重过劳两个部分。“过劳”是过度劳动的略称，是指劳动者在其工作过程中存在超时、超强度的劳动行为，并由此导致疲劳蓄积，经过少量休息无法恢复的状态。

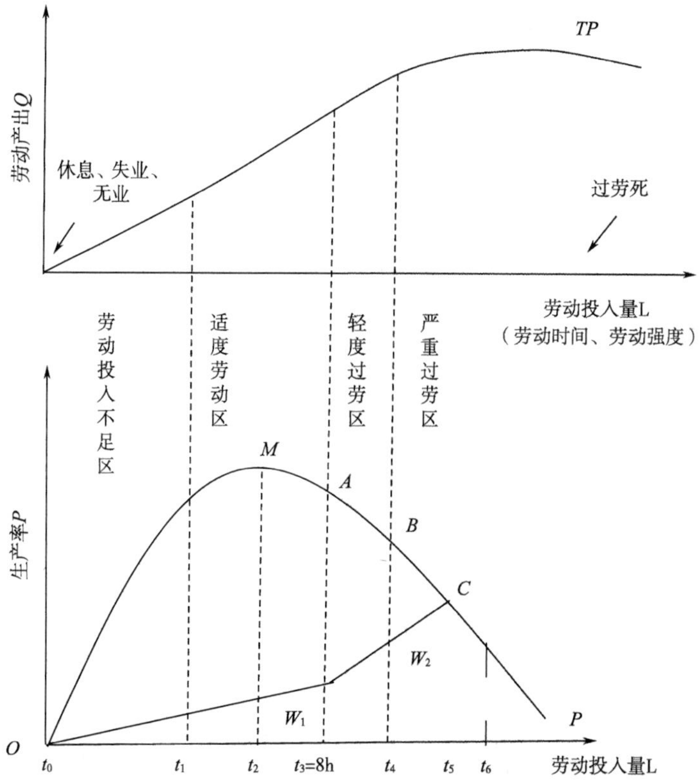

图 2.9 劳动投入量与劳动产出、生产率、工资率的关系

在劳动投入的初始阶段，生产效率不会即时达到高水平，此时劳动投入处于不足的状态。随着劳动的持续投入，边际生产力逐渐提高。边际产量和总产量增大，但劳动的持续投入造成的边际生产力提高达到一定的程度时，进一步的劳动投入，不再有边际生产力递增效应，相反会出现递减效应。递减效应出现后的一定时间内，总产量还在增加，直至边际生产力低于0，总产量也下降。理论上，在一个工作日中，适度劳动区间应有一个最适点，即 $t=t_2$ 时所对应的点。但是目前尚无这个点的测量方法，也无适度劳动区间的具体时间估计标准。从历史的、经济的、社会的、法律的、社会心理的，乃至劳动者生理、心理的，甚至包括政治的、文化的因素等进行综合考量，按照日劳动时间进行定义，在中国日 8 小时工作制下，第 8 个小时结束时点可认定为适度劳动与过度劳动的时间界限。如图 2. 9 所示，8 小时工作制下的工资率为 W_1。当劳动时间超过最适劳动点之后，劳动者的工作效率开始下降。在超过适度劳动区间后下降加快，尤其在加班时间内，劳动者的工作效率往往会出现“断崖式”下滑。

为什么 8 小时工作制在最适点之后而非之前，或者 8 小时并不是最适点呢？博加德斯（Bogardus）在汇总多位学者进行的有关生产安全事故与工作时间推移的研究结果后，发现二者呈“M 形”曲线，即以每个小时为工作时间单位，每日午休前和下班前两个小时是事故频发的高峰时段；主要是由于该时段正处于工作的“冲刺”阶段，员工希望在这段时间内完成更多的任务使得“最后一小时”能够轻松些，但是疲劳的作用具有“蓄积”的特点（逐小时积累），并非是“急症”会“立竿见影”的显现，当一个上午或者一个下午几个小时连续工作后势必就会表现出来；作者由此推测：如果“最后一小时”也保持高强度、高效率工作，那么事故发生的数量还会增多，正是因为“最后一小时”的“懈怠”才使得该时间段内的事故减少了①。对于企业而言，当超过最适劳动点之后，员工的工作效率开始下降，在超过正常标准 8

① Bogardus E S. The relation of fatigue to industrial accidents ［M］. Chicago：The University of Chicago Press，1992.

小时工作制之后下滑速率加快，尤其是加班时间内员工的工作效率往往会出现“断崖式”下滑。

有学者研究表明，如果企业适当缩短工时会提高生产效率，而长时间劳动并不能带来生产率的提高；且超时工作对工作绩效和生产率都存在显著的副作用，超时工作的时间每延长 10%，生产率将会降低 2.4%①。当每周工作时间超过 60 小时，白领员工的工作效率将会下降 20%②。还有学者利用面板数据测算了 18 个 OECD 国家的生产率与劳动时间的关系，得到二者存在门槛效应的结论，即生产率与劳动时间存在负相关关系；当年均劳动时间超过 1 925 小时，劳动时间每延长 1%生产率将会下降 0.9%；当年均劳动时间超过 2 025 小时，那么生产率则会下降 1%③。但为什么企业依旧会让员工继续劳动，而不是将每日工作时间限制在最适劳动时间的范围内呢?

随着劳动时间的推移，劳动者会出现疲劳，如果不能休息，继续劳动下去，将步入“过劳”阶段。但轻度过劳并不会对个体身心健康造成影响。随着中国经济的快速发展，轻度过劳是必要的，也是可以被提倡的。图 2.9 中的 $t_3 \sim t_4$ 属于轻度过劳区。劳动者处于加班状态，此时的法定工资率不再是 W_1。从 $t=t_4$ 开始，劳动者进入严重过劳区，虽然工作效率加速下滑，但从劳动产出看依旧呈增长趋势，只是增速过缓。

中国《劳动法》第四十四条规定：“安排劳动者延长工作时间的，支付不低于工资的 150%的工资报酬。”也就是从 $t_3=8h$ 以后，劳动者的工资率在法律保护下被提高到了 W_2。综合劳动者一日的劳动投入量，此时工资率已不再是 W_2，也不是 8 小时的 W_1，而是介于二者之间的一个数值。此时所对应的工作时间为 $t=t_5$，是劳动产出量开始下滑的拐点（总产量依旧不会下滑，只是增长的幅度很小，当生产率<0 时，总产量才开始下滑出现拐点）。

---

① Naude C, Tsolakis D, et al. Social costs of road crashes in Australia: The case for willingness-to-pay values for road safety [R]. Austroads Ltd, 2000.

② Nevison John M. White collar project management questionnaire report [R]. Internal Working Paper. Concord, MA: New Leaf Project Management. 1992.

③ Gilbert Cette, Samuel Chang, Maty Konte. The decreasing returns on working time: an empirical analysis on panel country data [J]. Applied Economics Letters, 2011, 18 (17): 1677-1682.

从此时刻起，只要经营有需要，厂商还会让员工继续加班。可以看到，$t_4 \sim t_5$ 处于严重过劳区，劳动者长期在严重过劳状态下，对身心健康的损坏是极大的。长时间劳动使得睡眠、休息时间不足，人体组织机能得不到恢复又要投入新一天的工作中，长此以往无疑会对身体健康产生很大影响，因此这样的员工容易患心脑疾病，出现抑郁、精神障碍等症状，严重情况下甚至会导致“过劳死”的发生①。

当工作时间为 $t=t_6$ 时，是劳动产出量真正开始下滑的点。从此刻起，企业不会再让员工加班，甚至限制加班时间，因为当超过 $t=t_6$ 时点，企业不会再从中获利。当然，除非在一些特殊情况下，企业会选择继续让员工加班工作。例如：大量订单的临时预订或者出现退货的限期返工。

（二）企业加班成本的转移

工作效率的快速下滑导致产出增长速度很慢，当员工步入严重过劳阶段时，总产值的增加是极其微弱的。该阶段，企业还要承担加班成本，工作效率下降会造成收益损失，但是企业依旧让员工继续加班。企业是以经营为主要目的的，是追求最大利润的，如不是“有利可图”，依旧可以从中得到收益，企业是不会让员工继续加班的。但是，这部分成本是存在的，企业到底把成本转嫁到了哪里，又是谁承担了这些？好像企业能够预知员工工作效率下降甚至低下的发生。但是，企业依旧向员工支付包括加班工资在内的薪水。这便是加班工资的秘密。很显然这部分成本转嫁给了员工个人和社会。企业员工由于劳动时间过长，长期处于严重过劳状态，对个人身心健康造成很大的损害。有学者研究表明，长时间劳动会导致睡眠、休息时间不足，精神负担加重，从而出现心脑血管疾病、精神伤害等健康问题②。每日劳动时间超过 11 小时，其心脑血管疾病的发病率是每日工作 7～10 小时发病率的

① van der Hulst M. “Long workhours and health”, Scandinavian Journal of Work ［J］. Environment & Health, 2003 (29): 171-188.

② 岩崎健二．長時間労働と健康問題——研究の到達点と今後の課題［J］．日本労働研究雑誌，2008（575）：39-48.

2.7 倍①。而每周劳动时间超过 61 小时，该发病率则是每周工作 40 小时以下的 1.9 倍②。但企业并不会为此承担已上缴医疗保险费用之外的费用和所要承担的责任。员工因“过劳”所支付的医疗医药费用，购买保健产品及服务的费用，进行心理咨询所产生的服务费用，等等，企业并不会为其担负。医疗服务作为公共服务是稀缺资源，当用于一位员工身上就不可能同时再用于其他人员身上（这也是对社会资源的消耗）。但是，这似乎与企业毫无关系，所以员工的加班行为并不会被企业终止，因为总产量在增加，所负担的成本除了很少的加班工资以外并无其他，不需要承担风险，也不需要承担法律责任。因此，只有当 $t=t_6$ 时，加班工资的成本效益比已使厂商完全无利可图时，厂商才会停止安排加班，甚至下达“加班禁止”的命令。

这种成本转移的路径很隐蔽，并不会被社会察觉。主要原因是由于我国《劳动法》对加班工资的起付限制过低，也就是说“按照 1.5 倍的工资报酬”并不会使企业承担很大的加班成本，即演变成员工和社会买单的情形。如图 2.9 所示，如果加班工资率从 W_2 提到更高时，即当工作时间超过 $t=t_4$ 时，企业不再有任何收益，企业成本的转移路径被阻断，那么这种现象就不会发生了。同时也说明，目前所规定的 1.5 倍工资的标准离防止员工严重过劳企业所要承担的加班工资相差很大。导致企业成本转移的关键则是中国法律制约机制的不健全，其中包括加班时间的监督不严格、加班工资的规定及监管的不完善。另外，当员工发生与过度劳动相关联的猝死或自杀事件时，由于中国相应法律的缺失，既无法将“过劳死”纳入职业病，也不符合《工伤保险条例》的规定，受害者及其家属没有任何针对性的法律途径进行维权。这无疑意味着企业承担法律风险的概率是很低的，即便按工伤处理，所需要支付的法律成本也并不高。企业并不会因此受到法律的制裁或惩罚，法律也没有让企业付出应有的代价。只有当企业要为员工严重过劳付出很大甚至惨痛代

---

① 内山集二．降圧剤治療を受けている五　歳台男性労働者における脳心事故の危険因子［J］．産業医学，1992（34）：318-325.

② Liu Y，et al. Overtime work，insufficient sleep，and risk of non-fatal acute myocardial infarction in Japanese men［J］. Occupational and Environmental Medicine，2002，59（7）：447-451.

价时，企业才会推行适度加班的策略。

企业在完全遵守法律、法规时尚且如此，何况很多企业连法定的加班工资都不完全支付甚至不支付。有学者研究表明，企业“没有加班工资”的人员占68.5%，“只支付一定数额或部分加班工资”的人员占13.7%，“按规定完全支付加班工资”的人员占17.8%，无偿加班现象较为严重①。这是“过劳”为什么会造成危害的根源所在。

（三）不同群体的差异

主动“过劳”的群体，例如，IT员工、科研人员、微店店主、自营雇主等，由于该群体具有很强的成就动机，往往自愿牺牲个人的闲暇时间进行工作。工作时间与非工作时间界限模糊，即便在家也要继续工作。这部分人员通常表现出健康自觉认知程度较低。自己已经踏入了严重过劳区，甚至踩到了“过劳死”的边缘线，但并不自知，认为自我健康状况良好，在自我实现和成就动机的驱使下，继续长期保持高劳动投入量。但是这部分人在家工作的时间并不会计算在加班时间的范畴内，如果将其纳入工作时间，工资率要远低于W_2。这部分人员用个人的牺牲换来企业成本的降低。个人和社会的损失为企业收益的增加买了单，也说明了一个现象，在经济快速发展和科技迅猛更新的时代，随着智能化、数字化的发展，智能手机的出现，让越来越多的工作任务开始进入人们非工作时段的生活，人们越来越难以从工作中真正脱离出来。工作时间与非工作时间的心理距离被极大地缩短了，二者的边界也变得异常模糊，一个典型的表现就是非工作时间员工工作连通行为（WC-BA）的增加②。员工无法避免下班后收到工作短信、邮件、电话，而这些阻碍了员工从工作中真正脱离出来，使得员工下班后仍然思考和惦念着工作中发生的事情。2016年8月，法国颁布的《新劳动法》中明确规定：“晚上6

① 孟续铎，王欣．企业员工超时工作成因与劳动时间特征的研究［J］．经济与管理研究，2015（12）：66-74.

② 李爱梅，夏萤，等．下班后能否从工作中解脱？——员工心理脱离的影响因素、作用机制与研究展望［J］．外国经济与管理，2015（37）：59-68.

点后到早上9点之前的非正常工作时间，公司不允许向员工发送邮件，也不可以向员工打电话”，就是为了对“数字时代”新工作方式进行约束。而我国目前还缺乏相关的劳动协议，还不能有效约束该类工作行为的发生。

由于不同个体之间的差异性，在相同劳动投入量的情况下其适度过劳的区间会向左偏移或向右偏移。不同工作岗位的人员，表现出来的工作效率与劳动投入量的曲线是不同的，一般当服务对象较为固定，例如，流水线上的员工或者窗口服务人员，他们的工作效率会比较平坦，因为他们需要在规定的时间内完成相应数量的任务，工作效率起伏不大，但由于疲劳持续蓄积以及任务完成的较为顺利，往往会选择在最后一个小时“懈怠”工作。而自主性较强的员工，例如，企业高管、研发人员等，该曲线会出现多个波峰，工作效率的起伏不会十分明显，因为时间自主，容许他们间断性休息，能够及时地缓解疲劳蓄积。一般的办事人员则会像图中所描绘的那样，有明显的工作效率上升或下降的趋势，尤其是加班阶段的工作效率呈“断崖式”下滑。

三、安全、健康的成本—效益分析

（一）安全的产出效益分析

员工“过劳”严重时易发生操作严重错误所导致的安全事故，例如，设计的、计算的、判断的、选择的等所造成的事故。表现形式最直接的是疲劳驾驶事故。因此从安全着手，防止该类事故的发生是十分重要的。从理论上讲，安全具备两大基本功能：第一，直接减轻或免除事故或危害事件给人、社会和自然造成的损伤，具有保护人类财富，减少损耗和损失的功能；第二，保障劳动条件和维护经济增值过程，实现其间接为社会增值的功能①。发达国家对于车辆安全系统的测试非常严格，而且鼓励运输行业的企业购买新型的安全设备，政府甚至以补贴政策进行推广。例如，日本国土交通部从1991年针对机动车安全设备进行研发和推广，通过5个“五年计划”普及了ASV安

① 罗云，田水承．安全经济学［M］．北京：中国劳动社会保障出版社，2015：39.

全系统。根据以上理论可知，安全的产出效益具备两种表达方式：

第一种被称为“减损效益”。例如，当车辆安装了带有报警装置的设备，当行驶过程中驾驶人员出现打瞌睡、睡觉等情形时，方向盘前的监测装置会检测到，从而发出声响进行提示，一定程度上减少疲劳驾驶事故的发生，从而减少因此造成的人员伤亡和经济损失。因此，随着整体安全水平的提高，以及安全意识的增强，所能够减少的损失空间将越来越小。减损效益可用减损函数 $L(S)$ 表达：

$$L(S) = L\lim_{s \to \infty} e^{(l/S)} + L_0 \quad (l > 0,\ L > 0,\ L_0 < 0) \tag{2.5}$$

第二种被称为“增值效益”。例如，安装上高科技设备的车辆，驾驶员心里会觉得有安全感，而这份感觉能够让驾驶员更安心地驾驶车辆，更愉悦地完成运输作业，甚至会提高客车上顾客出行的满意度和感受，这是安全所带来的“增值效益”。因此，这种效益会随着安全性的提高而提升。增值效益通常用增值函数 $I(S)$ 表达：

$$I(S) = I\lim_{S \to \infty} e^{(-i/S)} \quad (I > 0,\ i < 0) \tag{2.6}$$

如图 2. 10 所示，减损函数 $L(S)$ 会随着安全度的增大而减小，当无任何安全性（$S=0$）时，理论上损失趋于无穷大，当安全性趋于 100%时，损失趋于 0。而增值函数 $I(S)$ 会随安全性增大而增大，当安全性（$S=0$）时，增值效益为 0，然后随着安全性的增大而增大，但是增值的速度越来越慢，因此不会无限增大，最终增值的程度取决于安全系统本身。

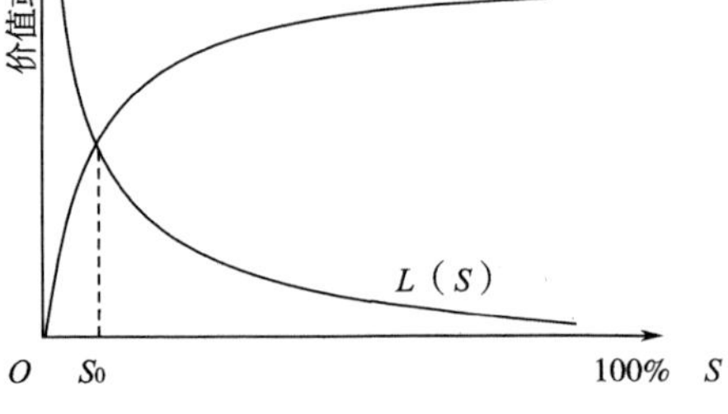

图 2. 10　安全减损函数 L（S）与增值函数 I（S）的关系

因此，安全的产出总效益可用安全函数 $F(S)$ 表达：

$$F(S) = L(S) - I(S) \tag{2.7}$$

如图 2.11 所示：当安全性趋于 0 时，即安全技术系统毫无安全保障，此时安全产出的总效益为负。当安全性（S）达到 S_0 时，安全产出的减损效益和增值效益相等，安全产出的总效益为零，这是安全性的下限。当 $S>S_0$ 时，安全产出的总效益为正。当安全性（S）趋近 100%时，安全系统发挥到最大效用，减损效益降到最低，增值效益也趋于饱和，受技术系统水平的局限，此时安全产出的总效益为最大。因此，当突破技术瓶颈，改变系统本身原有的局限，安全产出的总效益还会继续增大。这也说明了为什么安全系统总需要开展新的研发项目，安全产品更新换代，不断完善。

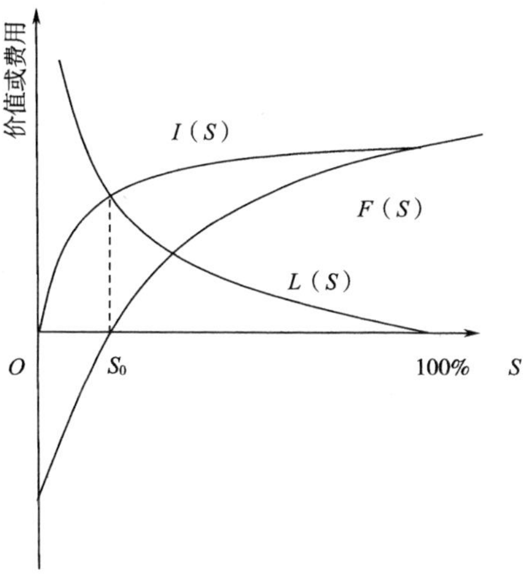

图 2.11 安全产出的总效益函数 *F*（*S*）

（二）安全的投入成本分析

安全的产出函数反映了安全系统使用后所带来的收益。但是，为了提高安全性，消除安全隐患，研发新的安全系统，需要投入人力、物力、财力等，即需要付出一定的代价或成本。从理论上说，对于安全系统的要求越高，更新速度越快，需要突破的技术壁垒越多，所付出的成本就越大。因此，如果想要达到100%的安全性，那么对于安全系统的开发投入是极大的，所以安全性也是不可能达到100%的。安全投入的成本函数 $C(S)$ 表达式如下：

$$C(S) = C\lim_{S\to\infty} e^{[c/(1-S)]} + C_0 \quad (C>0,\ c>0,\ C_0<0) \tag{2.8}$$

如图2.12所示，当安全性（S）达到 S_0 时，安全性初步达到标准，此时成本最低。但是随着 S 的不断增大，边际成本也不断提高。当 $S=t_2$ 时，安全的产出效益与成本差值最大。当 $S=t_4$ 时，安全系统的产出效益与成本相等，意味着安全性的提高，系统的再度研发和投入是不值得的，无经济意义可言。当 $S>t_4$ 时，虽然安全性得到了微乎其微的提高，但此时需要付出极大的代价，新系统的开发和使用将会带来亏损。

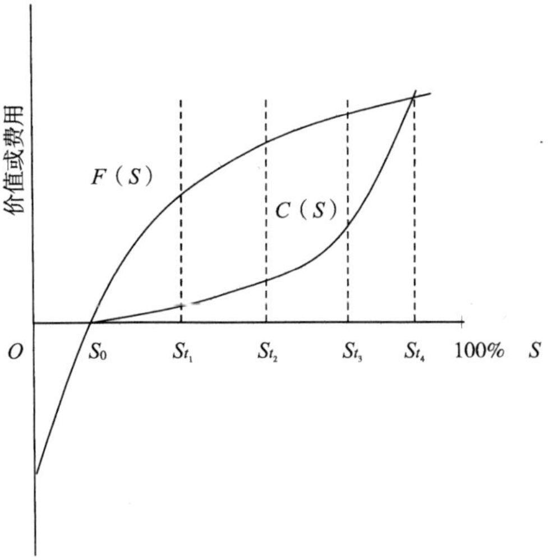

图2.12 安全产出的总效益函数 $F(S)$ 与成本函数 $C(S)$ 的关系

（三）安全投入的最低消耗

安全经济投入的优化原则有两点：一是使安全经济消耗最低；二是使安全经济效益最大，前者追求“最大效益”，后者追求“最低消耗”①。安全主要涉及两种经济消耗；事故损失和安全成本。因此，事故损失和安全成本之

① 罗云，田水承．安全经济学［M］．北京：中国劳动社会保障出版社，2015：42.

和即为安全经济负担总量，可以用安全负担函数 B（S）表示：

$$B(S) = L(S) + C(S) \tag{2.9}$$

其规律如图 2.13 所示：当 $S<S_0$ 时，安全性很低，对于事故前的预防措施并不周全，因此一旦发生安全事故将会带来很大的经济损失。随着安全性及安全意识的提升，对于事故前的投入加大，注意引进和开发新的设备，组织员工教育和培训等。此时，由于预防措施的到位会在一定程度上降低事故的发生率，减少事故经济损失。当 $S=S_0$ 时，B（S）取得最小值，此时安全负担为 B_0。当 $S>S_0$ 时，虽然安全性被进一步提高了，但是投入的安全成本过高，使得安全负担开始反向逐步增大。

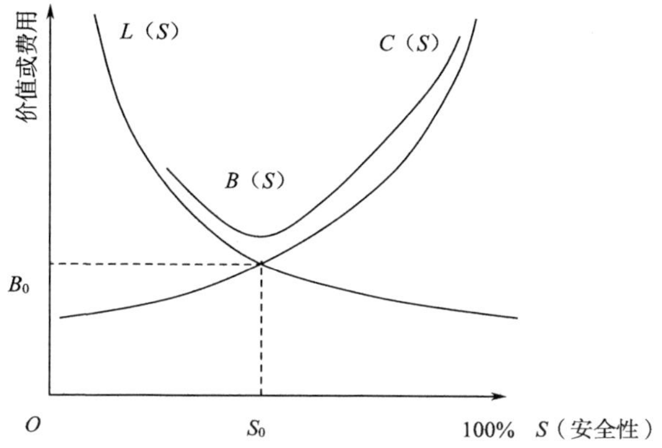

图 2.13 安全负担函数 $B(S)$

（四）安全的成本—效益分析

上文初步分析了安全效益，安全效益函数的表达式如下：

$$E(S) = F(S) - C(S) \tag{2.10}$$

由图 2.14 所示，当安全性（S）达到 S_0 时，安全效益为零，随着安全性的不断提高，安全效益也随之增大。当 $S=t_2$ 时，安全效益达到峰值，实现效益最大化。之后，随着安全性增大，安全效益逐步减小。当 $S=t_4$ 时，安全效益为零。当 $S>t_4$ 时，安全效益为负，新系统的开发和使用将会带来亏损。因此，$S=t_4$ 是安全效益的亏损点。在 $S_0 \sim S_{t_4}$ 区间内，安全效益始终为正，即提高安全性，研发新的和投入新的安全系统设备是有利的。当 $S_0<S<S_{t_2}$ 时，应当改善安全技术，完善安全系统，提高安全效益；当 $S_{t_2}<S<S_{t_4}$ 时，安全成本过高，应当着力于在保障安全性的前提下，尽可能地降低成本。

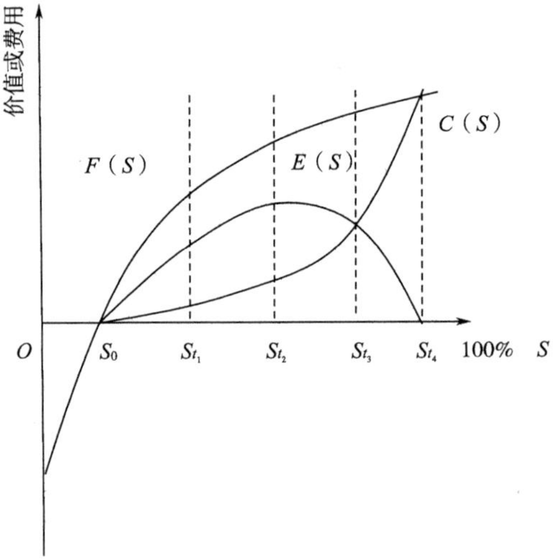

图 2.14　安全效益函数 E（S）

由上述分析可知，对于安全的投入是十分关键的，投入成本不仅是系统研发的成本，还包括：安全系统设备的采购费用、安全教育及培训的费用等预防费用，旨在将事故后的经济损失能够降低到一定的范围内。由此可以看到，为了预防疲劳驾驶事故所要支付的预防费用在安全支出中是必不可少的，也是经济成本核算的重要组成部分。

（五）健康的成本—效益分析

成本—效益分析是经济学的通用理论，可以用来解释疲劳驾驶事故经济损失中为何要将预防费用纳入其中。从健康经济学角度分析，员工为了避免“过劳”所需要购买的保健产品、保健治疗、医药品、医疗服务、健身服务、心理咨询服务等，这样的行为都可以运用成本—效益理论进行分析。该分析方法可以用货币单位表示健康项目的结果，使得分析人员能够应用同样的货币单位直接比较项目的增量成本和增量结果①。该分析方法在公共经济学评价领域已经有很长的应用历史，并且是最为广泛的经济学评价方法②。因此，这样的成本支出是可以被理解的，也是应当被鼓励的，能够防患于未然。如图2.15所示，边际健康效益曲线表示每增加一个单位的健康项目所产生的有益效果的总和，呈下降的*MHB*曲线。边际健康成本曲线即图中的*MHC*曲线，每个点表示每增加一个单位的健康项目所有成本的总和。在边际健康效益与边际健康成本相等时健康净效益最大。当$W=W_1$时，边际健康效益远超过边际健康成本，但随着“过劳”程度的减轻，边际健康效益逐步减少，边际健康成本逐步增加。当$W=W_3$时，边际健康效益与边际健康成本相等。当$W>W_3$时，后者将超过前者，此时虽能继续减轻“过劳”的程度，但是所要付出的代价是不划算的。如果一开始的“过劳”程度是W_1，预计降低到W_2，那么$W_1 \sim W_2$，*MHB*曲线与*MHC*曲线所围成的面积区域，就是在购买健康项目后，“过劳”程度降低所带来的净效益。

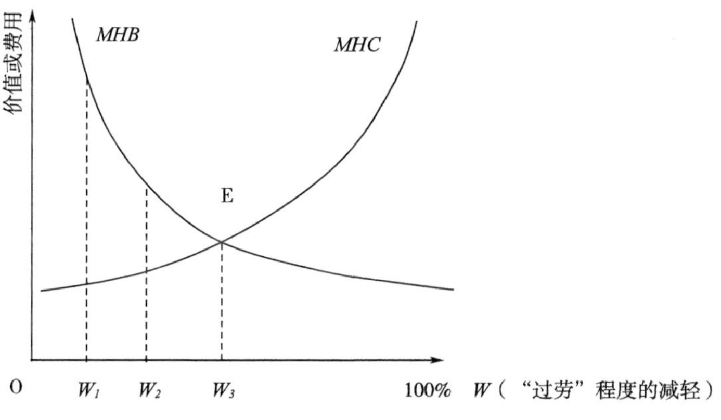

图2.15 边际健康效益*MHB*与边际健康成本*MHC*的关系

① Michael F D, Mark J S, et al.，卫生保健项目经济学评估方法［M］．李士雪，译．北京：人民卫生出版社，2008：212-240.

② Sugden R, Williams A H. The principles of practical cost benefit analysis［M］. Oxford University Press, Oxford, 1979.

四、生命的风险代理理论

“风险”有两层含义：一种定义强调了风险表现为收益不确定性；另一种定义则强调风险表现为成本或代价的不确定性。而生命的风险，是指生命与财产损失或损伤的可能性。在对卫生保健项目进行成本—效益分析中，一个最困难却经常不可避免的任务就是给人类的生命赋予一个价值①。因此，一般不能精确地知道生命风险的代价，因为不同的人对于风险的看法或偏好不同，也因时而异。但是，至少可以通过某种方法对该值的范围进行估计，在数量上估算出生命风险的代价。美国学者奥托兰用人的生命效用描述人的安全价值或愿承担的风险代价。人的生命效用与个人的财富（或收入）有关，用 U 表示一个人的生命效用函数，W 表示一个人的财物，U 是 W 的增函数，即 $U(W)$。如果人死亡的风险为 R，则一个人的安全效用期望为：

$$(1-R)U(W) \tag{2.11}$$

如果人们希望安全效用期望保持不变，即：个人财富（或收入）的增加必须与风险的增加相抵消，即有：

$$(1-R)U(W)=\text{常数} \tag{2.12}$$

对式（2.12）全微分，有：

$$-U(W)\mathrm{d}R+(1-R)U'(W)\mathrm{d}W=0 \tag{2.13}$$

式（2.13）中，U'表示生命效用函数对财富 W 的导函数，即 $U'=\mathrm{d}U/\mathrm{d}W$，对式（2.13）进行整理可得：

$$\mathrm{d}W/\mathrm{d}R=U/[U'(1-R)] \tag{2.14}$$

式（2.14）中 $\mathrm{d}W/\mathrm{d}R$ 代表财富随死亡（生命）风险增加的增长率。可以看到，增长率与生命代价有关。所表现的是人接受不安全概率的增加对人们所造成的财富代价的损失的关系。对公式做进一步简化处理。如果在一定的社会经济环境（社会的经济水平、行业的经济水平、地区的经济状况等）条件下，人的财富是相对固定的，可假设人的财富有固定效用弹性 μ，则：

---

① 舍曼·富兰德，艾伦·C 古德曼．卫生经济学［M］．北京：中国人民大学出版社，2011.

$$\mu = (dU/dW)(W/U) \tag{2.15}$$

整理后，可以写成：

$$\frac{dU}{dW} = W/\mu(1 - R) \tag{2.16}$$

这个理论对研究劳动安全的社会补偿，以及进行事故预防投入决策等，有一定的指导意义。而本节中所使用的人力资本法以及意愿支付法都是在该理论的基础上建立起来的。

本章小结

本章利用文献计量学分析方法，对国外“过劳”问题研究的演进路径及趋势进行了梳理，并对中国、日本在该领域的研究发展历程、发展特征、学科分布等进行了比较分析。这种分析有利于把握“过劳”命题的重要性，用国际及周围地区对该领域研究的重视程度，反观中国对该领域问题的研究状况；摸清发达国家对“过劳”问题研究的发展规律，反观中国对于“过劳”问题研究的发展路径，提出相应的优势与缺失，利于将这个命题研究的不断深入。

本章从文献内容及结构特征等方面进行了剖析，从而深入了解到美国、英国、德国、法国、日本等发达国家对于“过劳”问题研究的路径及动向。中国“过劳”问题研究开展较晚，与日本相关研究差距至少在15年，目前存在着能够形成团队进行研究的数量较少，研究人员较为分散，致力于该领域的作者不多。可以看到，与发达国家相比，中国对于“过劳”问题的研究起步较晚，2000年后才受到一些学者的关注。所涉及的学科分布与发达国家的研究发展路径恰巧相反，经济学、管理学、法学等学科融入程度较高，但缺少医学、心理学等学科的支持。同时也可以看到，与国内劳动经济学传统研究领域相比，无论是研究人员数量还是单位团体组织支持都相差甚远。但是作为国内新兴的研究领域，从国际的动态发展趋势看，会被越来越多的人关注。在本着可持续发展观为宗旨的前提下，该研究领域是与此相吻合的，利于中国社会经济的稳定健康发展。

本章对“过劳”的不良后果进行了分析。其对个人身心健康、职场工作表现、和谐劳动关系、社会经济发展等都造成一定的影响。中国已有不少学者围绕“过劳”的前因变量展开了诸多的研究，多是从管理学、经济学、社会学、心理学等视角进行研究。有学者对于“过劳”所造成的身心健康损害有所建树，从医学、心理学角度通过机理研究进行阐释，对“过劳死”“过劳抑郁”“过劳自杀”等进行研究。部分欧美学者从管理学、组织行为学角度对隐性缺勤、工作倦怠等问题做出了较为详尽和深化的研究。然而，对于“过劳”所带来的工作效率下降，造成的工伤事故伤害等，最终所导致的社会经济损失的研究，国内外相关文献及研究都很少，尤其是国内该领域一直处于空白，至今无人问津，可继续挖掘的空间很大。

本章利用经济学原理对“过劳”经济损失测算中所运用的一些理论进行了阐释。从劳动投入的选择理论，对劳动投入、健康投入、劳动的回报效用等做了详尽分析。利用效用理论以及约束条件下的最大效用原则等对其进行了深度剖析。本章基于劳动力投入与产出理论，对企业成本的转嫁做了详尽分析。从新的视角对加班工资做了审视，阐释了为何员工在加班期间工作效率很低，企业却依旧没有“加班禁止”。这主要缘于加班成本转移的路径很隐蔽，并不会被社会所发现和察觉。其主要原因是中国《劳动法》对加班工资的起付限制过低，法律制约机制不健全，其中包括加班时间的监督不严格、加班工资的规定及监管的不完善等，最终演变成员工和社会买单的情形。本章从理论层面上分析了转移路径，为后续“过劳”经济损失的研究奠定了基础。本章从成本—效益角度对安全、健康等进行分析，对安全的投入成本、最低消耗等利用经济学原理进行了阐释，并对后续涉及的一些评价指标的选用奠定了理论基础。本章利用生命的风险代理理论对为何选用生命价值法进行估计做出了说明。

第三章 “过劳”现状的比较及形成机制分析

本章拟对中国的“过劳”状况做出判断分析，而这种判断是建立在比较基础上的，也是对问题本身的一种补充分析。通过前文可以看到，中国的“过劳”问题是不容小觑的。“过劳”已成为部分员工的健康常态。而不同行业的员工“过劳”程度差别明显，员工加班甚至无偿加班的现象严重。众所周知，邻国日本和韩国的“过劳”情况是很严重的。由于在员工长时间劳动及疲劳蓄积度调查等方面缺乏来自韩国的数据，但日本的数据是较为齐全的具有可比较性。因此，本章拟通过比较分析的方法对中国“过劳”状况与日本的情况做对比分析及判断。本章的判断将作为估计结果验证中国、日本“过劳”经济损失比较分析的基础。

本章在文献研究的基础上，结合国内、国外学者提出的“过劳”形成机制的理论模型，利用元分析法对中国“过劳”的形成机制做出跨层次分析。“过劳”的成因是较为复杂的，有较多因素会促使这个症状的发生，同时也有一些因素可以缓解该症状的发生。本章从微观、中观、宏观对中国“过劳”的成因及影响因素做剖析。

第一节 中国、日本“过劳”现状的比较分析

众所周知，长时间劳动尤其是 60 小时及以上的超长时间劳动，是导致

“过劳死”“过劳抑郁”等的重要因素之一（日本对“过劳死”的认定为“员工在发病前 1 个月内加班时间超过 100 小时，或在发病前 2～6 个月内每个月平均加班时间超过 80 小时”①）。可以看到，长时间劳动是员工“过劳”甚至“过劳死”的重要判断标准之一。而“过劳”的另一判断标准是劳动强度，但劳动强度客观测量的获得是较为困难的②。由于客观数据的缺乏，中国、日本劳动强度的比较很难进行。因此，需要强调的是本节并不涉及该标准的比较分析。2002 年，日本厚生劳动省基于医学理论研发了“疲劳蓄积度自测诊断量表”（以下简称“自测表”），“自测表”在中国被广泛采用。王丹、孟续铎、王欣等学者借鉴、利用该量表对国内员工的“过劳”程度进行测量并做出判断。因此，当不同国家的学者利用同一测量工具对同一研究对象进行研究的时候，该结果是具有可比性的。可以看到，由劳动时间判断员工“过劳”是较为客观的标准之一，而“自测表”作为一种主观测量工具的介入，正好弥补了主观判断比较上的缺失。

一、经济发展水平与劳动时间的关联性分析

国民经济发展水平与劳动时间的关系较为密切。从 20 世纪 50 年代到 70 年代初期日本经历了一个高速经济增长期，并且迎来了三个盛世，即神武景气（1995—1957 年）、岩户景气（1958—1961 年）和伊奘诺景气（1965—1970 年）③。1961—1971 年，日本 GDP 年均增长率为 8. 88%。之后直到 90 年代初期一直处于经济繁荣期，1972—1991 年，GDP 年均增长率为 4. 50%。而七八十年代也正是日本“过劳死”爆发的时期。1985 年“广场协议”后，日本的经济并没有出现不景气，但这个重击为日后埋下了伏笔。1989 年，日本银行实行了货币紧缩政策刺破了经济泡沫致使股市崩盘，尤其是 1989—1992

① 厚生労働省都道府県労働局労働基準監督署．脳・心臓疾患の労災認定-「過労死」と労災保険［R］．平成 13 年．

② 孟续铎．劳动者过度劳动的成因研究：一般原理与中国经验［M］．北京：中国劳动社会保障出版社，2014：9.

③ Kayo Kobayashi，Translated by Giles Murray. The Japnese Economy［M］. アイビーシーパブリッシング，2005（10）：5-10.

年的时间里日本 GDP 增长率下降了近 5 个百分点①。1992—2013 年 GDP 年均增长率为 0.86%。根据前面对劳动时间的分析，可以看出在日本处于高速经济增长时期劳动时间达到峰值，进入经济繁荣期后劳动时间明显缩短。

1972—1991 年，中国 GDP 年均增长率为 7.92%，1992—2013 年为 10.23%。中国正处于经济高速增长时期，因此从时间序列数据看，中国的劳动时间长短与日本 80 年代的水平更为接近。从经济发展水平的角度也进一步说明了，当时中国的劳动时间水平处于高位，且远超过日本（见图 3.1，图 3.2）。中国有学者通过“Z”形假说，论述了一国劳动者的劳动时间与该国所处的发展阶段有关，并认为随着经济不断增长、社会财富不断增加，该国发展阶段由低级走向高级，劳动时间会呈现先减少、后增加、再减少的演变规律②。

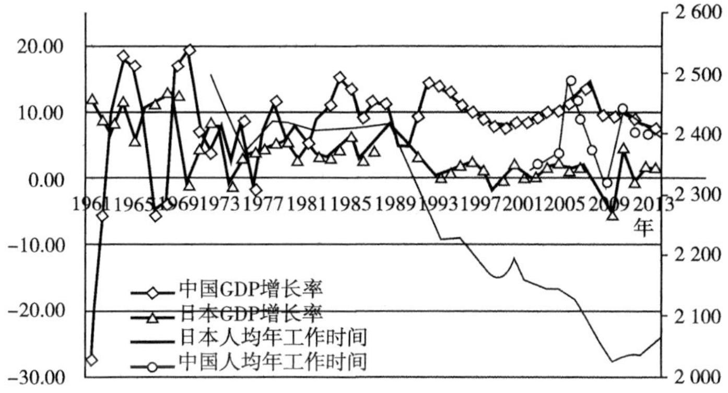

图 3.1 中国、日本 GDP 增长率及人均年工作时间（%，h）

数据来源：世界银行数据库。

二、中国、日本劳动时间的比较分析

由图 3.2 可知，对于日本劳动者劳动时间的调查中，来自 ILO 的数值明显低于其他三组数据，主要是该数据的统计口径考虑了非全日制劳动。从 ILO

① Kayo Kobayashi, translated by Giles Murray. The Japnese Economy [M]. アイビーシーパブリッシング, 2005 (10): 5-10.

② 孟续铎. 劳动者过度劳动的成因研究：一般原理与中国经验 [D]. 北京：首都经济贸易大学，2013：52-55.

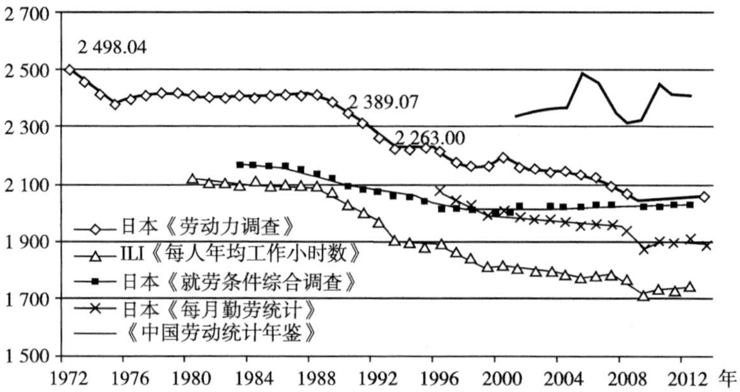

图 3.2 中国、日本每人年均工作时间情况（小时）

数据来源：①International Labour Organization. Key Indicators of the Labour Market 8th Edition，2014。

②日本厚生劳动省“每月勤劳统计调查”（1996—2013）。“每月勤劳统计”的历史可追溯到大正12年7月（1923年），但由于公布的数据有限，采用的观察年为1996—2013年。该调查覆盖日本全境，涵盖16个一级产业，将人员规模为30人以上的企业定为抽样群体。

③“就劳条件综合调查”（1983—2012）。“就劳条件综合调查”始于1983年，采用的观察年为1983—2012年。该项调查主要针对劳动时间、休假取得等而制定的。将人员规模为30人以上的企业作为抽样群体，参与调查的人员数量在6 000人左右。

④日本总务省统计局“劳动力调查”（1972—2013）。“劳动力调查”始于1946年9月，以上统计采用的观察年为1972—2013年。调查范围同样覆盖日本全境，100万个调查区中选取2 900个调查区，再从选定的调查区中选取4万个家庭作为基本抽样样本。这两项调查数据也是日本众多学者在研究劳动者长时间劳动时最常用的两组时间序列数据。

⑤《中国劳动统计年鉴》（2001—2013）。

数据库中的非全日制（一般每周未满35小时）劳动者比率看，2012年，日本该项指标数值为20%，日本小于25小时工作时间的劳动者比率为20.4%，而这部分人员多数为非全日制劳动者。与其他OECD国家相比，日本小于25小时的劳动者比率是最多的。因此说明，如果对日本全日制劳动者的年均劳动时间做推算，该数值要大于ILO数据所测算的结果①。为了更好地反映日本

① 王欣，杨河清．日本劳动者的长时间劳动现状及特征［J］．中国劳动关系学院学报，2017（4）：1-7.

劳动者长时间劳动的真实情况，采用厚生劳动省“每月勤劳统计”“就劳条件综合调查”和总务省统计局“劳动力调查”三项调研数据，并结合厚生劳动省“赁金事情等综合调查”进行研究。三种调查统计各有优缺点，“每月勤劳统计”包含了所定内劳动时间和所定外劳动时间，但是大多学者认为后者仅是对有酬加班的统计而忽略了无偿加班，因为该调查主要是有酬劳动的行政记录①。“就劳条件综合调查”不仅包括劳动时间还涵盖了休假的情况，但是样本量偏低。“劳动力调查”是目前认为比较能够反映真实状况的调查，包括了早到和晚退的时间。因此对于无偿加班的数值计算也通常采用“每月勤劳统计”与“劳动力调查”的差值得到②。但是该项调查统计对于性别、年龄等分类指标，以及休假取得、补贴率等情况的统计是有所欠缺的。为了便于数据之间的比对，将所有计算单位统一按照每人年均工作时间数进行换算。

结合有关学者对日本年均工作时间的计算结果，以及所展示的几组数据可以明显看出，日本在第二次世界大战后劳动者劳动时间的变革经历了四个阶段，三个转折点分别是 1972 年、1992 年和 2009 年。第一，以“劳动力调查”数据为准，从 1955—1971 年劳动者年均工作时间未低于 2 500 小时③。第二，1972—1991 年工作时间稳定，80 年代稳定在 2 400 小时以上，到 90 年代初期迅速下降到 2 300 小时以内。有日本学者也认同 1992 年是一个转折点，而 1992 年以后劳动时间减少与就业人口增长有关④。从图 3.2 中可以看到，1989—1992 年年均劳动时间急速下降，1993 年之后又呈现缓慢下降的趋势。第三，2006 年后一直在 2 100 小时以内，2009 年以前增长率都是负值，2009 年以后劳动时间有回弹现象。从图 3.2 中四组日本劳动者劳动时间的数据都

① 鈴木不二一. サービス残業の実態と労働組合の對応［J］. 日本労働研究雜誌，2003. 10（519）：47-57.

② 水野谷武志. ジエンター視点からみた労働・生活時間の配分構造-統計による日本の実態の把握と検討（I 共通論題=労働・生活時間の構造変化から見る社会政策）［J］. The Journal of social policy and labor studies，2006，3（15）：19-32.

③ 森岡孝二. 労働時間の二重構造と二極分化［J］. 大原社会問題研究所雜誌，2011，1（627）：1-18.

④ 神林龍. 1980 年代以降の日本の労働時間［C］. 労働市場と所得分配（「バブル/デフレ期の日本経済と経済政策」6 巻）. 慶應義塾大学出版会，2010：159-197.

可以看到近些年所呈现的回升趋势。

从《中国劳动统计年鉴》剖面数据看，可以肯定，中国城镇就业人员的劳动时间要高于日本。中国人均年劳动时间维持在2 300~2 500小时，这个数值的统计口径包括非全日制劳动者。因此与ILO统计口径的数据相比较是最为恰当的，而该数值仅在1 700~1 800小时。这说明较为相同的口径比较中国劳动时间明显高于日本。即使用排除非全日制劳动者的日本“劳动力调查”数据相比较，该数值在2 000~2 200小时，也依旧明显低于中国的劳动时间水平。从四组日本劳动者劳动时间的数据与中国数据相对比，日本无论选取哪组作为对照组都明显与中国存在较大差距，且差距至少在300小时以上。

从长时间劳动的人员构成比看，根据ILO对全体劳动者（包括非全日制劳动者）2014年的统计结果，日本劳动者劳动时间48小时以上和劳动时间60小时及以上的人员数量，分别占日本劳动者总数的23.1%和9.7%（该比例意大利为9.8%及3.2%、美国为11.4%及3.8%、英国为13.8%及4.8%、瑞典为4.3%及2.1%、德国为10.0%及4.1%、法国为13.8%及6.0%）。根据《中国劳动统计年鉴》（2015），中国城镇就业人员劳动时间构成的数据表明，2014年，劳动时间在48小时以上的人员占比为33.7%，但该统计年鉴中缺乏对劳动时间60小时及以上的统计数据。国内学者对中国企业员工的调研数据表明，2014年，中国员工劳动时间在60小时及以上的人员比重占总体的18.8%①，说明中国长时间劳动状况要比日本严重。

三、中国、日本“过劳”程度的比较分析

日本厚生劳动省运用“劳动者的疲劳积蓄度自己诊断调查表”对全体正式员工“过劳”程度进行调查，其中46.2%的人员“不过劳”，21.1%的人员处于轻度“过劳”，17.7%的人员为中度“过劳”，重度“过劳”的人员占

① 孟续铎．劳动者过度劳动的成因研究：一般原理与中国经验［M］．北京：中国劳动社会保障出版社，2014：9.

15.1%[①]。孟续铎利用相同的量表对中国31个行政区域的1 176名企业用工人员“过劳”状况的抽样调查发现，其中轻度、中度、重度“过劳”者分别占23.6%，21.9%，13.2%[②]。王欣利用相同量表对中国1 047名企业员工展开实地调研，没有“过劳”的人员只占24.7%，不及1/4，而3/4的人员都处于不同程度的“过劳”状态[③]。而根据中国劳动力动态调查（CLDS）2014年的数据显示[④]，在16 015份有效样本量中，有18.6%（N=2 980）的员工认为“每天”“工作让我感到身心俱疲”；有16.1%（N=2 583）的人为“一周数次”；有24.3%（N－3 899）的人为“ ·月数次”；有25.2%（N－4 042）的人为“一年数次或更少”；仅有15.7%（N=2 511）的人为“从不”。如果将“每天”和“一周数次”认为是较为严重的身心俱疲，那么有超过1/3的人员处于这种状态。该数据中至少可以说明，中国与日本的“过劳”情况是较为接近的，至少该状况不亚于日本。

第二节 “过劳”形成机制的跨层次分析

张春雨等在工作要求—资源模型的基础上，提出员工“过劳”产生的机理模型。该模型考虑到非工作场所的压力源和员工个人因素的影响，且可以从模型中反映出“过劳”发生的时间动态情况，在压力的作用下由于个人健康嗜好导致“过劳”的发生。而压力源主要来源于职场的工作要求和非工作

① 厚生労働省．過労死等に関する実態把握のための社会面の調査研究事業報告書［R］．平成27年．

② 孟续铎．劳动者过度劳动的成因研究：一般原理与中国经验［M］．北京：中国劳动社会保障出版社，2014：9.

③ 王欣．工作要求、工作资源对企业员工“过劳”的影响［J］．软科学，2016（6）：83-87.

④ 中国劳动力动态调查（China Labor-force Dynamics Survey，CLDS）是中国社会科学调查平台（世界一流大学配套专项），是全国第一个以劳动力为主题的全国性跟踪调查。感谢中山大学社会科学调查中心所提供的数据。

场所（家务劳动、家庭关系等），而工作资源则包括工作控制和社会支持①。该文认为，“过劳”后果包括生理、心理和行为三个方面（心血管疾病、焦虑症、酒精中毒）。该模型较为全面地对“过劳”的形成进行了阐释，但是对于术语的用语缺乏解释和准确性表达，也没有在理论模型搭建的基础上完成实证检验。该模型只是从“过劳”的结果状态出发，忽略了行为状态，没有体现出劳动（工作）“过度”投入，更没有涉及劳动者所承受的心理负荷或者工作对于心理方面的要求。因此该模型在反映“过劳”的行为状态和维度的考虑上都有所欠缺。在此基础上，王玉洁从微观、中观、宏观出发，对该模型进行了改良②。并且综合了王素娟所提出的“过度劳动的形成机理模型”③。该模型认为，过度劳动的驱动力从宏观层面看包括三大主体：社会文化、社会经济和社会制度。而这种驱动力会推进过度劳动的意愿，除此之外也会受到中观层面的影响（企业文化、企业管理制度和家庭环境）。在这些作用下工作压力度上升，同时受个人成就动机、个人知识技能等微观层面因素的影响，最后表现出“过劳”状态。此时，员工会做出两种截然不同的选择，要么选择自我调节，适时休息，此时表象与行为形成一种弱循环效应；也有员工会选择继续过度劳动，二者是一种强循环效应，长此以往，会导致“过劳死”的后果。该模型很好地将“过劳”的行为、表症、后果串联在一起，十分清晰地对“过劳”的形成机理做出了阐释。这与本节前面对“过劳”含义三种说法的阐释不谋而合。但是过度劳动的驱动力不仅包括宏观和中观层面，微观层面也起到较大的推动作用。且从过劳行为到过劳表象的形成路径原理还有待推敲。

陈锐认为，“过劳”的发展存在一定的阶段性，从一般的工作疲劳、经过度疲劳到“过劳死”，从一般性身体劳累，经各种身心疾病出现到病患恶化、

---

① 张春雨，张进辅，张萍平，等．员工过劳现象的形成机理与管理方法——立足工作要求—资源模型的分析［J］．中国人力资源开发，2010（9）：30-33.

② 王玉洁．过度劳动的形成机理及其效应的理论分析［J］．武汉科技大学，2015：5.

③ 王素娟．“过度劳动”的影响要素与形成机理研究［J］．劳动经济评论，2013（3）：107-122.

猝死等，存在着发展和病变路径，因此提出“过度疲劳演化路径整合模型”①。该模型是以疲劳为基点进行推演的，并且提出了如果员工处于工作疲劳期间，应该给予充足的休息调整，此后可以继续投入新的工作中。而当员工已经进入“过劳”状态，应该采取社会支持、组织管理、自我调节等机制和手段进行解压。模型除了对疲劳演变成“过劳”到“过劳死”的路径分析较为详尽外，对于其他影响因素并没有很好地结合模型做解释，也没有在实践中进行运用。

工丹等从个人因素、管理因素和深层次原因三个方面，对过度劳动的动机和行为进行说明，提出“知识工作者过度劳动形成机制模型”②。模型基于组织管理的角度构建，融入了激励措施和企业文化等变量，将变量分为前因变量（社会文化、社会经济、社会制度）、决定变量（个体、管理）和调节变量（群体特征、工作任务），一方面反映了社会宏观层面的影响；另一方面反映了企业微观层面的影响。但是该模型较为复杂，不易理解，且在成因的解释上显得有些不足。在实证检验的过程中只有部分变量被纳入，也没有验证调节作用的效果。

孟续铎、王欣基于人口学“推—拉”理论，从“过劳”的外推力因素、内拉力因素和减缓因素三个方面构建了企业员工“过劳”成因的推—拉模型③。外推力是指非自身因素，包括工作量、加班文化、管理监督、资源限制、竞争压力、经济压力等；内拉力是指自身的内在因素，包括工作兴趣、职业忠诚、完美主义等；而减缓因素则包括加班限制、体育锻炼、养生保健等。该模型的突破在于提出了“过劳”的减缓机制，探究的自变量较前面的研究更为丰富，且在实证研究中也全部得到检验。但对于自身与非自身因素的划分还有待考究，对于自变量的衡量标准依旧过于简单，大多都是通过自

① 陈锐．员工过度疲劳的演化机理及其影响因素［J］．经营管理者，2010（16）：46-47.

② 王丹，杨河清．知识工作者过度劳动的形成机制探析［J］．中国人力资源开发，2012（1）：96-99.

③ 孟续铎，王欣．企业员工“过劳”现状及其影响因素的研究——基于“推—拉”模型的分析［J］．人口与经济，2014（3）：92-100.

拟题目，以一道题的形式进行测定，而非一组题，因此在回答的信效度上会让人疑惑。

王欣在工作沉迷、工作要求、工作资源模型的基础上，从三者对“过劳”形成的直接效果和间接效果进行判断，构建了企业员工“过劳”的驱动机制模型①。研究中工作资源（领导支持、同事支持、设备条件、工作控制、组织公平）对“过劳”具有显著的抑制作用；工作要求（任务要求、技能要求、工作监督、心理要求）对“过劳”具有显著的促进作用；工作沉迷（工作投入、强迫工作、享受工作）则具有显著的中介作用。也就是说，工作资源的提供会减轻和缓解员工“过劳”程度，而工作要求的提高会加剧“过劳”程度。模型主要是基于组织行为学理念，较为完备地从微观层面对“过劳”的形成机制进行了研究。但是该模型缺乏从中观和宏观层面的探讨。

综上所述，已有的“过劳”形成机理模型存在三个问题：第一，模型过于复杂，虽然涉及因素包括微观、中观、宏观较为广泛和全面，但是不利于实证检验，已有的模型中只有“推—拉”模型和“驱动机制模型”进行了完整的验证；第二，部分模型中的因素划分缺乏层次感，没有落实到具体的观察变量，划分类别的合理性也有待考量；第三，缺少“过劳”行为的测定，模型中未能反映“过劳”的多重含义，只呈现了劳动行为、健康表症、不良后果中的一个层面，很难通过理论模型对该含义进行完整的诠释，只有“过度劳动的形成机理”模型较为准确地将三层含义进行了表达。

本节将主要利用元（Meta）分析法，在国内学者理论模型研究成果的基础上，对“过劳”成因进行剖析。一方面对学者研究的共识做进一步证实，借助该方法提炼出“过劳”的影响因素及合并效应；另一方面，对目前国内“过劳”研究领域广泛使用的“疲劳蓄积度自测诊断量表”（厚生劳动省）的稳定性进行验证，在“同类研究”中是否具有差异性。如表 3.1 中列出了中国“过劳”领域在 2009—2015 年期间发表实证研究论文的作者名单。由于在社会科学中不同量表在测试主体间的评价差异性较大，因此从样本中剔除以

① 王欣．工作要求、工作资源对企业员工“过劳”的影响［J］．软科学，2016（6）：83-87.

“过劳死十大危险信号”（过劳死预防协会）量表进行研究的文献。由于王丹、贺琼、王素娟、王洁等学者的研究对量表的改动较大，已改变了原量表条目内容或是评分准则，因此也将这些样本进行剔除。而黄河的研究仅局限于无锡市的某个企业，与其他学者研究对象的范围差异性较大，因此也被剔除。符合元分析法的研究样本有三个，分别是孟续铎、王欣、陈秀秀所做的实证研究。在合并效应过程中，由于文章中效应指标的缺失，需要作者提供原始数据，最终只获得孟续铎和王欣的两个研究样本。从两个研究样本看，测量主体所使用的量表完全相同，研究对象均是企业员工，研究区域均为全国，且都是1 000份以上的大样本研究。而通过《文献质量评价准则》可知，纳入元分析中的样本均具有较高的质量。本节以元分析为基础，结合传统的文献综述方法，从微观、中观、宏观层面对“过劳”成因进行综合梳理和深入剖析。根据原始研究中对“过劳”程度的分组状况，将“无过劳状态”纳入“非过劳”组，将轻度“过劳”、中度“过劳”、重度“过劳”合并纳入“过劳”组。

一、微观层面分析

从人口统计学因素看，研究对象的性别、年龄、受教育程度、收入、支出等不同组别之间的“过劳”程度均具有显著差异。表3.1所示，纳入元分析的两个样本中，除受教育水平外其余影响因素都具有统计学意义。因此，将这些研究的效应量进行合并，得到表3.2。可以看到固定效应合并的结果和随机效应合并的结果在0.000 1的水平上不存在显著性差异，且研究间无明显异质性。第一，在性别因素上，固定效应与随机效应所获得的合并效应量均为0.652（0.543，0.784），与“非过劳”组相比，男性“过劳”的可能性增加了34.8%。说明，与女性员工相比男性员工更容易“过劳”。第二，在年龄因素上，固定效应与随机效应所获得的合并效应量均为1.509（1.248，1.824），与“非过劳”组相比，年龄大“过劳”的可能性增加了50.9%。说明，年龄越大越容易“过劳”。第三，在受教育程度因素上，固定效应虽然与随机效应无显著差异，但是二者的合并效应量并不完全相同。固定效应中的

表 3.1　不同学者研究的“过劳”测量工具及“过劳”程度的状况

作者	年份	量表	对象	区域	样本量	“过劳”程度							
						无		轻度		中度		重度	
						N	%	N	%	N	%	N	%
杨河清，等	2009	过劳死十大危险信号	企事业员工	北京市	419	161	38.4	148	35.3	—	—	110	26.3
黄河	2009	疲劳蓄积度自测诊断量表	企业员工	无锡市	96	36	38	21	22	26	27	13	13
王丹	2010	疲劳蓄积度自测诊断量表（分值有所修改）	知识型员工	北京市	825	225	27.3	277	33.6	228	27.6	95	11.5
孟续铎	2012	疲劳蓄积度自测诊断量表	企业员工	全国	1 176	486	41.3	278	23.6	257	21.9	155	13.2
王欣	2015	疲劳蓄积度自测诊断量表	企业员工	全国	1 047	259	24.7	318	30.4	305	29.1	165	15.8
贺琼	2010	疲劳蓄积度自测诊断量表（第二部分有所修改）	高校教师	北京市	198	37	18.7	54	27.3	54	27.3	53	26.8
王素娟，等	2012	疲劳蓄积度自测诊断量表（分值有所修改）	饭店业员工	山东省	528	155	29.3	212	40.2	133	25.1	28	5.4
王洁	2015	疲劳蓄积度自测诊断量表（第二部分有所修改）	快递人员	北京市	241	36	15.0	32	13.3	54	22.4	119	49.4
陈秀秀	2015	疲劳蓄积度自测诊断量表	一线工人	广东省	282	44	15.3	52	18.1	175	60.8	17	5.9

数据来源：根据各位学者所发表的论文汇总整理。

表 3.2 各研究的效应量及标准误

变量名	个案	系数	标准误	z 统计差	P 值	样本量	卡方统计量	P>chi2	最大似然统升	虚拟判定系数
*sex_*	Meng 2012	−0.416 6	0.119 4	−3.49	0.000	1 171	12.24	0.000 5	−804.353	0.007 6
	Wang 2015	−0.446 2	0.152 7	−2.92	0.003	1 047	8.79	0.003	−693.811	0.006 3
*year_*	Meng 2012	0.493 3	0.127 2	3.88	0.000	1161	15.18	0.000 1	−1 042.565	0.007 2
	Wang 2015	0.299	0.148 9	2.01	0.045	1 047	4.06	0.043 9	−1 028.069	0.002 0
*edu_*	Meng 2012	0.107 2	0.116 9	0.92	0.359	1 163	0.84	0.359 1	−1 107.847	0.000 4
	Wang 2015	0.352	0.137 8	2.56	0.011	1 047	6.55	0.010 5	−1 053.41	0.003 1
*inc_*	Meng 2012	0.516 9	0.120 6	4.29	0.000	1 059	18.56	0.000 0	−1 056.964	0.008 7
	Wang 2015	0.409 7	0.138 4	2.96	0.003	1 019	8.8	0.003 0	−1 044.871	0.004 2
*exp_*	Meng 2012	0.715 5	0.116	6.17	0.000	1 085	38.65	0.000 0	−1 168.653	0.016 3
	Wang 2015	0.440 1	0.137	3.22	0.001	1 016	10.46	0.001 2	−1 107.149	0.004 7
*exe_*	Meng 2012	−0.565	0.108 2	−5.22	0.000	1 147	27.45	0.000 0	−1 723.589	0.007 9
	Wang 2015	−0.334 5	0.127 3	−2.63	0.009	1 027	6.91	0.008 6	−1 610.028	0.002 1
*health_*	Meng 2012	−0.572 5	0.109 6	−5.22	0.000	1 172	27.55	0.000 0	−1 516.245	0.009 0
	Wang 2015	−0.266	0.129 5	−2.05	0.04	1 047	4.23	0.039 8	−1 407.181	0.001 5

表 3.3 各研究的合并效应量

变量名	方法	荟萃结果	95%置信区间		渐进分布		异质性检验		方差估计
		估计	下限值	上限值	z 统计量	P 值	Q 统计量	P 值	
sex_	固定效应	0.652	0.542	0.784	-4.549	0.000	0.023	0.879	0.000
	随机效应	0.652	0.542	0.784	-4.549	0.000			
year_	固定效应	1.509	1.248	1.824	4.253	0.000	0.984	0.321	0.000
	随机效应	1.509	1.248	1.824	4.253	0.000			
edu_	固定效应	1.233	1.036	1.469	2.352	0.019	1.835	0.176	0.014
	随机效应	1.244	0.980	1.580	1.794	0.073			
inc_	固定效应	1.601	1.340	1.913	5.176	0.000	0.341	0.559	0.000
	随机效应	1.601	1.340	1.913	5.176	0.000			
exp_	固定效应	1.823	1.533	2.168	6.783	0.000	2.354	0.125	0.022
	随机效应	1.799	1.375	2.355	4.277	0.000			
exe_	固定效应	0.626	0.533	0.736	-5.681	0.000	1.903	0.168	0.013
	随机效应	0.626	0.533	0.736	-5.681	0.000			
health_	固定效应	0.641	0.544	0.755	-5.314	0.000	3.264	0.071	0.033
	随机效应	0.652	0.483	0.881	-2.79	0.005			

合并效应量为 1.233（1.036，1.469），而随机效应中的合并效应量为 1.244（0.980，1.580），与“非过劳”组相比，受教育程度高“过劳”的可能性增加了 23.3%~24.4%。说明，受教育程度越高越容易“过劳”。第四，在收入因素上，固定效应与随机效应所获得的合并效应量均为 1.601（1.340，1.913），与“非过劳”组相比，收入多“过劳”的可能性增加了 60.1%。说明，收入越多越容易“过劳”。第五，在生活支出因素上，固定效应虽然与随机效应无显著差异，但是二者的合并效应量并不完全相同。固定效应中的合并效应量为 1.823（1.533，2.168），而随机效应中的合并效应量为 1.799（1.375，2.355），与“非过劳”组相比，生活支出多“过劳”的可能性增加了 79.9%~82.3%。说明，生活支出越多越容易“过劳”。

从个人特征看，个人成就动机、知识技能水平、运动锻炼、养生保健意识、身体健康状况等都会影响“过劳”程度的高低①②。有些员工工作是为了满足基本的物质需求，例如，温饱；而有些员工则是追求精神层面的享受，例如，自我实现。具有个人成就动机特质的员工有很强的进取心，会努力完成好工作，并在工作中尽可能地展现自我才华，获得领导和更多人的认可。即便存在过度劳动的行为，该群体往往并不会意识到自己已经身处“过劳”的状态，还沉浸在自我追求的境界里。即便感到身体不适，为了达到个人成就，也会选择继续高强度的工作投入。个人的知识技能水平如果与岗位要求相吻合，工作中就会感到轻松很多。如果总需要不断地充电补习知识技能，“干中学”虽然能够让自己提高很多，但是需要付出更多的时间和精力应对眼前的工作。因此，知识技能与岗位胜任要求不匹配的员工要通过过度劳动弥补落下的课程。

另外，运动锻炼和养生保健意识对“过劳”可以起到有效的缓解作用。如表 3.3 所示，运动锻炼和养生保健两个因素的合并效应量均具有统计学意义，且研究间无明显异质性。有结果可知，在运动锻炼因素上，固定效应与随机效应所获得的合并效应量均为 0.626（0.533，0.736），与“非过劳”组相比，不运动锻炼“过劳”的可能性增加了 37.4%。量为 0.641（0.544，0.755），而随机效应中的合并效应量为 0.652（0.483，0.881），与“非过劳”组相比，养生保健意识强“过劳”的可能性增加了 64.1%～65.2%。说明，养生保健意识越强对“过劳”越有缓解作用。利用闲暇时间坚持锻炼身体，注意饮食和健康，尤其是当自我感觉已经处于疲劳状态时，应该立即减缓工作进程，进行休息和自我调整。而不是选择不顾及自己的身体健康，坚持继续工作。在“过劳”状态下，饮食也应该做出调节，选择更易于消化的食品，从一定程度上可以缓解抑郁情绪。但是这些方面往往不会被注意和关注。作为企业也应该定期安排员工进行身体检查，保障员工的休息权。一些

① 王丹．刍议我国知识工作者的过度劳动问题［J］．商业时代，2011（5）：78-79.

② 孟续铎．劳动者过度劳动的成因研究：一般原理与中国经验［M］．北京：中国劳动社会保障出版社，2014：9.

企业员工更多的是心理过劳，因此也需要定期进行心理疏通和辅导。员工帮助计划（EAP）对于员工而言不仅是份福利，更是对员工身心健康的保护和负责。尤其是一些身体和心理素质较差的员工，过度劳动对于该群体而言反应更为敏感，抵御疾病和抗压的能力较低，因此该类员工不适合从事高体力和脑力消耗的工作。即便从事这样的工作也应当在确保自己身心健康的情况下逐步适应。

二、中观层面分析

从组织行为学角度看，工作资源、工作要求以及工作控制对员工“过劳”程度的影响很大。员工一天的1/3甚至一半的时间都在单位度过，而工作环境和组织氛围直接关系到员工的工作状态。有学者研究表明，任务要求、心理要求、工作监督会加大员工“过劳”程度，而同事支持、设施条件便利会减轻“过劳”程度①②。如表3.4和表3.5所示。

（1）根据元分析结果可知，在工作控制因素上，采用Q统计量检验（$p=0.448$）及I^2统计量（$I^2=0.0\%$）等异质性检验，研究间不存在明显异质性，两个研究的权重分别为73.57%，26.43%，合并加权均数（WMD）的点估计及95%CI为0.076（0.017，0.135），与“非过劳”组相比，“过劳”组工作松散（不控制）的程度增加了7.6%，在0.05的水平上具有统计学意义（$p=0.012$）。说明，工作控制程度越低，员工越容易“过劳”。工作内容、工作时间、任务安排等弹性越大，自主程度越高，越容易“过劳”。这一点也说明了，高校教师的“过劳”与此有很大关系。

（2）在工作资源因素上，采用Q统计量检验（$p=0.205$）及I^2统计量（$I^2=37.7\%$）等异质性检验，研究间存在轻度异质性，两个研究的权重分别为54.18%，45.82%，合并加权均数（WMD）的点估计及95%CI为0.278（0.208，0.348），与“非过劳”组相比，“过劳”组工作资源匮乏

① 王欣．工作要求、工作资源对企业员工“过劳”的影响［J］．软科学，2016（6）：83-87.

② 王素娟．JD-R模式下过度劳动的多维动态性形成与管理研究［J］．山东大学学报：哲学社会科学版，2012（4）：81-88.

（不供给）的程度增加了 27.8%，在 0.001 的水平上具有统计学意义（$p<0.001$）。说明，工作资源提供得越多，员工越不容易“过劳”。和谐的组织关系，便利的设施条件不仅能够让员工以一种更为轻松的心态工作，而且会在一定程度上减轻“过劳”的程度。因为，办公室“软环境”氛围的和谐和硬件环境资源的提供，不但对员工身心健康有很大好处，也在一定程度减轻了一些工作负担。

（3）在组织公平因素上，采用 Q 统计量检验（$p=0.260$）及 I^2 统计量（$I^2=21.1\%$）等异质性检验，研究间存在轻度异质性，两个研究的权重分别为 58.71%，41.29%，合并加权均数（WMD）的点估计及 95%CI 为 0.182（0.104，0.260），与“非过劳”组相比，“过劳”组组织公平缺乏（不公平）的程度增加了 18.2%，在 0.001 的水平上具有统计学意义（$p<0.001$）。说明，组织公平的缺乏会影响员工“过劳”。公平的晋升机会、不偏不倚的绩效考核，以及员工的付出所能兑现的回报等，都会影响员工“过劳”。因为，员工在不公平、不平等的待遇下，势必要付出更多的努力才能得到机会和回报。综合上述元的分析结果，工作控制、工作资源、组织公平等因素都能在一定程度上抑制员工“过劳”的发生，且效果显著。

企业的管理制度、考核标准、加班文化等都对员工“过劳”有显著影响作用。

（1）根据元分析结果可知，在技术要求因素上，采用 Q 统计量检验（$p=0.917$）及 I^2 统计量（$I^2=0.0\%$）等异质性检验，研究间不存在明显异质性，两个研究的权重分别为 54.85%，45.15%，合并加权均数（WMD）的点估计及 95%CI 为−0.074（−0.148，0.001），与“非过劳”组相比，“过劳”组对技术不要求的程度减少了 7.4%，在 0.1 的水平上具有统计学意义（$p=0.053$）。说明，对员工专业技能、技术创新、掌握新知识等要求得越高，员工越容易“过劳”。这一点也可以说明，IT 人员是“过劳”的高危群体，对于技术革新的要求变化日新月异，不能有任何懈怠和停滞，需要不断地挑战、发挥自我的创新潜能。

（2）在工作要求因素上，采用 Q 统计量检验（$p=0.171$）及 I^2 统计量（$I^2=46.6\%$）等异质性检验，研究间存在中度异质性，两个研究的权重分别为50.94%，49.06%，合并加权均数（WMD）的点估计及95%CI为-0.278（-0.320，-0.236），与“非过劳”组相比，“过劳”组工作不要求的程度减少了27.8%，在0.001的水平上具有统计学意义（$p<0.001$）。说明，对员工的工作要求越苛刻，员工“过劳”的可能性就越高。企业作为理性经纪人主体，利润创收至上，在对员工进行苛刻要求的同时，也应当为其创造和营造更良好的氛围，尤其是同事之间的和谐相处不仅有益于个体身心健康的发展，也为团队协作能力的提升奠定了基础。

（3）在工作监督因素上，采用 Q 统计量检验（$p=0.173$）及 I^2 统计量（$I^2=0.0\%$）等异质性检验，研究间不存在明显异质性，两个研究的权重分别为35.33%，64.67%，合并加权均数（WMD）的点估计及95%CI为-0.147（-0.207，-0.086），与“非过劳”组相比，“过劳”组工作不监督的程度减少了14.7%，在0.001的水平上具有统计学意义（$p<0.001$）。说明，对员工时常检查监督工作、质量进度监管、考核标准严苛、倡导加班文化等越强烈，员工越容易“过劳”。企业为了营造良好的生产秩序氛围，严格的监督管理是必要的，但是对于加班不但不采取限制加班的规定，还倡导加班文化，会对员工“过劳”有很大影响。如果像日本企业一样，崇尚“工蜂”精神，前赴后继地让员工为企业自我奉献，那么员工过度劳动程度势必会很高。如果企业有关于限制加班的规定，那么员工也会根据自身情况适度选择是否加班。

事实上，中国一般企业的加班文化与日本有所不同，日企员工自愿加班的现象较为普遍，但中国员工被迫加班的情况更为突出，任务多、工作量大、人手不够是目前致使员工加班的主要原因。一些企业如果把工作量纳入考核标准体系中，例如，车间流水线、快递业务、销售业务、项目策划等，以完成订单数量或者项目数量为标准进行考评，甚至作为基本薪酬计算的参考系数或是计提系数，那么员工过度劳动的程度是不容乐观的。由此推想，前文中所提到的，快递人员“过劳”程度如此之高，该方面也是很重要的原因之一。这种管理模式和制度让员工不得不疲于完成更多的工作任务。

表 3.4 各研究的均值及标准差

变量名	个案	样本量	均值	标准差	剩余样本量	剩余样本均值	剩余样本标准差
work control	Meng 2012	484	2. 51	0. 552	686	2. 42	0. 647
	Wang 2015	259	3. 341	0. 812	788	3. 303	0. 845
work resources	Meng 2012	484	3. 65	0. 788	690	3. 33	0. 863
	Wang 2015	259	3. 581	0. 716	788	3. 352	0. 801
organizational justice	Meng 2012	484	3. 51	0. 825	689	3. 29	0. 944
	Wang 2015	259	3. 308	0. 851	788	3. 179	0. 906
technical requirement	Meng 2012	484	3. 3	0. 828	688	3. 37	0. 919
	Wang 2015	259	3. 522	0. 795	788	3. 6	0. 78
job requirements	Meng 2012	486	3. 236	0. 4791	690	3. 543	0. 5504
	Wang 2015	259	3. 277	0. 416	788	3. 525	0. 468
job supervising	Meng 2012	482	3. 36	0. 869	686	3. 45	0. 88
	Wang 2015	259	3. 258	0. 511	788	3. 436	0. 605

表 3.5 各研究的合并效应

变量名	个案	合并加权均值	权重（%）	荟萃加权均值	异质性卡方值	P 值	I^2 统计差（%）	森林图
w. c.	Meng 2012	0. 09	73. 57	0. 076	0. 58	0. 448	0. 0	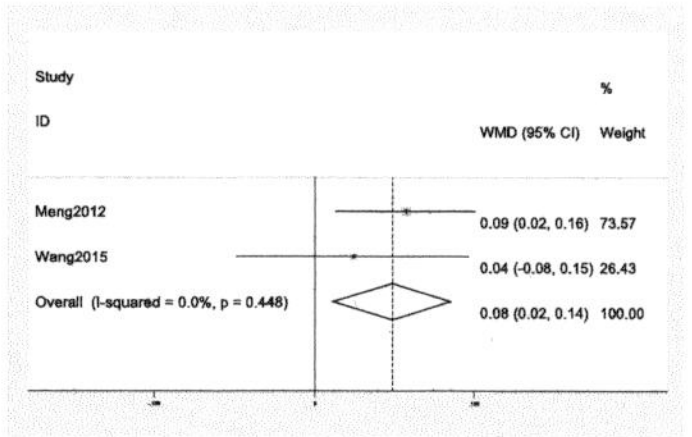
	Wang 2015	0. 038	26. 43					

续表

变量名	个案	合并加权均值	权重(%)	荟萃加权均值	异质性卡方值	P 值	I^2 统计差(%)	森林图
w. r.	Meng 2012	0. 32	54. 18	0. 278	1. 61	0. 205	37. 7	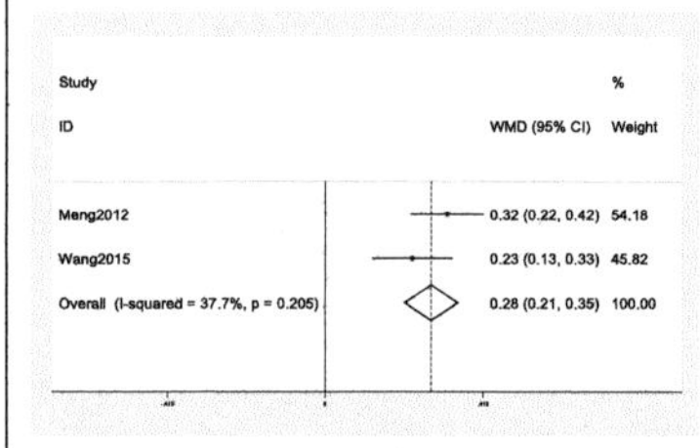
	Wang 2015	0. 229	45. 82					
o. j.	Meng 2012	0. 22	58. 71	0. 182	1. 27	0. 260	21. 1	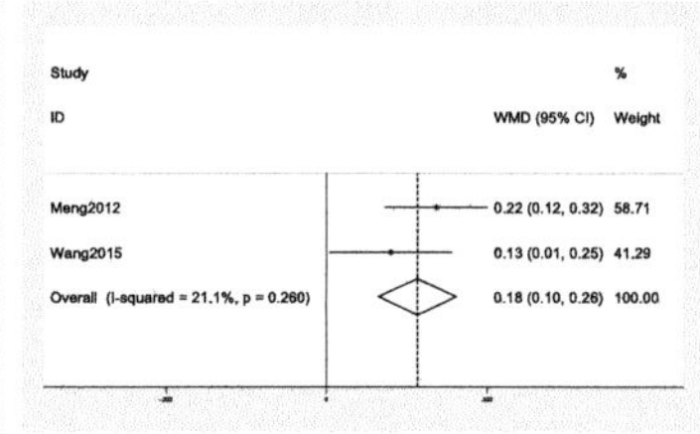
	Wang 2015	0. 129	41. 29					
t. r.	Meng 2012	−0. 07	54. 85	−0. 074	0. 01	0. 917	0. 0	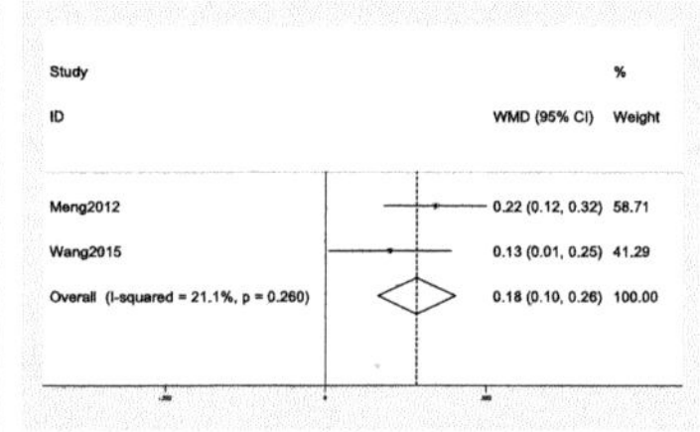
	Wang 2015	−0. 078	45. 15					
j. r.	Meng 2012	−0. 307	50. 94	−0. 278	1. 87	0. 171	46. 6	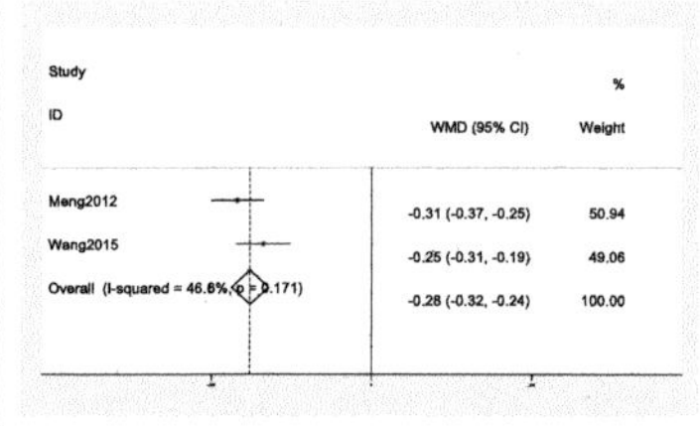
	Wang 2015	−0. 248	49. 06					
j. s.	Meng 2012	−0. 09	35. 33	−0. 147	1. 86	0. 173	46. 2	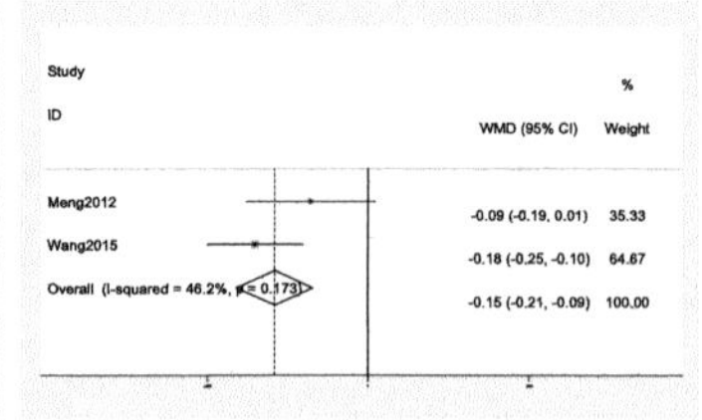
	Wang 2015	−0. 147	64. 67					

三、宏观层面分析

随着中国经济社会的不断发展，40 年来经济的高速增长，业绩的取得在相当长的一段时间是以劳动者的过度劳动为代价的。经济的飞速发展也势必带来企业间优胜劣汰的竞争角逐，外部环境竞争的如火如荼也会影响到内部环境，员工间的竞争意识也随之增强。随着“去产能化”和节约能源的政策实施，那些产能过剩，尤其是污染环境、过度消耗能源的产业，或者升级生产设备，或者进行产品转型，或者被市场淘汰。这些产业的工人要么选择失业，要么选择进行培训，获得新的技术技能，对于该群体而言势必要付出更多的劳动力才能随着产业升级而自我升级。同样如此，随着技术进步和科技创新，岗位胜任对劳动者的知识技能水平要求已不同往日，“干中学”的员工也越来越多，进一步加剧了劳动者的“过劳”。部分行业、岗位存在的劳动力市场供需结构性失衡，也导致部分员工担心失去工作而不得不加倍努力。另外，在低端劳动力市场，高强度、长时间劳动是低工资、工作环境恶劣、劳动密集型产业劳动者的工作常态。廉价的劳动力成本，只能让劳动者付出更多的体力来换取温饱。而高端劳动力市场中，劳动者对物质生活享受的不断膨胀，随着商品的更新换代和流通全球化的趋势，人们对于品质生活的追求从没停止过。攀比效应总能够在现代人群中显现出来。为了物质享受和品质生活而过度劳动的人们也并不在少数。

同时，也反映出法律法规制度的不健全。中国《劳动法》并没有对单位加班时间有具体的惩罚措施和指令。对于员工的加班监管力度也有待进一步提高。虽然一再强调要保证员工的休息权，部分企业实行“自愿加班”的制度有所改善，但并没有得到根本上的管理和控制，在一定程度上纵容了单位让员工加班的行为。也存在一些员工自愿加班的行为，由于工资结构的关系，加班费用占工资总额的比重较大，员工只能通过争取加班费用提高自己的收入水平。这样的企业应该为员工自身身心健康着想，出台相关的限制加班的制度规定，不能任由员工没有限定的加班行为。关于加班工资，中国《劳动法》虽有相关规定，但是部分企业并没有严格执行，从前文可以看到，支付部分加班工资甚至无偿加班的员工不在少数。

本章小结

本章对中国、日本的“过劳”情况做出了比较分析，旨在为后面的研究奠定基础。从中国、日本劳动时间及与经济发展水平、长时间劳动员工的占比状况等经验数据，以及中国、日本“过劳”程度的调研数据中可以看到，中国与日本的“过劳”情况较为接近，且中国的“过劳”状况比日本严重。

本章对国内多位学者对“过劳”形成机制的研究进行分析，对已有的“过劳”形成机理模型存在的问题提出了建议。目前这些理论模型多数过于复杂；部分模型中的因素划分缺乏层次感，没有落实到具体的观察变量，划分类别的合理性也有待考量；缺少“过劳”行为的测定，多数模型未能反映“过劳”的多重含义，很难将劳动行为、健康表症、不良后果三层含义贯穿起来进行完整的诠释。

本章基于元分析法对国内“过劳”问题研究进行了梳理和分析。“疲劳蓄积度自测诊断量表”在中国的实证研究中被广泛使用。通过元分析结果可知该量表具有很好的稳定性。通过文献研究的方法，从微观、中观、宏观三个层面对“过劳”的成因进行分析，在一定程度上对“过劳”产生影响。在元分析中年龄、收支水平、工作资源、组织公平、工作要求、技术要求因素对“过劳”的影响效果显著。

第四章 “过劳”经济损失的实证分析

过度劳动会使员工健康水平下降，出现歇工、缺勤、隐性缺勤、工作倦怠的问题，从而导致生产效率下降，而员工生产效率的下降会给企业带来经济损失。员工身心健康出现问题，不仅会造成因歇工、缺勤所带来的工资收入的减少，还要为缓解“过劳”付出医疗医药费用、心理咨询费用、购买保健品费用等。如果身心健康继续恶化，会造成劳动能力的丧失或者步入死亡。而这不仅给企业生产经营活动带来生产性损失，受害者家属也要承担很大的精神损失，甚至家庭生产损失。每年由于过度劳动所造成的工伤事故也不在少数，例如，疲劳驾驶事故、与疲劳相关联的生产安全事故等的发生，不仅员工的工资收入会因休假而减少，企业也要担负生产性损失，甚者进行停产处理。其间所产生的医疗医药费用、紧急处理费用等也是经济损失的一部分。

对于“过劳”领域的研究，中国起步较晚，目前，中国对于“过劳”后果的研究还很欠缺，尤其是因“过劳”所造成的经济损失的研究较少，相关的研究成果也并不多见，更没有较为深入的理论探索和验证性成果。

目前的研究主要存在三个局限：

第一，中国已有学者从管理学、经济学、社会学等视角，对“过劳”的现状及成因等进行了研究。并构建了“过劳”形成机制的理论模型，但是对于“过劳”所造成的影响后果方面的研究不足。

第二，目前，国内对于经济损失测算方法的构建较为缺乏。虽然在安全经济学领域的学者试图在借鉴国外相关测算方法的基础上提出适用于中国的测算方法，但该方法局限于一般的安全事故领域。而“过劳”经济损失的测算具有其特殊性，而在此方法的探讨是不充分的，甚至还没有学者做过相关研究。

第三，“过劳”会造成员工生产效率的下降，但是对工作效率随工作时间推移的演化规律缺乏相关的探索，“过劳”所造成的人均经济损失及总损失情况也尚不清晰。

本章在借鉴发达国家已有研究成果的基础上，从四个方面进行拓展。第一，在国内外相关研究的基础上，构建关于“过劳”经济损失测算的方法及模型；第二，在第二章“过劳”经济损失一般理论的基础上，在企业加班成本转移路径新阐释视角下，探寻工作效率随工作时间推移的演变规律；第三，在经济损失测算体系、理论、方法等的研究基础上，对中国“过劳”经济损失进行测算，探究该损失对经济有多大的影响？第四，在“过劳”经济损失估计结果的基础上，通过国外数据的匹配及对比分析，从“过劳”、劳动时间与经济损失关联性的分析等视角，对估计结果进行多重验证。

第一节 “过劳”经济损失测算的方法及模型

一、“过劳”经济损失测算的方法

（一）经济损失测算的方法

各国对于事故、职业病、职业伤害等经济损失的评价成果较多且可追溯到50年以前，1967年，道森（Dawson）用净产值法对事故经济损失进行估算；进入70年代末开始逐渐被总产值法取代。事故经济损失的评价方法主要包括：总产值法、人力资本法、净产值法、人寿保险法、法院裁决法、公共部门不明确估值法、条件价值法（支付意愿法）①。从目前的研究看，总产值

① TRL. Overseas Road Note 10-Costing Road Accidents in Developing Countries. 1995.

法、人力资本法、意愿支付法被多数国家广泛采用。

总产值法（直接法）是由野口三郎提出的，将法定补偿以及造成人的损失、物的损失、生产损失等直接进行加总得到总经济损失①。从理论上讲，通过有关的各种费用直接计算经济损失的方法显然是最好的。英国在对职业伤害与职业疾病经济损失测算中运用了该种方法，即国民经济总损失等于个人、雇主与政府三大主体的经济损失总和②。多数国家都是在此方法基础上改进的，没有按照经济损失对象主体加总计算，而是将其演变成按照直接与间接经济损失加总结果进行计算的。本节主要采用该种方法对直接经济损失以及总经济损失进行评价。

人力资本法（生产损失法）用一个人受伤或死后所造成的生产力的损失衡量其生命价值，该方法是以政策预定目标实现为目的的，是与国民生产总值目标相关联的，也是对事故经济损失估算的最小值或者目标达到的底线值。往往通过预期收入的贴现值估算人力资本价值。在本节中人力资本法主要用于员工因“过劳”而歇工以及发生工作效率下降的情形。边际生产率的下降可以反映生产产出的损失，而工作时间的价值等于这段时间中个人劳动的价值。这部分劳动价值的损失可以通过对个人未来收入的折现计算出来。本节主要通过员工因“过劳”导致的工资性收入的减少，以及货币工资转换后的工作效率下降导致的损失衡量企业的生产损失。而该种方法也常被用于隐性缺勤所造成的经济损失测算中③。

意愿支付法是在人力资本法的基础上提出的。意愿支付法是以经济福利理论为基础，以经济福利和其他利益假设为前提，与社会福利最大化目标相关联的，以此确认个体对降低未来偶然或意外的伤亡风险而愿意付出的费用。

① （意）Andreoni Diego. 职业性事故与疾病的经济负担［M］. 宋大成，等，译. 北京：中国劳动出版社，1992：60-65.

② Health and Safety Executive（HSE）. Costs to Britain of workplace fatalities and self-reported injuries and ill health，1995/96，2012/13，2013/14，2014/15［OL］. www. hse. gov. uk/statistics/

③ Lamb C E，Ratner P H，et al. Economic impact of workplace productivity losses due to allergic rhinitis compared with select medical conditions in the United States from an employer perspective［J］. Current Medical Research and Opinion，2006，22（6）：1203-1210.

当人们想到不良后果发生后的各种凄惨场景，会不由得想到“未雨绸缪”，为了避免不良后果的发生，会在之前多做些准备和防范。意愿支付法正是利用人们心理的这种映射和特点，在复杂问卷调查的基础上进行评估的，该结果也适用于一般人群，并没有过多的群体局限性①。因此在“过劳”症状发生之前，或是担心严重“过劳”导致的致病、致残、致死事件的发生，为了预防和防止该类状况的出现，症状或事件发生前所购买的缓解疲劳的药物、保健品、心理咨询服务等，产生的预防费用都可利用意愿支付法进行研究。

（二）生产损失的估算方法

根据上述经济损失测算的方法可知，对于生产损失的估算是重点，也是难点，而估算结果会直接影响总损失的情况。因此，对于生产损失的估算方法需要比较全面地进行考虑和考察，找出能够与本节讨论内容相契合的方式。而生产损失的估算方法相对较为成熟，被国外学者进行过验证，具有一定的权威性和可靠性，具有较强的说服力。

因此，如何估算生产率或工作效率，如何将其与工资性收入相结合，两者的关联及处理会遇到的问题都需要明晰。员工因病缺勤时，个人的生产率为零；而带病坚持工作时，该生产率会介于0%~100%。因此，因病缺勤时所损失的生产率是很容易被记录的，但是员工带病工作时的生产率则很难被发觉，而对后者的估算便是本节关键所在。因此，需要找寻一种方法，这种估算方法是能够反映员工生产率或工作效率下降的情况，并能够具体地计算出经济损失值的。

欧美学者从20世纪90年代起十分关注员工的隐性缺勤问题，隐性缺勤是指工作场所员工带病工作的行为。雷耶斯等（Reyes et al.）研究发现，隐性缺勤每年给美国造成的经济损失超过1 500亿美元②；英国一项研究也显示，仅心理健康问题引起的出勤主义给英国带来的损失约为每年151亿英镑，

① 梅强，陆玉梅．人的生命价值评估方法述评［J］．中国安全科学学报，2007（3）：56-61.

② Reyes M，Nisenbaum R，Hoaglin D C，et al. Prevalence and incidence of chronic fatigue syndrome in Wichita，Kansas［J］．Archives of Internal Medicine，2003，163（13）：1530-1536.

是因病缺勤所致损失的 1.5 倍①。对于员工因隐性缺勤所带来的经济损失测算多是采用“货币工资转换”的方法②。国外学者研发的测量量表已有 20 余种，主要通过自陈记录式或回答问题式，对自己带病工作的生产率或工作效率进行判断、描述③。询问病情对生产率或工作效率的影响程度，或是自行记录无效的工作时间，或是自我判断每天的工作效率。可以看出，目前对于工作效率的估算方法已经比较成熟。因此可以将这个成熟的估算方法用于本节中。借助该方法估算出员工因“过劳”缺勤及工作效率下降所造成的经济损失。

1. 数据推算法

对于经济损失的测算首先要对工作效率进行估算。而能够与经济损失联系在一起的工作效率估算方法主要分为：数据推算法和问卷测量法④。前者多是利用时间序列或面板数据与劳动时间相关联，通过回归分析的方式进行测算⑤。或者是通过计算出生产效率指数（P.I.）：预算劳动时间/实际劳动时间，然后与模型进行拟合⑥。例如：乌尔顿（Urton）等在测量话务中心员工的隐性缺勤对生产率影响时，通过采集员工的客观生产率数据（通话数量）和健康风险评估数据，对比分析后从中计算得出所造成的生产率减损。前者旨在通过客观数据推算出生产率的损失，很难计算出实际所造成的经济损失。

2. 问卷测量法

问卷测量法主要分为两种模式：答题式和自陈式，具体如表 4.1 所示。

---

① Sainsbury Centre for Mental Health. Mental health at work：Developing the business case. Policy Paper 8［M］. London：Sainsbury Centre for Mental Health，2007.

② 刘贝妮，杨河清．工作场所隐性缺勤行为研究：文献述评与研究展望［J］．经济与管理研究，2016（4）：66-73.

③ 侯文静，詹婧．工作场所出勤主义生产率减损测量研究的述评与展望［J］．中国人力资源开发，2016（12）：48-54.

④ Osterhaus J T，Gutterman D L，Plachetka J R. Healthcare resource and lost labor costs of migraine headache in the US［J］. Pharmacoeconomics，1992（2）：67-76.

⑤ Gilbert Cette，Samuel Chang，Maty Konte. The decreasing returns on working time：an empirical analysis on panel country data［J］. Applied Economics Letters，2011，18（17）：1677-1682.

⑥ Hanna Awad S，Taylor Craig S，et al. Impact of extended overtime on construction labor productivity［J］. Journal of Construction Engineering and Management，2005，131（6）：734-739.

表 4.1 缺勤与工作效率的测量

测量工具	问题数目	回忆时间	量表测量	测量方式	具体方法
健康与工作绩效问卷（HPQ）①	89	4 周	10 分量表	自陈式	对工作表现打分
工作效率与活动受损问卷（WPAI）②	6	1 周	10 分量表	答题式	对程度的测量从没有影响到完全受损，包括缺勤和非工作活动
工作效率简式调查问卷（WPSI）③	45	1 年/3 个月/2 周	—	自陈式	损失或受限的天数或小时数
健康与劳动问卷（HLQ）④	23	2 周	4 分量表	答题式/自陈式	程度从从来没有到总是，询问每日缺席工作的天数与是否被支付工资
健康相关的生产率调查表记录⑤	9	每天	4 分量表	自陈式	记录活动的小时数，个体真正工作和被浪费的劳动时间，计算工作时间的有效性
偏头痛工作与生产率损失问卷（MW-PLQ）⑥	29	近期	6 分量表	自陈式	测量损失的工作时间和生产力

资料来源：①Kessler R，Barber C，Beck A，et al. The world health organization health and work performance questionnaire（HPQ）［J］. J Occup Environ Med，2003（45）：156-174.

②Goetzel R Z，Long S R，et al. Health，absence，disability，and presenteeism cost estimates of certain physical and mental health conditions affecting U. S. employers［J］. Journal of Occupational and Environmental Medicine，2004，46（4）：398-412.

③Goetzel R Z，Ozminkowski R J，Long S R. Development and reliability analysis of the Work Productivity Short Inventory（WPSI）instrument measuring employee health and productivity［J］. J Occup Environ Med，2003（45）：743-762.

④Van Roijen L，Essink-Bot M L，Koopmanschap M A，et al. Labor and health status in economic evaluation of health care：the Health and Labor Questionnaire［J］. Int J Technol Assess Health Care，1996（12）：405-415.

⑤Kumar R N，Hass S L，Li J Z，et al. Validation of the health-related productivity Questionnaire Diary（HRPQ-D）on a sample of patients with infectious mononucleosis：results from a phase 1 multicenter clinical trial［J］. J Occup Environ Med，2003（45）：899-907.

⑥Lerner D J，Amick B C，Malspeis S，et al. The Migraine Work and Productivity Loss Questionnaire：concepts and design［J］. Qual Life Res，1999，8（8）：699-710.

（1）答题式是指作答人员通过问卷中既定的题目及选项进行回答。主要是用于判断病情对生产率或工作效率的影响程度有多大，然后按照每种影响程度赋予相应的分值。有学者通过自测量表“上一个月的由于疾病使得工作效率受到了何种程度的干扰？（0=没有受到干扰，10=完全受到干扰）”，或者“过去一个月因健康原因我没法完成工作中难度大的任务（1=完全不同意，5=完全同意）”，或者“我出现精力不集中的问题（7=从来没有，14=有时有，21=经常出现，28=总是这样）”，或者“过去的一年里由于自己的健康状况的影响，本应该请假，却依旧出勤坚持工作的次数？（从不、1次、2次到5次，5次以上，除零次以外赋值全部为1）”等问题，以这样的方式了解员工的工作效率，由此间接判断隐性缺勤对生产率的影响①。

（2）自陈式是指作答人员以自我报告的方式，自己记录近期或每日的生产率或工作效率情况，以及缺勤的天数或小时数，或者无效工作的时间。往往通过直接让调研对象报告两周、一个月或者一年内缺勤的累计天数或者参加工作的行为频率，再根据月薪计算出直接的工资性收入损失②。具体算法为：①以隐性缺勤的工作时间为估算基础，即：通过每日“出工不出力”的小时数×工资率×（出勤天数-缺勤天数），从而计算得到③。②以人员数量为估算基础，即：每人每年缺勤天数（包括带病工作天数）×报告人数/(人员总数×每年应工作天数)×100④。③以平均工作效率为估算基础，即：上一周(平均每日“出工且出力”的工时数/在班时间)×平均工作效率⑤。三种方式

① Osterhaus J T, Purcaru O, Richard L. Discriminant validity, responsiveness and reliability of the rheumatoid arthritis-specific Work Productivity Survey (WPS-RA) [J]. Arthritis Research and Therapy, 2009, 11 (3): 1-12.

② Koji Wada, Mikako Arakida, et al. The economic impact of loss of performance due to absenteeism and presenteeism caused by depressive symptoms and comorbid health conditions among Japanese workers [J]. Industrial Health, 2013, 51 (5): 482-489.

③ Lamb C E, Ratner P H, et al. Economic impact of workplace productivity losses due to allergic rhinitis compared with select medical conditions in the United States from an employer perspective [J]. Current Medical Research and Opinion, 2006, 22 (6): 1203-1210.

④ Goetzel R Z, Ozminkowski R J, Long S R. Development and reliability analysis of the Work Productivity Short Inventory (WPSI) instrument measuring employee health and productivity [J]. J Occup Environ Med, 2003 (45): 743-762.

⑤ Margaret C Reilly, Arthur S Zbrozek, Ellen M Dukes. The validity and reproducibility of a work productivity and activity impairment instrument [J]. Pharmacoeconomics, 1993, 4 (5): 353-365.

在结合工资率后，能够计算出生产率或工作效率下降所造成的经济损失。但是，第一种方式需要员工自行记录和报告每日“出工不出力”的情况，员工是否能够如实反映值得怀疑，且要自己累加一日的隐性缺勤时间，操作起来并非易事；第二种方式需要知道报告人数及人员总数，更适合对某个企业进行“地毯式”全覆盖的测算，在样本调研中进行应用会有失准确性；第三种方式是逆向思维模式，让作答人员回答“出工且出力”的工时数是较为容易的，也是较为愿意的，不会产生心理矛盾，而对于平均工作效率的汇报也是较为容易把握的，对于作答人员是较容易做到并能够回忆起来的。

（3）两种方法的异同及优缺点：①能够通过“货币工资转换”明确计算出经济损失，在这点上与数据推算法有很大的不同；②需要回忆时间作为测量基础。根据不同量表的性质，会设定不同的回忆周期。但布鲁克斯等（Brooks）提出，回忆周期长短的设定需要很好的平衡，若周期太长，会增加收集信息的误差；若太短，则会增加偶然性因素的影响。然而，究竟多长的回忆周期更为科学，学者们仍未形成一致意见①。③对于货币转化后的结果存在差异。已有少量研究尝试比较了不同测量工具对同一样本的测量，结果生产率减损情况存在较为明显的差异②。④答题式并不能直接得到相应的生产率或工作效率值，需要通过赋值的方式，因此该方法过程比自陈式复杂，且生产率或工作效率值是间接得到的，没有自陈式准确。但是自陈式需要以记录的形式进行，如果回忆周期较长，一般作答人员较难准确记录。

除上述两种方式外，还有一种方式介于二者之间。作答人员对自己的工作表现或工作效率情况进行打分。例如，“健康与工作绩效问卷”（HPQ）中“在过去 4 周，您对您总体工作表现水平进行打分（分为 0~10 个等级）”。这种方式兼容了答题式和自陈式各自的特点，既需要自我陈述，又能够以自

① Brooks A, Hagen S E, Sathyanarayanan S, et al. Presenteeism: critical issues [J]. Journal of Occupational and Environmental Medicine, 2010, 52 (11): 1055-1067.

② Meerding W J, IJzelenberg W, et al. Health problems lead to considerable productivity loss at work among workers with high physical load jobs [J]. Journal of Clinical Epidemiology, 2005, 58 (5): 517-523.

己作为比较对象，直接反映工作表现情况或对工作效率做出判断。该量表是目前应用最广泛，信度和效度也被验证为最好的测量工具之一①。本节主要借鉴和采用该种生产损失的估算方法，通过答题与自陈相结合的方式，对工作效率进行判断。

二、“过劳”经济损失测算的计量模型构建

（一）“过劳”经济损失测算的总体计量模型构建

对于经济损失的评价，一些国家虽然没有将指标要素进行划分和归类，但是对于二级和三级指标的选取与本节较为接近。在澳大利亚，患有慢性疲劳综合征的员工每人每年要支出约 2 000 澳元用于医疗保健，其中 1 268 澳元来自政府的间接支出；一些患者因病不得不暂时脱离工作岗位而带来了个人收入及所得税缴纳的减少，由此造成的政府和地区经济损失可达每人每年 9 500 澳元，以此最终估算出全国范围内因疲劳所造成的年支出总成本至少为 5 900 万澳元②。本节为了更为明确地体现经济损失的构成，将按照这种划分方式划分为直接经济损失和间接经济损失两大类，并进一步确定二级指标变量。本节还要对“过劳”经济损失占中国 GDP 的比重进行估算，公式如下：

$$W = \frac{G}{\alpha C_S} \times 100\% \tag{4.1}$$

其中：

$$C_S = f(C_{DR}, C_{IDR}) \tag{4.2}$$

公式（4.1）中，W 表示“过劳”的经济总损失占 GDP 的比重；C_S 表示“过劳”的经济总损失值；α 表示劳动报酬的分配率。《中国企业竞争力报告（2007）》指出，1990—2005 年，中国劳动者报酬占 GDP 的比例下降了 12 个百分点③。说明劳动者报酬与 GDP 有着很强的联系，但是前者并不能完全代

① Cser J R. Impact of participation in a worksite wellness program on presenteeism: a quantitative study of Pennsylvania workers [J]. Doctorial Dissertation, Capella University, 2010.

② Lloyd A, Pender H. The economic impact of chronic fatigue syndrome [J]. Medical Journal of Australia, 1992, 157 (9): 599-601.

③ 金碚. 中国企业竞争力报告（2007）[M]. 北京：社会科学文献出版社，2007：12.

表，且不同国家所占的比重有较大差异。王小鲁指出，该比重已从 1980 年的 41%下降到 2008 年的 30%[①]。诸多学者指出，我国的劳动份额占 GDP 比重不断下降，且过低已是事实，但这是符合经济规律的[②]。劳动者报酬不仅包括工资性收入，还包括保险和福利等，因此不容易详细计算。而对于个体性经营者的收入也应有一部分视为劳动报酬，而对于农村住户的工资性收入和家庭经营纯收入以及土地和资本的回报所占比例等，这些都是较难被准确估计的。因为本节研究的对象为城镇就业人员，因此将采用城镇就业人员工资总额占当年 GDP 比重的计算方式得到该分配率。公式（4.2）中，C_{DR} 表示直接经济损失；C_{IDR} 表示间接经济损失。

（二）“过劳”直接经济损失测算的计量模型构建

那些能够用货币转换进行直接或间接估计的经济损失都应被纳入直接经济损失的范畴内。对于直接经济损失的数据获取，国外学者主要有三种采集方法：国家统计数据中关于医药及医疗服务的数据，收集受访者医药报销单和问卷调查法。在问卷调查法中多是采用自陈式的方式进行，例如，“在过去一个月内，您在每一种医药及医疗服务上所支出的费用”[③]。由于本节所要研究的是“过劳”造成的经济损失，在各个数据库中很难找到与研究主题相匹配的数据。在访问的过程中也很难收集受访者的医药医疗报销凭证。所以，本节对于“过劳”的直接经济损失研究主要包括预防费用和医疗支出两个部分，也将采用自陈式。测算“过劳”直接经济损失的计量模型构建如下：

$$C_{DR} = f(PC, MTC) \qquad (4.3)$$

$$= PC + MTC \qquad (4.4)$$

公式 4.3 中，C_{DR} 表示直接经济损失；PC 表示预防费用；MTC 表示医疗

① 王小鲁．我国国民收入分配现状、问题及对策［J］．国家行政学院学报，2010（3）．

② 肖经．中国国民收入分配中劳动份额问题高层研讨会［J］．山东大学学报（哲学社会科学版），2012（5）．

③ Brimmer Dana J, Resch Stephen C, et al. The economic impact of chronic fatigue syndrome in Georgia: direct and indirect costs [J]. Cost Effectiveness and Resource Allocation, 2011, 9 (1): 1-12.

支出。

1. 预防费用的计量模型构建

对本研究预防费用的总体计量模型构建如下：

$$PC = \sum_{i=1}^{n} PC_i \quad (i = 1, 2, \cdots\cdots, n) \tag{4.5}$$

公式（4.5）中，PC 表示预防费用的总支出值；PC_1 表示心理咨询费；PC_2 表示购买抗疲劳保健品费用；PC_3 表示医疗医药费；PC_4 表示就医交通费。

2. 医疗支出的计量模型构建

对本研究医疗总支出的计量模型构建如下：

$$MTC = \sum_{i=1}^{n} MTC_i \quad (i = 1, 2, \cdots\cdots, n) \tag{4.6}$$

公式（4.6）中，MTC 表示“过劳”发生后所产生的医疗费用支出。包括该过程中所产生的一系列费用，如门诊费、挂号费、治疗费、检查费、医药费、就医交通费等。

（三）“过劳”间接经济损失测算的计量模型构建

边际生产率的下降可以反映生产产出上的损失，而工作时间的价值等于这段时间中个人劳动的价值。这部分劳动价值的损失可以通过对个人未来收入的折现计算出来。因此，大多数研究者是基于一个经济假设，即：员工的工资等于他的边际产品价值，因此失去的产出价值应该等于失去的收入①。该假设通常被用于因工资性收入的减少以及生产率下降导致的损失来测算生产损失②。

借鉴和采用该种生产损失的估算方法，通过答题与自陈相结合的方式，对工作效率进行判断。并采用货币工资转换的形式，通过“过劳”导致员工歇工、缺勤以及生产率降低测算出的生产损失。有学者用同样的方法对美国疲劳综合

① International Labour Office. Estimating the Economic Costs of Occupational Injuries and Illnesses in Developing Countries: Essential Information for Decision-Makers ［R］. International Labour Organization, 2012.

② Lamb C E, Ratner P H, et al. Economic impact of workplace productivity losses due to allergic rhinitis compared with select medical conditions in the United States from an employer perspective ［J］. Current Medical Research and Opinion, 2006, 22 (6): 1203-1210.

征群体因劳动生产率下降导致的经济损失进行测算，得到该群体生产率减少的幅度为 54%，美国每年因疲劳综合征造成的个人及国家经济损失分别为 20 000 美元和 91.3 亿美元；若是按照一定范围进行估计，则造成的损失分别为 12 000~28 000 美元和 55 亿~127 亿美元①。本节的生产损失计量模型构建如下：

$$C_{IDR} = PL = f(WL, PD) \tag{4.7}$$

公式（4.7）中，C_{IDR} 代表间接经济损失；PL 代表生产损失；WL 代表工资性收入损失；PD 代表生产率下降带来的损失。

$$WL = W_p \cdot T_h \tag{4.8}$$

$$= \frac{W_y}{T_z} \cdot T_h \tag{4.9}$$

公式（4.8）中，W_p 代表员工的小时工资率；T_h 代表员工一年中因身心疲劳而歇工和缺勤的小时数。公式（4.9）中 W_y 代表员工年薪；T_z 代表员工年工作小时数。

$$PD = \sum_{i}^{n=t} P_t \cdot W_p \cdot T_z \tag{4.10}$$

$$= \sum_{i}^{n=t} (\mathrm{P}_m - \mathrm{P}_{ht}) \cdot W_p \cdot T_z \tag{4.11}$$

公式（4.10）中，P_t 代表员工第 t 个小时内损失掉的工作效率。公式（4.11）中，P_m 代表员工的平均工作效率。有学者指出，一般情况下，员工的最大工作效率是 85%②。事实上，员工很难在工作时间内总保持这么高的工作效率，因此用最大工作效率作为标杆会高估该损失值。以样本中企业人员的平均工作效率作为与个体比较的标杆，更切合实际。P_{ht} 代表员工第 t 个小时内的实际工作效率。因此，$\sum_{i}^{n=t} P_t$ 代表员工从第 i 个小时开始所损失的工作效率总和。

① Kenneth J Reynolds, Suzanne D Vernon, et al. The economic impact of chronic fatigue syndrome [J]. Cost Effectiveness and Resource Allocation, 2004, 2 (1): 1-9.

② Conor O'Neill, Kriengsak Panuwatwanich. The impact of fatigue on labour productivity: case study of dam constructionproject in queensland [C]. Proceedings of the 4th International Conference on Engineering, Project, and Production Management (EPPM 2013), 2013: 993-1005.

第二节 统计范畴与数据

一、实际测算的范畴

需要强调的是，本章的实际测算范畴即统计口径，着重偏向于狭义概念下的“过劳”经济损失的测算，并不涉及因“过劳”所导致的“过劳死”、过劳抑郁、过劳自杀情况下的广义“过劳”经济损失测算。由于“过劳死”等相关官方统计数据的缺乏，无法应用既定的测算理论及方法对其进行估计，而是通过与日本“过劳死”经济损失的数据进行匹配后估计出的，仅是对“过劳”经济损失实际测算结果的一个补充及验证。所以选择日本作为比较对象，能够进行数据匹配，在第三章中对此展开了多个视角的论证。除在数据上难以获得外，“过劳死”等情况虽然客观上存在与工作相关联的疾病、猝死、抑郁、自杀等现象，但是，在中国对上述现象缺乏明确的界定和定义，也没有相关的医学、法律的认定标准，因此，很难确定其为“过劳死”、过劳抑郁、过劳自杀，所以采用与日本数据相匹配的方式进行估计更为稳妥。

由于人员“过劳”所导致的患病、事故及伤亡所造成的不同层级的经济损失更为典型，也更为具体，需要依据伤亡程度以及劳动能力丧失状况等进行有针对性的探索，因此，不是本章所讨论的重点内容。本章侧重并落实对“过劳”经济损失的测算，范围严格控制在就业人员的统计范畴内。

本章实际测算的“过劳”经济损失是指员工因过度劳动给用人单位所造成的直接和间接的经济损失。而间接经济损失的研究对象主要来自企业。该经济损失并非企业的净收入，仅是从成本支出的角度进行估计的，而非投入—产出的视角估计的，因此该经济损失并不具有净利润的含义。

二、数据来源与抽样

由于国家统计局以及各组织机构的数据库中均没有与本章所要研究主题

相符的数据。因此委托“北京百度网讯科技有限公司”进行数据采集，正式调查时间为2017年7月至9月。调研对象为城镇就业人员，共回收样本5 147份，有效样本数为4 796份。同时考虑到薪酬、工作时间等变量可能存在异常值，为了减少变量异常值对实证结果的影响，本研究对该变量进行了99%分位的结尾处理，最终得到符合要求的样本数量①。

三、样本分布及描述

有效样本覆盖了除西藏以外的省、自治区、直辖市，包括华北（16.6%）、东北（4.5%）、华东（33.2%）、中南（33.0%）、西南（9.2%）、西北（3.5%）六大区域。由于港澳台的数据很难与国家统计局数据进行匹配因此也进行了剔除，具体分布情况如表4.2、表4.3所示。按照中国2017年“中国城市分级”，该样本覆盖了中国全部的一线、二线和三线城市，以及90个四线城市中的87个，129个五线城市中的93个，还有两个六线城市（陵水黎族自治县和保亭黎族苗族自治县）。样本覆盖了所有行业，但可以看出各行业就业人员的构成比例与《中国劳动统计年鉴》中有一定偏差，所以需要进行权重处理。

表4.2　样本分布及描述性统计结果

省份	观察量（人）	比例（%）	省份	观察量（人）	比例（%）	省份	观察量（人）	比例（%）
北京	208	4.3	浙江	205	4.3	海南	20	0.4
天津	76	1.6	安徽	160	3.3	重庆	101	2.1
河北	295	6.2	福建	171	3.6	四川	212	4.4
山西	174	3.6	江西	93	1.9	贵州	60	1.3
内蒙古	42	0.9	山东	527	11.0	云南	69	1.4
辽宁	99	2.1	河南	333	6.9	陕西	99	2.1
吉林	41	0.9	湖北	160	3.3	甘肃	29	0.6
黑龙江	76	1.5	湖南	144	3.0	青海	4	0.1
上海	140	2.9	广东	800	16.7	宁夏	15	0.3
江苏	294	6.1	广西	127	2.6	新疆	22	0.5

① 朱明宝，杨云彦．幸福感与居民的生育意愿——基于CGSS2013数据的经验研究［J］．经济学动态，2017（3）：52-61.

表 4.3 样本特征

名称		观察量（人）	比例（%）
Panel A：区域特征			
区域	华北	795	16.58
	东北	216	4.50
	华东	1 590	33.15
	中南	1 584	33.03
	西南	442	9.22
	西北	169	3.52
城市分级	一线城市	1 809	37.72
	二线城市	995	20.75
	三线城市	857	17.87
	四线城市	757	15.78
	五线城市	336	7.01
	六线城市	2	0.04
	缺失	40	0.83
Panel B：工作特征			
单位类型	政府机关	245	5.11
	事业单位	681	14.20
	企业单位	1 934	40.33
	社会团体	196	4.09
	个体工商户	846	17.64
	自由职业者	502	10.47
	其他	392	8.17
岗位特征	一般办事人员	1 321	27.54
	中、高层管理者	489	10.20
	技术研发人员	625	13.03
	销售人员	386	8.05
	车间工人	282	5.88
	其他	1 693	35.30
Panel C：行业特征			
农、林、牧、渔业		272	5.67
采矿业		41	0.85
制造业		565	11.78
电、热、燃气及水生产和供应业		151	3.15
建筑业		258	5.38
交通运输、仓储和邮政业		160	3.34
信息传输、软件和信息技术服务业		674	14.05
批发和零售业		392	8.17
住宿和餐饮业		338	7.05
金融业		374	7.80
房地产业		110	2.29
租赁和商务服务业		69	1.44
科学研究和技术服务业		97	2.02
水利、环境和公共设施管理业		42	0.88
居民服务、修理和其他服务业		139	2.90
教育		580	12.09
卫生和社会工作		201	4.19
文化、体育和娱乐业		204	4.25
公共管理、社会保障和社会组织		116	2.42
国际组织		13	0.27
Panel D：个体特征			
性别	男性	2 083	43.4
	女性	2 713	56.6
年龄（岁）	16～24	1 677	35.0
	25～34	2 670	55.7
	35 及以上	449	9.4
受教育水平	初中及以下	429	8.9
	高中	1 180	24.6
	大专	1 205	25.1
	本科及以上	1 982	41.3

从所属单位性质看，主要以企业单位为主，占到总样本数量的40.33%。覆盖了一般办事人员（27.5%），中层、高层管理者（10.2%），技术研发人员（13.0%），销售人员（8.0%），车间工人（5.9%）等岗位。其中，男性占43.4%，女性占56.6%。年龄集中在25~34岁，受教育水平以高中、大专为主。为了验证问卷的稳定性和可靠性，本研究在正式调研的前一年，即2016年7至9月，进行了预调查（N=264）。两次调查相比较，在工作效率、人均直接经济损失等关键性上结果较为一致。

第三节　工作效率随时间推进的演变规律

一、工作效率的倒“U”形曲线

如图4.1所示，两条曲线的趋势变化具有高度一致性，均呈倒“U”形。员工均在上班后的第2个小时达到工作效率的最高点，然后随着时间的推移逐步下降，在第6个小时两条曲线发生重合，且均在下班前的倒数第2个小时内呈现“断崖式”下滑的趋势。在正式调查中，我们对加班时的工作效率进行了访问。呈现出倒“V”形趋势，达到效率最高点后迅速下滑。且加班时的最大工作效率与正常工作时间内转折点处（第6个小时）的工作效率一样。具体的解释如下：

当$t=t_1$时，员工刚刚开始工作，其效率并不高，但随着时间的推移逐渐进入状态。这个阶段员工的精神、心理和体力与工作能够相适应并且配合较好，并在$t=t_2$时工作效率快速达到峰值。由于进入状态的时间较早，因此能够将这种高效状态维持一段时间，致使在后一个小时内依旧保持较高的工作效率。随着午休的到来以及持续的高效工作，员工在午休前一个小时出现心理或身体的疲劳症状，使生产率迅速下降。而在午休过后，身心得到暂时的调整和舒缓，此时工作效率下降得比较平缓。在$t=t_6$时，员工的工作效率明显下滑，且在 $t=t_7$ 时呈急剧下滑趋势。从上述描述可知，这与第三章中工作效率的理论分析是一致的。可以看到加班时间内员工的工作效率往往不高。在加班的第一个小时内达到加班时工作效率的最高点，而此点恰巧与 $t=t_6$ 时员工的工作效率相等。在随后的加班时间里工作效率一路下滑，甚至低于 $t=t_8$ 时的工作效率。一方面说明，长时间劳动只会成为员工对待工作的“拉锯战”；另一方面说明，加班时间中初始的效率上升是因为加班前一般都有一段休息时间，使员工在经历 8 小时工作后能够有一段放松的时间，使疲劳得到暂时、部分的缓解。因此，也可以看到，加班时间过长，员工很难保持一定水平的工作效率。

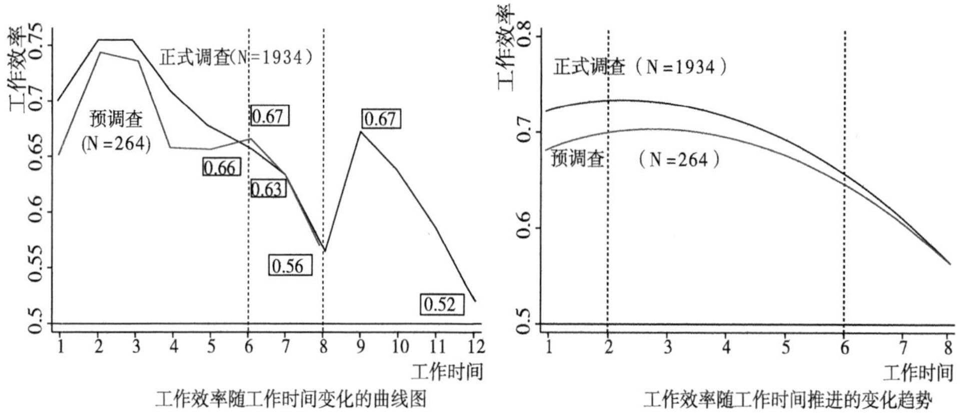

图 4.1 工作效率的倒“U”形曲线

二、工作效率的差异化分析

从群体特征看，不同性别之间在工作效率上的差异并不明显。但在不同区域特征和不同工作特征上差异性明显。由图 4.2、表 4.4 所示，从中国六大区域的员工工作效率看，总体趋势均呈倒“U”形，且在第 7 个小时工作效率大幅度下滑的趋势明显。西南地区各时间段内效率水平普遍偏低，东北地区在前 5 个小时内工作效率较其他地区高，但在最后一小时效率很低。华东和中南地区的工作效率水平较为接近。华北地区在最后两小时内的效率较高。

不同级别的城市，员工工作效率也存在一定差异。三线城市员工的工作效率低于其他级别的城市，而四级及以下城市除了进入工作状态需要的时间较其他城市长，其余并无差别。一线城市和二线城市的员工前四个小时内以及最后两个小时内的工作效率水平接近。可以看出，一线和二线城市的员工总体工作效率水平要高于其他级别的城市。这点与一线、二线城市的工作、生活快节奏有关系，员工势必会受到大环境的影响，而企业对于利润的追逐也会加速这种步伐。

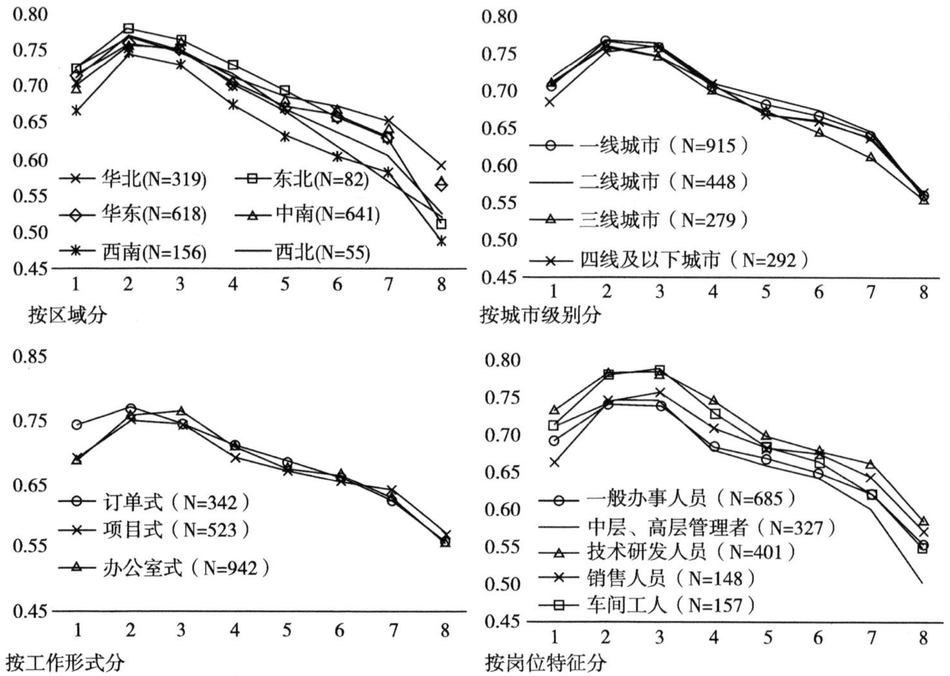

图 4.2　按不同类型划分的工作效率曲线

表 4.4　企业员工工作效率的特征及规律（2017 年）

小时数	1	2	3	4	5	6	7	8	均值
总体									
正式调查（N=1 934）	0.70	0.76	0.76	0.70	0.68	0.66	0.63	0.56	0.68
预调查（N=264）	0.65	0.74	0.73	0.66	0.66	0.67	0.63	0.56	0.66

续表

小时数	1	2	3	4	5	6	7	8	均值
PART A：个体特征（N=1 934）									
性别									
男（N=983）	0.70	0.75	0.75	0.71	0.68	0.66	0.64	0.57	0.68
女（N=951）	0.70	0.76	0.76	0.70	0.68	0.66	0.63	0.56	0.68
PART B：区域特征（N=1 934）									
区域									
华北（N=319）	0.70	0.76	0.75	0.70	0.67	0.67	0.65	0.59	0.69
东北（N=82）	0.72	0.78	0.76	0.73	0.69	0.66	0.63	0.51	0.69
华东（N=618）	0.71	0.76	0.76	0.71	0.69	0.67	0.63	0.57	0.69
中南（N=641）	0.70	0.75	0.76	0.71	0.68	0.67	0.64	0.57	0.69
西南（N=156）	0.67	0.75	0.73	0.67	0.63	0.60	0.58	0.49	0.64
西北（N=55）	0.73	0.77	0.74	0.72	0.67	0.64	0.61	0.52	0.67
城市分级									
一线（N=915）	0.71	0.76	0.76	0.71	0.68	0.66	0.64	0.56	0.68
二线（N=448）	0.71	0.76	0.76	0.70	0.69	0.67	0.63	0.56	0.69
三线（N=279）	0.71	0.75	0.74	0.70	0.67	0.64	0.61	0.56	0.67
四线及以下（N=292）	0.68	0.75	0.76	0.71	0.67	0.66	0.64	0.56	0.68
PART C：工作特征（N=1 934）									
工作形式									
订单式（N=342）	0.74	0.77	0.75	0.71	0.68	0.66	0.62	0.56	0.69
项目式（N=523）	0.69	0.75	0.74	0.69	0.67	0.65	0.64	0.57	0.68
办公室式（N=942）	0.69	0.76	0.76	0.71	0.68	0.67	0.63	0.56	0.68
其他（N=127）	0.74	0.77	0.75	0.71	0.68	0.64	0.63	0.56	0.68
岗位特征									
一般办事人员（N=685）	0.69	0.74	0.74	0.68	0.67	0.65	0.62	0.55	0.67
中层、高层管理者（N=327）	0.71	0.74	0.74	0.68	0.66	0.64	0.60	0.50	0.66
技术研发人员（N=401）	0.73	0.78	0.78	0.75	0.70	0.68	0.66	0.59	0.71
销售人员（N=148）	0.66	0.74	0.75	0.71	0.68	0.67	0.64	0.57	0.68
车间工人（N=157）	0.71	0.78	0.78	0.73	0.68	0.66	0.62	0.55	0.69
其他（N=216）	0.71	0.77	0.76	0.71	0.68	0.67	0.64	0.57	0.69

从员工的工作形式看，工作效率差异明显。工作形式为订单式的员工，例如，流水线、窗口等工作的员工，工作效率主要受服务对象影响，如，机器、客户等。自己的劳动强度相对固定，工作期间不能随意走动、活动，用工方式较为单一。因此，上班以后会立刻进入较高水平的工作状态中，在达到最高效率后立刻呈现平稳下滑的趋势。但是这种工作模式较为枯燥，容易出现最后一个小时单位内工作效率下降幅度较大的情形。而工作形式为办公室式和项目式的员工，不受服务对象的影响，因此并不需要很快进入工作状态，所以在第一个小时的效率较低。而这两种工作方式，因为工作的约束性较小，有一定的灵活性，可以适当地放慢节奏，尤其是项目式的员工。所以，两条曲线较为曲折，出现多个拐点。

不同岗位的员工，其工作效率差异也十分明显。按照技术研发人员、车间工人、销售人员、一般办事人员、中高层管理者的顺序，工作效率呈递减趋势，尤其从第三个小时以后该差距更为明显。技术研发人员的工作弹性较大，劳动强度不固定，需要集中思考的时候工作投入会很高，需要放松的时候工作效率会下降。但是，该群体对于技术攻关以及研发的热爱，常会因为工作乐趣而令自己长时间处于一个较高的工作状态中，所以即便工作的自主性很强，但在工作效率上却保持着相对较高的水平。而这类群体也是“过劳”的重灾区，有些时候已经严重过劳，甚至踩到了“过劳死”的边缘线，但还不自知，认为自我健康状况良好，依旧追逐着研发中的乐趣。而中层、高层管理者也同样有着很高的工作自主度，且自我实现和成就动机比一般群体强。由于工作时间安排更为自由和灵活，而对于管理中的战略、问题等的思考是连贯性的、自主性的。所以，工作效率下降的过程较为缓慢，会在最后两个小时内身心俱疲，出现严重的工作效率下降情形。而车间工人，正如前面提到的工作方式为订单式的员工，受到服务对象的制约，需要保持在一定的工作效率水平之上，且较难得到有效缓解。因此，这种模式也同样会出现最后两小时身心俱疲，工作效率下降幅度较大的情况。

三、“过劳”对工作效率的影响

“过劳”以及劳动时间对工作效率会产生怎样的影响，又是如何影响的。在多大的“过劳”程度以及多长的劳动时间范围内会对生产率造成影响，是需要进一步探究的。将员工生产率按照低于50%，50%~60%，60%~70%，70%~80%，及80%以上划分为五个阶段，旨在利用有序回归得到OR值等进一步分析。并利用夏普利值分解得到各虚拟变量对员工生产率的贡献率。

夏普利值（Shapley Value）分解法能够克服变量之间多重共线性问题，通过观察不同解释变量组合下模型 R^2 的变化，测度对解释变量的边际贡献率①。从表4.5可以看出，“过劳”程度越大，员工生产率水平越低。以“从不”作为参照组，“一年数次或更少”“一月数次”“一周数次”“每天”四组对生产率的影响程度分别是参照组的0.91，0.61，0.42，0.37倍，且后三组对生产率的作用效果显著。可以看到，当身心俱疲的频率达到一月数次及以上时，其对员工生产率的影响凸显，其总贡献率占到了70%以上。而劳动时间对员工生产率的影响较为复杂，呈明显的倒“U”形趋势，这点与之前的判断相符。将劳动时间按照（0，7）小时、[7，8）小时、[8，9）小时、[9，10）小时、[10，11）小时、[11，max]小时进行划分。以“（0，7）小时”作为参照组，后续几组对生产率的影响程度分别是参照组的1.62，1.86，2.01，1.97，1.32倍，且各组对员工生产率的作用效果均显著。可以看到，随着劳动时间的增加，员工生产率呈现出先增加后减少的趋势。当劳动时间在9~11个小时范围内，员工生产率要明显高于每日不足7小时的情况。但是当超过11小时时该作用效果明显降低。当更换参照组后，该趋势现象更为明朗。以“[8，9）小时”作为参照组，其余各组对生产率的影响程度分别是参照组的0.54，0.87，1.08，1.06，0.71倍。可以更为明显地看出每日劳动时间不足7小时以及超过11小时，员工生产率都会受到显著影响。

---

① Shorrocks A F. Inequality Decomposition by Factor Components [J]. Econometrica, 1982, 50 (1): 193-211.

表 4.5 “过劳”、劳动时间对生产率影响的 OR 值及各虚拟变量的贡献率

“过劳”程度				劳动时间				
变量	代码	OR 值	贡献率（%）	变量	代码	OR 值	OR 值	贡献率（%）
从不	overwork_a	1（参照组）		(0, 7)h	work_a	1（参照组）	0.538 7***（0.076 9）	
一年数次或更少	overwork_b	0.909 4（0.207 5）	27.22	[7, 8)h	work_b	1.619 7**（0.295 3）	0.872 6（0.124 2）	6.82
一个月数次	overwork_c	0.611 5*（0.129 7）	9.36	[8, 9)h	work_c	1.856 3***（0.265 0）	1（参照组）	32.37
一周数次	overwork_d	0.415 1***（0.091 5）	36.98	[9, 10)h	work_d	2.010 9***（0.335 8）	1.083 3（0.131 8）	27.10
每天	overwork_e	0.371 5***（0.092 4）	26.43	[10, 11)h	work_e	1.968 5***（0.332 3）	1.060 5（0.13 17）	24.91
				[11, max]h	work_f	1.321 5（0.257 1）	0.711 9**（0.112 5）	8.80
N		1 934	100.00	N		1 934		100.00
Log likelihood		-3 048.551 5		Log likelihood		-3 061.977		
LR chi2		53.20		LR chi2		26.35		
Pseudo R^2		0.008 7		Pseudo R^2		0.004 3		
P		0.000 0		P		0.000 1		

* p<0.1， ** p<0.05， *** p<0.01

第四节　中国“过劳”经济损失的估计

一、人均经济损失的估计

在对生产效率损失的估算中，由图 4.2 可知，员工通常会在最后一个或者两个小时工作效率出现“断崖式”下滑。而在本章的实证验证下，同样表现出员工从倒数第二个小时内工作效率骤然下滑的现象。综合文献及实证结果，本章分别给出两个生产率损失的估计值。即：分别从第 7 个小时（$i=7$）和第 8 个小时（$i=8$）开始累计计算生产率损失，从而给出一个估计区间。在前文中对于企业加班成本的转移规律进行了探讨。可知员工加班时工作效率下降所造成的经济损失，已被企业转化成因“过劳”所要担负的医药医疗费用、购买保健品费用等。而在直接经济损失中这部分已被纳入，为了避免重复性计算，不必把加班时的工作效率损失纳入间接经济损失的测算中。

从表 4.6 中可以看到，样本中人均预防费用为 1 684.52 元，人均医疗费用为 1 491.93 元，人均工资性收入损失为 1 128.13 元，人均生产率损失在 573.59 元～1 542.540 元，而人均经济总损失则在 4 877.67 元～5 846.63 元。员工因“过劳”而缺勤的天数，年均为 7.62 天。可以看到因“过劳”所造成的人均经济损失相当可观。且员工在最后两小时内的生产率呈骤然下降趋势，其所产生的损失直线上升。男性与女性员工在各项经济损失上呈现较大差异。男性员工因“过劳”所造成的各项经济损失明显高于女性，但是在预防费用上却低于女性。说明女性员工对于“过劳”的预防以及重视程度更高，更愿意将时间和财力花费在心理咨询、购买抗疲劳保健品及服务上。同时，男性员工因“过劳”所造成的生产率损失已超过平均水平。说明男性员工“过劳”会在较大程度上影响工作质量，致使工作效率下降。30 岁以下员工在预防费用以及生产率损失上明显高于其他群体，而 44 岁以上员工在医疗费用、工资收入损失、生产率损失等方面偏高。说明年轻员工更重视“过劳”预防，而中年以上的员工在“过劳”的恢复上需要投入更多。受教育程度不同的员工在“过劳”程度上呈现显著差异，且表现出大学及以上学历人员“过劳”程度明显高于其他人员，本科学历是个分水岭①。

① 王欣．工作要求、工作资源对企业员工“过劳”的影响［J］．软科学，2016（6）：83-87.

表 4.6　2017 年人均年经济损失（N=4 796）

人均各项支出（元）		预防费用	医疗费用	工资收入损失	生产率损失		经济总损失	
		PC	MTC	WL	PD_ a	PD_ b	Cs_ a	Cs_ b
总体		1 684.52	1 491.93	1 128.13	573.59	1 542.54	4 877.67	5 846.63
性别	男性	1 533.86	1 525.66	1 188.98	672.80	1 799.98	4 921.30	6 048.48
	女性	1 800.23	1 466.00	1 081.38	497.63	1 345.44	4 845.24	5 693.05
年龄（岁）	30 以下	1 720.77	1 432.00	1 145.10	591.61	1 599.18	4 889.48	5 897.05
	30~44	1 573.63	1 646.52	1 062.70	517.19	1 363.18	4 800.04	5 646.03
	44 以上	1 604.04	2 073.19	1 301.54	556.77	1 522.66	5 535.54	6 501.43
学历	高中及以下	1 867.86	1 866.45	1 132.63	291.02	797.39	5 157.96	5 664.33
	高职/大专	1 542.59	1 239.09	1 006.55	654.61	1 765.43	4 442.84	5 553.66
	本科及以上	1 622.11	1 341.74	1 198.44	752.45	2 008.61	4 914.74	6 170.9
区域	华北	1 504.67	1 371.55	1 047.45	518.01	1 425.58	4 441.68	5 349.25
	东北	1 940.35	1 890.26	1 142.48	550.28	1 449.41	5 523.37	6 422.50
	华东	1 636.96	1 501.65	1 156.66	597.04	1 614.28	4 892.31	5 909.55
	中南	1 749.49	1 627.83	1 170.90	554.24	1 477.37	5 102.46	6 025.59
	西南	1 608.17	1 033.96	1 046.81	719.03	1 919.01	4 407.97	5 607.95
	西北	2 243.35	1 382.68	1 033.07	447.63	1 170.96	5 106.73	5 830.06
城市	一线	1 503.09	1 289.54	1120.53	704.65	1 891.38	4 617.81	5 804.54
	二线	1 673.58	1 496.99	1 131.00	655.96	1 746.75	4 957.53	6 048.32
	三线	1 769.45	1 607.90	1 088.79	371.33	972.69	4 837.47	5 438.83
	四线	2 046.28	1 602.16	1 202.17	469.18	1 301.90	5 319.79	6 152.51
	五线及以下	1 659.17	1 734.63	1 048.23	406.09	1 146.04	4 848.12	5 588.07

从空间分布看，不同区域以及不同城市规模在各项经济损失上呈现出不同的表现，差异较大。东北部地区和西北部地区在预防费用上的投入较高，而西南部地区的生产率损失最高，西北部地区的生产率损失最低，中南部地区的各项经济损失都处于较高水平。但是学者对于不同区域特征下的“过劳”程度的研究较少。在本研究中，员工工作所在区域不同，在“感到身心俱疲的频率”上呈现出显著差异（$P<0.01$）。中南、西南、华北部地区频率次数

明显高于东北、华东、西北部地区。

从人均年经济总损失看，一线城市（包括新一线城市）和二线城市明显高于其他规模城市，而工作所属城市级别越低的员工在预防费用及医疗费用上的投入越高。本研究中，工作所属城市级别为一线城市和五线及以下城市的员工，其身心俱疲的频率更高。一线城市的发展已经达到较高的水平，迈入了资本密集型的发展模式，在工作中员工需要熟练地使用互联网以及信息科技等，更倾向于脑力劳动的付出；而五线及以下城市发展较为落后，还处于劳动密集型的发展模式，依靠体力劳动付出获得所需的工作形式更为普遍。但是，无论是脑力劳动还是体力劳动，当超过身体所能担负的限度时都会“过劳”。

二、“过劳”经济总损失的估计

在人均经济损失的基础上，本章主要给出了四组估算结果，包括：未进行权重、单项权重以及多重权重，旨在进行组间的对比，从而得到较为准确的估计区间。将调查样本按照人口数据进行标化的方法在流行病学等领域十分常见。本章借助这种方法，将样本数据按照参照标准进行权重处理。权重①是根据国家统计局《中国劳动统计年鉴（2016）》中“城镇就业人员行业构成”，依据构成比对原始数据进行权重处理；权重②是根据该年鉴中“分行业城镇单位就业人员平均工资”对原始数据进行权重处理。权重①×②是根据以上两项，进行多重权重处理。2015 年，中国城镇就业人员数量已达到 4.7 亿人，而全国就业人员总量为 7.7 亿人。因为，在统计年鉴中缺乏城乡统计的数据，很难对原始数据进行权重处理，而此次调查的数据也并未涉及城乡就业。如果对全国就业人员的“过劳”经济损失进行估算，在无法对原始数据进行权重处理的情况下，其结果会被明显高估。所以，本章只对城镇就业人员所造成的“过劳”经济损失进行测算。

从表 4.7 和表 4.8 中可以看出，在间接经济损失估算方面，权重处理和未经过权重处理的结果差异并不大。按照多重权重后的处理结果可知，所造成的工资性损失为 0.44 万亿元。而生产率损失的范围在 0.23 万亿~0.62 万亿元。因此，间接经济损失的范围在0.67万亿~1.06万亿元。根据此结果进一步得到各经济损失所占总损失的比重，如表4.8所示。间接经济损失占总损失的比重很高，在51.76%~62.98%，所有估计结果均超过50%。而生产率损失占比在17.87%~36.96%。工资性损失所占比重在26.02%~33.89%，比其余项的经济损失所占比重都要高。

表4.7 （2017年）"过劳"经济损失的估计 亿元，%

各项经济损失（N=4796）	未进行权重	权重①	权重②	①×②多重权重
直接经济损失（ C_{DR} ）	12 834.02	12 154.66	12 405.95	6 254.45
医疗医药费用（*MTC*）	6 028.89	5 941.20	5 676.98	3 049.85
预防费用（*PC*）	6 805.14	6 237.62	6 728.97	3 204.60
间接经济损失（C_{IDR}）				
$C_{IDR\_}$ *a*（*i*=8）	6 876.65	6 584.60	7 659.29	6 712.14
$C_{IDR\_}$ *b*(*i* = 7)	10 792.20	10 410.82	11 936.71	10 638.22
生产率损失（*PD*）				
*PD*_ *a*（*i*=8）	2 317.87	2 259.80	2 566.51	2 317.12
*PD*_ *b*（*i*=7）	6 233.41	6 086.02	6 843.92	6 243.20
工资性损失（*WL*）	4 558.79	4 324.80	5 092.78	4 395.02
经济总损失（*Cs*）				
*Cs*_ *a*（*i*=8）	19 710.68	18 739.25	20 065.25	12 966.59
*Cs*_ *b*(*i* = 7)	23 636.22	18 542.49	24 342.66	16 892.67

表4.8 多重权重后各经济损失所占比重%

各项经济损失（N=4796）	*est*_ 1	*est*_ 2
直接经济损失（ C_{DR} ）	48.24	37.02
医疗医药费用（*MTC*）	23.52	18.05
预防费用（*PC*）	24.71	18.97
间接经济损失（ C_{IDR} ）	51.76	62.98
工资性损失（*PD*）	33.89	26.02
生产率损失（*WL*）	17.87	36.96
经济总损失（ C_S ）	100.00	100.00

未进行权重处理和单项权重处理的结果都较为接近，但是与多重权重处理后的结果有较大差距。说明在直接经济损失的测算中，多重权重的结果更为准确，其他三项结果都有被高估的可能。可以看出，医疗医药费用和预防费用分别为0.30万亿元和0.31万亿元，而二者所占总损失的比重较为接近，分别在18.05%~23.52%和18.97%~24.71%。在预防费用方面主要包括购买抗疲劳相关的保健品、保健治疗、健身服务等的费用，以及因感到身心疲惫、劳累、疲劳等，为了缓解、治疗这些症状，支付的心理咨询费用。前者所造成的经济损失为0.11万亿元，所占总损失的比重在12.35%~24.71%；而后者为0.21万亿元，所占比重在6.62%~8.62%。可以看出，员工在预防“过劳”方面的支出并不在少数，尤其是在心理咨询方面。说明随着社会经济的发展，工作节奏加快，竞争激烈的时代，员工容易出现心理疲劳。而严重“过劳”则不利于员工身心健康的发展。

三、经济总损失估计结果的验证

从多重权重的估计结果看“过劳”经济总损失，范围在1.30万亿~1.69万亿元。本章按照2017年中国GDP规模（82.07万亿元）计算，比重在1.58%~2.06%。该比重是日本的2.88—3.75倍。两个数值之间存在一定差距，主要是因为日本测算的是“过劳死”以及“过劳抑郁”所造成的经济损失，而并非“过劳”。“过劳死”以及“过劳抑郁”的人员都属于重度“过劳”群体，如果按照重度“过劳”人员所占比重看，日本因“过劳”所造成的经济损失占GDP的比重应该在1.96%左右。可以看到，中国“过劳”经济损失的估算结果是在合理范围内的。之所以能够做中国、日本估计结果间的比较源于中国的“过劳”情况与日本较为接近。

众所周知，长时间劳动尤其是每周60小时及以上的超长时间劳动是导致“过劳死”“过劳抑郁”等的重要因素之一①。ILO对全体劳动者（包括非全

① 厚生労働省都道府県労働局労働基準監督署．脳・心臓疾患の労災認定－「過労死」と労災保険［R］．平成13年．

日制劳动者）2014 年的统计结果表明，日本劳动者劳动时间每周 48 小时以上和 60 小时及以上的人员数量分别占日本劳动者总数的 23.1%和 9.7%。《中国劳动统计年鉴（2015）》对中国城镇就业人员劳动时间构成的数据表明，2014 年劳动时间在每周 48 小时以上的人员占比为 33.7%，但缺乏对每周劳动时间 60 小时及以上的统计数据。孟续铎对中国企业员工的调研数据表明，2014 年，中国员工每周劳动时间在 60 小时及以上的人员比重占总体的 18.8%[①]。

除此之外，日本厚生劳动省同样运用“劳动者疲劳积蓄度自测表”对全体正式员工“过劳”程度进行调查，其中 46.2%的人员“不过劳”，21.1%的人员处于轻度“过劳”，17.7%的人员为中度“过劳”，重度“过劳”的人员占 15.1%[②]。孟续铎利用相同的量表对中国 31 个一级行政区域的 1 176 名企业用工人员“过劳”状况的抽样调查中发现，其中轻度、中度、重度“过劳”者分别占 23.6%，21.9%，13.2%[③]，该数据可以说明，中国与日本的“过劳”情况是较为接近的，至少该状况不亚于日本。而这一结论，已在本研究第三章中国、日本“过劳”现状的比较分析中给出了详尽的论证。

由前文可知，在澳大利亚全国人口范围内因疲劳综合征所造成的年支出总成本至少为 5 900 万澳元[④]。数据显示，1992 年澳大利亚的 GDP 规模（43.25 万亿澳元）计算所占比重，该数值为 1.36%。中国是其 1.16～1.51 倍。根据 ILO 提供的人均年均劳动时间，2014 年澳大利亚人均年劳动时间为 1 664 小时。而《中国劳动统计年鉴（2015）》中，中国城镇就业人员 2014 年周平均工作时间为 46.6 小时，按照年 52 周计算，则年劳动时间为 2 423 小时，是澳大利亚的 1.46 倍。仅从劳动时间就可以看出，中国员工

---

① 孟续铎．劳动者过度劳动的成因研究：一般原理与中国经验［M］．北京：中国劳动社会保障出版社，2014：9.

② 厚生労働省．過労死等に関する実態把握のための社会面の調査研究事業報告書［R］．平成 27 年．

③ 孟续铎．劳动者过度劳动的成因研究：一般原理与中国经验［M］．北京：中国劳动社会保障出版社，2014：9.

④ Lloyd A，Pender H. The economic impact of chronic fatigue syndrome［J］．Medical Journal of Australia，1992，157（9）：599-601.

“过劳”的情况比澳大利亚严重得多。但可以看出，通过比较分析，本章所估计的经济损失区间范围是较为合理的。

第五节 “过劳”经济损失估计结果的再验证

一、“过劳死”“过劳抑郁”等经济损失的估算

需要强调的是，第四节中得到的结果仅是“过劳”所造成的经济损失，并不包括“过劳死”“过劳抑郁”等造成的经济损失，关于估算范围详见第二节统计范畴与数据。如果将中国“过劳死”“过劳抑郁”等造成的经济损失纳入，那么估计结果会是多少？是否还会在合理的范围内呢？为了给出一个较为严谨的估计，需要进一步的结果验证，将“过劳死”“过劳抑郁”等情况造成的经济损失纳入。但是，众所周知，中国目前并没有“过劳死”“过劳抑郁”等相关的官方数据，各组织机构的数据库中也没有相关主题的数据，而这种数据也很难通过自调研的方式进行采集。因此，以《中国卫生统计年鉴》《中国劳动统计年鉴》中的数据为基础，并以日本的数据对其进行匹配，从而得到中国“过劳死”“过劳抑郁”等经济损失的估计。因此，下面所要论述的关于“过劳死”“过劳抑郁”等经济损失的估计与前面研究中“过劳”经济损失的估计是不矛盾且不重合的，并不存在重复计算的问题。除此之外，由于中国相关直接数据的缺失，无法利用前面的研究方法和范式，需要借助日本厚生劳动省对“过劳死”经济损失的研究方式，构建计量模型也均是在该借鉴的基础上进行修正得到的。因为，日本“过劳死”经济损失的估算中一部分来自劳灾补偿，而在中国并不存在这种补偿方式和补偿费用。

（一）经济损失的估算方法及假设

1. 经济损失估算的基本方法

$$n_{it} = r_{it} \cdot m_{it} \quad (i = 1,\ 2,\ 3) \tag{4.12}$$

公式（4.12）中，n_{it} 表示第 t 年因“过劳”而造成的“过劳死”人数、过劳自杀人数、过劳抑郁人数；r_{it} 表示第 t 年“过劳”死亡率、“过劳”自杀率、“过劳”抑郁患病率；m_{it} 表示第 t 年就业人员数。

$$d_{it} = n_{it} \cdot p_{it} \quad (i = 1, 2, 3) \tag{4.13}$$

公式（4.13）中，d_{it} 表示第 t 年当期因“过劳死”、过劳自杀、过劳抑郁所造成的经济损失；p_{it} 表示第 t 年在岗职工平均工资。

$$R_t = \frac{\sum d_{it}}{G_t}(i = 1, 2, 3) \tag{4.14}$$

公式（4.14）中，R_t 表示第 t 年当期因“过劳死”、过劳自杀、过劳抑郁所造成的经济损失占同期国内生产总值的比率；$\sum d_{it}$ 表示第 t 年当期因“过劳死”、过劳自杀和过劳抑郁所造成的经济损失总和；G_t 表示第 t 年当期国内生产总值。

$$D = \sum_{t=1}^{n} \sum_{i=1}^{3} d_{it} \tag{4.15}$$

公式（4.15）中，D 表示统计期内所有年份因“过劳死”、过劳自杀和过劳抑郁所造成的经济损失累积值。

2. 经济损失估算的基本假设

日本厚生劳动省发布的“劳动者的疲劳蓄积度自测表”中很重要的测评维度就是个人工作负担程度，这是一个与劳动强度和劳动时间相关的测评指标，因此可以说，劳动时间和劳动强度是作为判定员工“过劳”的两个核心指标。而日本厚生劳动省与中国学者运用该量表在各自国家内部进行调研，员工“过劳”程度是较为接近的。由第三章比较分析的结果可以看出，在劳动时间上中国同期就业人员比日本人均年工作时间长至少 300 个小时。中国目前的劳动时间状态相当于日本二三十年前该指标的水平。劳动强度指标很难用较为客观的方法测量，但从社会发展进程与该指标的关系看，日本就业人员的劳动强度至少不低于中国同期水平。日本对“过劳死”的认定标准也是根据劳动时间裁定的，因此根据日本与中国同期两项指标的表征看，可以说明同期内中国就业人员的“过劳”程度不低于日本水平。由于估算的对象为因“过劳”而导致死亡、自杀、身患抑郁症的群体，又由于中国没有直接的因“过劳”受害人员的统计数据。所以需要通过日本的数据进行配比。而这是测算中国经济损失的关键所在，所以在第三章论证日本与中国同期的“过劳”水平及差距。基于上述立论，做出本文的核心基础假设：中国就业人员的“过劳”程度不低于甚至高于日本同期就业人员的“过劳”水平，所有数据按照 1∶1 的比值进行配比计算。

（二）不同口径的具体估算方法

1. 大口径的经济损失估算

在日本有“过劳死”律师团全国联络会，该联络会在日本境内设有 47 个 110 联络站。该组织专门负责与“过劳死”相关的劳灾补偿申请、辩护以及起草相关的法律文件等①。该组织每年对外公开所有与劳灾补偿相关的数据。有专家认为，这些“过劳”赔偿案件的数目只是实际情况的冰山一角②。因为劳灾补偿人员的统计中包括：因“过劳”而患心脑疾病或者“过劳死”的人数、“过劳”自杀人数、因“过劳”而患抑郁症的人数，以及因其他原因而进行劳灾补偿的人数。因此在大口径计算中假设：日本劳灾补偿率即为“过劳”劳灾补偿率。

$$R_{l_t} = \frac{L_t}{m_{j_t}} \tag{4.16}$$

公式（4.16）中，R_{l_t} 表示第 t 年当期日本就业人员“过劳”劳灾补偿率；L_t 表示第 t 年当期日本就业人员因“过劳”而获得的劳灾补偿人数；m_{j_t} 表示第 t 年当期日本就业人员数。

$$d_{b_t} = \mu R_{L_t} \cdot m_{c_t} \cdot p_t \tag{4.17}$$

公式（4.17）中，d_{b_t} 表示大口径测算中第 t 年当期中国因“过劳”而受到伤害的就业人员所造成的经济损失；m_{c_t} 表示第 t 年当期中国就业人员数；

① 過労死弁護団全国連絡会議．KAROSHI［過労死］［M］．窓社，1991：10，93-94.

② 熊沢诚．働き過ぎに斃れて［M］岩波書店，2010：17-18.

p_t 表示第 t 年当期中国在岗职工平均工资；μ 表示匹配系数，该系数为常量且值为 1。

$$R_{b_t} = \frac{d_{b_t}}{G_t} \tag{4.18}$$

公式（4.18）中，R_{b_t} 表示大口径测算中第 t 年当期中国因“过劳”而受到伤害的就业人员所造成的经济损失占同期国内生产总值的比率；G_t 表示第 t 年当期中国国内生产总值。

2. 小口径的经济损失估算

为了进一步准确估算，将劳灾补偿中因“过劳”死亡的人员与因“过劳”患抑郁症的人员从整体中剥离出来，得到更为准确的数量。

$$R_{e_t} = \frac{\sum D_{it}}{m_{j_t}} \quad (i = 1,\ 2) \tag{4.19}$$

公式（4.19）中，R_{e_t} 表示第 t 年当期日本就业人员因“过劳”而造成死亡的比率；$\sum D_{it}$ 表示第 t 年当期日本就业人员中死因被认定为因“过劳”而死亡的人数，包括心脑疾病患者死亡人数及过劳自杀人数，以及因“过劳”而患抑郁症的人数。

$$d_{s_t} = \mu R_{e_t} \cdot m_{c_t} \cdot p_t \tag{4.20}$$

公式（4.20）中，d_{s_t} 表示小口径测算中第 t 年当期中国因“过劳”而受到伤害的就业人员所造成的经济损失 m_{c_t}，p_t，μ 所表示的含义同上。

$$R_{s_t} = \frac{d_{s_t}}{G_t} \tag{4.21}$$

公式（4.21）中，R_{s_t} 表示小口径测算中第 t 年当期中国因“过劳”而受到伤害的就业人员所造成的经济损失占同期国内生产总值的比率。

（三）不同口径下的经济损失估算结果

日本国立社会保障・人口问题研究所的报告（2010）显示，2009 年因“过劳死”所造成的经济损失为 2.68 万亿日元（调查口径为就业人员，即正规与非正规就业人员)①。按照“过劳死”经济损失占当年日本的 GDP 规模(489.50 万亿日元)的比重计算为 0.55%。如表 4.9 所示，按照大口径计算结果，2009 年中国该项经济损失占国内生产总值的 0.15%，小口径计算结果则占 0.13%，而同期对日本的估计结果为 0.21%。统计期内大口径下的估算值区间为 0.08%~0.22%，小口径的估计值区间为 0.05%~0.13%。大口径测算下从 2002 年到 2012 年累计经济损失达到 3 929.81 亿元人民币，而按照小口径计算从 2008 年到 2012 年达到 1 739.52 亿元人民币。且在不同口径下计算经济损失年均增长率，该增速均超过同期 GDP 增长率。这两个口径的估算都是较为保守的，也仅仅局限在对“过劳死”、过劳自杀和抑郁人员所造成的经济损失上。可以看出，日本“过劳死”以及所造成的经济损失情况比中国严重。说明中国员工“过劳”程度虽然与日本相接近，但其极端表现要明显好于日本。

表 4.9 中国不同口径下的“过劳”经济损失估算结果 %，亿元

年	大口径			小口径		
	R_l	d_b	R_b	R_e	d_s	R_s
2002	0.171	156.26	0.13	—	—	—
2003	0.209	218.51	0.16	—	—	—
2004	0.216	260.80	0.16	—	—	—
2005	0.289	403.10	0.22	—	—	—
2006	0.141	226.19	0.10	0.110	175.93	0.08
2007	0.196	377.14	0.14	—	—	—
2008	0.127	280.19	0.09	0.091	200.63	0.06
2009	0.212	525.63	0.15	0.172	426.83	0.13
2010	0.113	319.01	0.08	0.076	215.67	0.05
2011	0.131	423.44	0.09	0.100	325.72	0.07
2012	0.203	739.55	0.14	0.156	570.68	0.11
均值	0.183	—	0.13	0.118	—	0.08

数据来源：《中国统计年鉴》《中国劳动统计年鉴》《過労死 110 番全国ネットワーク》。

① Yoshihiro Kaneko. Socioeconomic factors behind suicide and estimation of economic benefits from measures against suicide/depression [R]. National Institute of Population and Social Security Research, 2010: 36-46.

二、“过劳”与经济损失的关联性研究

在测算出“过劳”经济损失的基础上，为了再次验证“过劳”及劳动时间与经济损失的内在联系，借助计量模型对其关联性进行研究。虽然是一种重复性的做法，但也正是借助这种方式可从不同角度对“过劳”经济损失的估计结果进行反复验证，旨在揭示“过劳”程度的不同阶段对经济损失的影响有多大，劳动时间不足和长时间劳动对经济损失的危害有多大，二者哪个作用效果更强等关联性问题。因为“过劳”与经济损失之间双向因果关系的存在，需要解决内生性的难题。因此，工具变量的选用则是最为关键的。

（一）模型设定

1. 基准模型

在借鉴相关文献的基础上，构建本文所要估计的基准模型，以此研究“过劳”与经济损失的关系，如下所示：

$$lneconomic_i = \alpha_0 + \alpha_1 overwork_i + \alpha_2 X_i + \varepsilon_i \tag{4.22}$$

式（4.22）中，$economic_i$ 表示个体 i 所产生的经济总损失，$overwork_i$ 表示个体 i 的“过劳”程度；X_i 表示包括控制变量在内的一系列可观测的相关因素；ε_i 为随机扰动项。α_1 是待估计参数，反映个体的“过劳”程度对经济损失的影响。

如果，$corr(work_i, \varepsilon_i \mid X_i) = 0$，$corr(sleep_i, \varepsilon_i \mid X_i) = 0$，$corr(housework_i, \varepsilon_i \mid X_i) = 0$，那么可通过普通最小二乘法（Ordinary Least Square，OLS）估计式（4.22）得到“过劳”程度对经济损失的一致估计。然而，“过劳”存在前文所述的遗漏变量和双向因果关系，使用 OLS 估计式（4.22）得到的参数估计值是有偏的。本文利用员工的加班意愿作为工具变量克服内生性问题，识别并估计其对经济损失的影响。

2. 工具变量模型

本文采用工具变量两阶段最小二乘法（Two Stage Least Square，2SLS）估计“过劳”对经济损失的影响，两阶段第一阶段为：

$$overwork_i = \beta_0 + \beta_1 overtime_i + \beta_2 X_i + u_i \tag{4.23}$$

式（4.23），$overtime_i$ 表示个体 i 的加班意愿。将式（4.23）的拟合值代入式（4.22）中进行估计，可得到“过劳”对经济损失的一致估计。由于在大样本下，2SLS 与“有限信息最大似然估计法”（Limited Information Maximum Likelihood Estimation，LIML）是渐近等价的，但是在弱工具变量的情况下，LIML 的小样本性质可能优于 2SLS[①]。因此，本文也给出 LIML 的估计结果。由于在球型扰动项的假定下，2SLS 是最有效的，但如果扰动项存在异方差或自相关，则需要用更有效的方法“广义矩估计”（Generalized Method Moments，GMM），并对迭代 GMM 和两步 GMM 的系数估计值进行比较，以进一步确定最优的估计方法。为消除潜在异方差和误差项的相关项，在估计中加入稳健回归（robust）和聚类回归（cluster）的选项。通过豪斯曼（Hausman）检验对“所有解释变量均为外生”即不存在内生变量的原假设进行判断。如果在一定的统计水平上拒绝原假设，故可认为存在内生性。在这样的判断基础上，应用工具变量才是有意义的。由于工具变量只有一个，因此不存在过度识别问题。利用 F 统计量及沃尔德（Wald）检验对是否为弱工具变量进行判断。

（二）主要研究变量

本研究借用中国劳动力动态调查（CLSD）中的相关问答项目，例如，“工作让我感到身心俱疲的频率”对员工的“过劳”程度进行衡量。但显而易见的是，“过劳”的衡量太过主观，受到诸多因素的影响，例如，员工的长时间劳动行为、加班行为、企业文化等，势必会存在遗漏变量偏差等问题。通常还存在这种现象，有些员工因为“过劳”而购买抗疲劳药物、保健品、

---

① 陈强．高级计量经济学及 Stata 应用［M］．北京：高等教育出版社，2010：120-145.

保健服务，甚至进行心理疏导等缓解“过劳”症状。这些“高消费”会逆向促使员工更加努力地获取更多的劳动报酬来弥补费用开支。因此，“过劳”对于经济损失的影响存在双向因果关系。所以，需要通过工具变量的设定解决一系列问题。有学者运用CHQ量表验证心理健康与劳动时间的关系，结果表明，长时间劳动是心理健康受损的要因，无论有酬加班还是无偿加班对于心理健康影响作用都很大，且后者的危险性更高①。加班意愿与“过劳”是密切相关的，因此可以选择员工加班意愿虚拟变量作为“过劳”的工具变量。

有学者研究表明，长时间劳动并不能带来生产率的提高，且超时工作对工作绩效和生产率都存在显著的副作用，超时工作的时间每延长10%，生产率将会降低2.4%②。当每周工作时间超过60小时，白领人员的工作效率将会下降20%③。还有学者利用面板数据测算18个OECD国家的生产率与劳动时间的关系，得到两者存在门槛效应，即生产率与劳动时间总是存在负相关关系；当年均劳动时间超过1 925小时，劳动时间每延长1%生产率将会下降0.9%；当年均劳动时间超过2 025小时，那么生产率则会下降1%④。可以看出，劳动时间对员工生产率具有一定影响。因此，劳动时间与生产率下降所造成的经济损失的关联性探索是有意义的。

除以上变量外，还将对员工的性别、年龄、受教育程度、工资水平等个体特征变量进行控制。相关变量的定义及统计特征描述如表4.10所示。

---

① 黒田祥子，山本勲．従業員のメンタルヘルスと労働時間−従業員パネルデータを用いた検証［R］．経済産業研究所 RIETI Policy discussion paper，2014：20.

② Shepard E，Clifton T. Are longer hours reducing productivity in manufacturing?［J］. International Journal of Manpower，2000，21（7）：540−553.

③ Nevison John M. White collar project management questionnaire report［J］. Internal Working Paper. Concord，MA：New Leaf Project Management，1992.

④ Gilbert Cette，Samuel Chang，Maty Konte. The decreasing returns on working time：an empirical analysis on panel country data［J］. Applied Economics Letters，2011，18（17）：1677−1682.

表 4.10 主要变量及描述性统计结果

变量名称	代码	定义及赋值	观察量	均值	标准误
经济总损失	*economic_ a*（$i=8$）	“感到身心疲惫、劳累、疲劳等，为了缓解、治疗支付的心理咨询费用”“购买抗疲劳相关的保健品、保健治疗、健身服务等的费用”“因疲劳、劳累就医，支付的医疗费用”“因感到身心疲惫、劳累、疲劳等原因，不得不选择请假、缺勤的累计工资损失”以及由于“过劳”而使得生产率下降带来的损失。加总后，进行取对处理。$i=7$：从第 7 个小时开始另外计算；$i=8$：从第 8 个小时另外计算	4 738	4 877. 67	177. 50
	economic_ b（$i=7$）		4 738	5 846. 63	198. 34
Panel A：核心解释变量					
“过劳”	*overwork*	“工作让我感到身心俱疲的频率”，1=从不，2=一年数次或更少，3=一月数次，4=一周数次，5=每天	4 796	3. 16	0. 01
劳动时间	*whs*	包括在单位加班但除去午休，近一个月平均每日实际工作小时数，平方后取对处理	4 796	8. 48	0. 04
Panel B：工具变量					
加班意愿	*overtime*	“加班是否自愿”，1=自愿加班，2=有时自愿、有时非自愿，3=非自愿且程度弱，4=非自愿且强度较弱，5=非自愿且程度一般，6=非自愿且程度较强，7=非自愿且程度强	4 630	2. 19	0. 02
Panel C：控制变量					
工资水平	*wage*	实际年收入，进行取对处理	4 796	60 999. 84	1 348. 88
性别	*gender*	男性=1，女性=2	4 796	1. 57	0. 01
年龄（岁）	*age*	1=16~19，2=20~24，3=25~29，4=30~34，5=35~39，6=40~44，7=45 岁及以上	4 796	2. 99	0. 02
受教育程度	*edu*	1=未上过学，2=小学，3=初中，4=高中，5=高职/大专，6=本科，7=研究生	4 796	5. 01	0. 02

（三）结果分析

在基准模型中利用 OLS 估计方法，得到如表 4.11 的结果。加入控制变量前后的各组估计结果差异较大，在加入控制变量后，R^2 有了明显的提高，且常数项的作用大小更为合理。当 $i=8$ 时，“过劳”对经济损失的影响是 0.060 5，且在 0.01 的统计水平上显著。随着生产率损失的增加，当 $i=7$ 时，该系数提高到 0.079 3，且在 0.001 的统计水平上显著。可以明显看出，随着生产率损失的不断提高，经济总损失的不断增加，“过劳”对其的作用效果越来越显著，且影响程度越来越大。但也可以看出，该系数数值较小，而常数系数过大，明显低估了“过劳”对经济损失的影响程度。说明在 OLS 下的估计结果并不准确，需要加入工具变量重新估计。同时也可以看到，劳动时间对经济损失的影响较强。当 $i=8$ 时，劳动时间对经济损失的影响是 0.072 0，且在 0.05 的统计水平上显著。随着生产率损失的增加，当 $i=7$ 时，该系数提高到 0.097 6，且在 0.01 的统计水平上显著。同样随着生产率损失的不断提高，经济总损失的不断增加，劳动时间的作用效果也越来越强。且可以看到，劳动时间的平方项与经济损失的关系为负，说明二者的关系呈倒“U”形趋势。

表 4.11　经济总损失的 OLS 估计

	OLS_ *wa*	OLS_ *na*	OLS_ *wb*	OLS_ *nb*
overwork	0.060 5** (0.020 6)	0.049 4* (0.029 7)	0.079 3*** (0.021 1)	0.062 0** (0.021 8)
lnwhs	−0.072 0* (0.028 8)	−0.053 1 (0.029 7)	−0.097 6** (0.029 5)	−0.079 4** (0.030 6)
wage	是		是	
age	是		是	
edu	是		是	
常数	3.099 9*** (0.326 7)	7.896 8*** (0.139 5)	2.765 8*** (0.334 9)	8.118 9*** (0.143 6)

续表

	OLS_ *wa*	OLS_ *na*	OLS_ *wb*	OLS_ *nb*
N	412 3	412 3	413 4	413 4
R^2	0. 068 3	0. 002 0	0. 079 9	0. 003 4
F	50. 30	4. 13	59. 76	7. 06
P	0. 000 0	0. 016 2	0. 000 0	0. 000 9

注：* P<0. 05， ** P<0. 01， *** P<0. 001。

对两个组别中“过劳”的2SLS估计结果进行检验，在豪斯曼检验中除当 $i=8$ 时，在0. 1的水平上拒绝原假设；当 $i=7$ 时，在0. 05的水平上拒绝原假设。说明的确存在内生性问题，需要引入工具变量。以加班意愿作为工具变量，引入工具变量模型中。如表4. 12所示，在两个组别的第一阶段回归中，加班意愿均在0. 01的统计水平上对“过劳”作用效果显著，说明未暴露出弱工具变量问题。在弱工具变量检验中，F值分别为116. 609，117. 087，远大于建议的经验法则临界值10，也同时大于2SLS估计量的沃尔德检验值的10%（16. 38），因此可以轻松拒绝是弱工具变量的原假设。综上所述，表明基准模型中存在内生性问题，在引入加班意愿作为工具变量后，内生性得到解决，且工具变量的效果较好。在两个组别的2SLS估计中，“过劳”对经济损失作用系数分别是0. 327 8，0. 472 9，且分别在0. 01和0. 001的统计水平上显著，具有较强的解释力，明显大于OLS的估计结果，而这样的作用效果大小是相对合理的。同样表现出随着经济损失的增加，“过劳”的影响程度会明显随之增加。而劳动时间与经济损失的关系依旧为负，呈倒“U”形趋势，影响系数分别为0. 101 8，0. 137 6，分别在0. 01和0. 001的统计水平上显著，可以看到，在两组中，每组的2SLS，LIML，GMM和迭代GMM、两步GMM等估计结果具有高度的一致性，“过劳”的影响系数完全一样。说明两个组别的估计结果是稳定的。

表 4.12 经济损失的 2SLS，LIML，GMM 估计

(i=8)	*First-stage*: *overwork*	2SLS	LIML	GMM_ *het*	*i*GMM	*two*GMM
overwork	—	0. 327 8 ** (0. 121 2)	0. 327 8 ** (0. 121 2)	0. 327 8 ** (0. 122 1)	0. 327 8 ** (0. 122 1)	0. 327 8 ** (0. 122 1)
lnwhs	—	-0. 101 8 ** (0. 031 0)	-0. 101 8 ** (0. 031 0)	-0. 101 8 ** (0. 033 9)	-0. 101 8 ** (0. 033 9)	-0. 101 8 ** (0. 033 9)
overtime	0. 122 1 *** (0. 011 3)	—	—	—	—	—
wage	是	是	是	是	是	是
gender	是	是	是	是	是	是
age	是	是	是	是	是	是
edu	是	是	是	是	是	是
常数	3. 565 7 *** (0. 251 3)	2. 103 9 *** (0. 554 8)	2. 103 9 *** (0. 554 8)	2. 103 9 *** (0. 592 6)	2. 103 9 *** (0. 592 6)	2. 103 9 *** (0. 592 6)
N	3 989	3 989	3 989	3 989	3 989	3 989
R^2	0. 046 8	0. 035 0	0. 035 0	0. 035 0	0. 035 0	0. 035 0
F	31. 09	—	—	—	—	36. 20
Wald X^2		292. 58	292. 58	217. 61	217. 61	
P	0. 000 0	0. 000 0	0. 000 0	0. 000 0	0. 000 0	0. 000 0
(i=7)	*First-stage*: *lnhousework*	2SLS	LIML	GMM_ *het*	*i*GMM	*two*GMM
overwork	—	0. 472 9 *** (0. 126 6)	0. 472 9 *** (0. 126 6)	0. 472 9 *** (0. 125 8)	0. 472 9 *** (0. 125 8)	0. 472 9 *** (0. 125 8)
lnwhs	—	-0. 137 6 *** (0. 032 4)	-0. 137 6 *** (0. 032 4)	-0. 137 6 *** (0. 036 6)	-0. 137 6 *** (0. 036 6)	-0. 137 6 *** (0. 036 6)
overtime	0. 122 0 *** (0. 011 3)	—	—	—	—	—
wage	是	是	是	是	是	是
gender	是	是	是	是	是	是
age	是	是	是	是	是	是

续表

($i=8$)	*First-stage*: *overwork*	2SLS	LIML	GMM_ *het*	*i*GMM	*two*GMM
edu	是	是	是	是	是	是
常数	3.564 1*** (0.251 3)	1.314 3* (0.579 8)	1.314 3* (0.579 8)	1.314 3* (0.611 3)	1.314 3* (0.611 3)	1.314 3* (0.611 3)
N	4 000	4 000	4 000	4 000	4 000	4000
R^2	0.048 3	0.008 4	0.008 4	0.008 4	0.008 4	0.008 4
F	31.23	—	—	—	—	42.47
Wald X^2	—	335.66	335.66	255.29	255.29	—
P	0.000 0	0.000 0	0.000 0	0.000 0	0.000 0	0.000 0

注：* P<0.05，** P<0.01，*** P<0.001。

从上述分析中可以看到，“过劳”对经济损失的作用效果显著。那么“过劳”程度到底达到什么程度才会对经济损失起作用，而作用的大小又是如何？将 $i=8$ 及 $i=7$ 时的人均经济总损失按照 0~1 000 元、1 001 元~2 000 元、2 001 元~3 000 元、3 001 元~4 000 元、4 001 元~5 000 元、5 001 元~6 000 元及 6 000 元以上进行划分，旨在利用有序回归得到 OR 值，做出进一步比较分析。如表 4.13 所示，通过有序回归结果可以看到，当 $i=7$ 时，在 0.05 的统计水平上身心俱疲发作频率为一月数次时，对经济损失的影响显著，且该健康水平是一条分水岭。当身心俱疲发作频率为一年数次或更少时，对经济损失的影响并不显著（$P>0.1$）。而当 $i=8$ 时的情况与此一样。利用夏普利值分解得到各虚拟变量对经济总损失的贡献率，从表 4.14 中可以明显看出“过劳”程度越大对经济损失的作用效果越强烈。当 $i=8$ 时，以“从不”作为参照组，“一年数次或更少”“一月数次”“一周数次”“每天”四组对经济损失的影响程度分别是参照组的 1.11，1.39，1.54，1.31 倍，且后三组的作用效果显著。当 $i=7$ 时，四组对经济损失的影响程度分别是参照组的 1.17，1.49，1.66，1.44 倍。可以看到，当身心俱疲的频率达到一月数次及以上时，其对经济损失的影响十分明显，其总贡献率均占到了 70%以上。这一结论与前面的分析也不谋而合。

表 4.13 “过劳”对经济总损失影响的有序回归结果（N=4 738）

变量	代码	当 $i=8$ 时		当 $i=7$ 时	
		回归系数	z 统计量	回归系数	z 统计量
从不	*overwork_ a*	—	—	—	—
一年数次或更少	*overwork_ b*	0.108 1 (0.134 0)	0.81	0.159 4 (0.133 7)	1.19
一月数次	*overwork_ c*	0.330 1*** (0.122 9)	2.69	0.399 7*** (0.122 8)	3.26
一周数次	*overwork_ d*	0.433 4*** (0.127 9)	3.39	0.505 3*** (0.127 8)	3.95
每天	*overwork_ e*	0.267 7* (0.143 8)	1.86	0.361 3** (0.143 7)	2.51
N		4 738		4 738	
Log likelihood		−8 250.658 4		−8 165.785	
LR chi2 (4)		22.47		27.73	
Pseudo R2		0.001 4		0.001 7	
P		0.000 2		0.000 0	

注：* P<0.1，** P<0.05，*** P<0.01

表 4.14 “过劳”对经济总损失影响的 OR 值及各虚拟变量的贡献率（N=4 738）

变量	代码	当 $i=8$ 时		当 $i=7$ 时	
		OR 值	贡献率（%）	OR 值	贡献率（%）
从不	*overwork_ a*	1 （参照组）	—	1 （参照组）	—
一年数次或更少	*overwork_ b*	1.1141 (0.149 3)	27.34	1.172 8 (0.156 8)	25.93
一月数次	*overwork_ c*	1.391 1*** (0.170 0)	18.99	1.491 4*** (0.183 1)	20.28
一周数次	*overwork_ d*	1.542 5*** (0.197 4)	47.71	1.657 4*** (0.211 9)	45.75

续表

变量	代码	当 $i=8$ 时		当 $i=7$ 时	
		OR 值	贡献率（%）	OR 值	贡献率（%）
每天	*overwork_ e*	1.306 9* (0.188 0)	5.95	1.435 2** (0.206 2)	8.04
N		4 738		4 738	
Log likelihood		−8 250.658 4		−8 165.785	
LR chi2（4）		22.47	100.00	27.73	100.00
Pseudo R2		0.001 4		0.001 7	
P		0.000 2		0.000 0	

注：* P<0.1，** P<0.05，*** P<0.01。

从上述分析可以明显看到，劳动时间对经济损失的影响较为复杂，二者呈倒“U”形趋势。将劳动时间按照（0，7）小时、[7，8）小时、[8，9）小时、[9，10）小时、[10，11）小时、[11，max] 小时进行划分，如表4.15所示，当 $i=8$ 时，以“[9，10）小时”作为参照组，其余各组对经济损失的影响程度分别是参照组的 0.92，1.03，0.98，0.90，0.82 倍。同样，当 $i=7$ 时，以“[9，10）小时”作为参照组，其余各组对经济损失的影响程度分别是参照组的 0.91，1.07，0.99，0.88，0.80 倍。可以看到，当每日劳动时间不足 7 小时以及超过 10 小时，都会造成更多的经济损失。说明并不是劳动时间越短造成的经济损失越少。但是从影响程度看，尤其是当每日劳动时间超过 11 小时，其对经济损失的影响程度远超过劳动不足时的作用效果度。长时间劳动对经济损失的影响是很大的（见表 4.16）。

表 4.15　劳动时间对经济总损失影响的有序回归结果（N=4 738）

变量	代码	当 $i=8$ 时		当 $i=7$ 时	
		回归系数	z 统计量	回归系数	z 统计量
（0，7）h	*whs_ a*	−0.086 2 (0.099 8)	−0.86	−0.098 9 (0.100 0)	−0.00
[7，8）h	*whs_ b*	0.026 7 (0.110 2)	0.24	0.064 7 (0.110 9)	0.58

续表

变量	代码	当 $i=8$ 时		当 $i=7$ 时	
		回归系数	z 统计量	回归系数	z 统计量
[8, 9) *h*	*whs_ c*	-0.020 0 (0.081 8)	-0.24	-0.010 4 (0.081 7)	-0.13
[9, 10) *h*	*whs_ d*	1 (参照组)	—	1 (参照组)	—
[10, 11) *h*	*whs_ e*	-0.103 2 (0.099 9)	-1.03	-0.126 4 (0.099 6)	-1.27
[11, max] *h*	*whs_ f*	-0.198 8 (0.107 8)	-1.84	-0.222 7** (0.107 0)	-2.08
N		4 738		4 738	
Log likelihood		-8 258.86		-8 174.57	
LR chi2 (4)		6.07		9.52	
Pseudo R2		0.000 4		0.089 9	
P		0.299 9		0.000 6	

注：* P<0.1， ** P<0.05， *** P<0.01。

表 4.16　劳动时间对经济总损失影响的 OR 值及各虚拟变量的贡献率（N=4 738）

变量	代码	当 $i=8$ 时		当 $i=7$ 时	
		OR 值	贡献率（%）	OR 值	贡献率（%）
(0, 7) *h*	*whs_ a*	0.917 4 (0.091 5)	7.31	0.905 8 (0.090 6)	6.38
[7, 8) *h*	*whs_ b*	1.027 1 (0.113 2)	9.81	1.066 8 (0.118 3)	16.17
[8, 9) *h*	*whs_ c*	0.980 2 (0.080 2)	8.10	0.989 6 (0.080 8)	9.93
[9, 10) *h*	*whs_ d*	1 (参照组)	—	1 (参照组)	—
[10, 11) *h*	*whs_ e*	0.902 0 (0.090 1)	14.72	0.881 3 (0.087 8)	15.56

续表

变量	代码	当 $i=8$ 时		当 $i=7$ 时	
		OR 值	贡献率（%）	OR 值	贡献率（%）
［11，max］h	*whs_ f*	0.819 7 (0.088 3)	60.06	0.800 4 (0.085 6)	51.95
N		4 738		4 738	
Log likelihood		−8 258.86		−8 174.57	
LR chi2（4）		6.07	100.00	9.52	100.00
Pseudo R2		0.000 4		0.089 9	
P		0.000 2		0.000 0	

注：* P<0.1，** P<0.05，*** P<0.01。

本章小结

目前有三种评价方法被大多数国家广泛使用：直接法（总产值法）、人力资本法（生产损失法）、意愿支付法。本章依据评价主体的特征，采用三种方法从理论层面进行模型构建。在构建计量模型对“过劳”经济损失进行测算的过程中，最为关键，也是最难处理的是关于生产损失的估算。而隐性缺勤的研究给予本章极大的启发，尤其是“货币工资转换”的思路和理念与本章所要探寻的估算方法不谋而合。本章在总结生产损失各种估算方法异同及优劣的基础上，认为“健康与工作绩效问卷”（HPQ）提出的估算方式既结合了答题式与自陈式问卷测量的优点，又避开了不足，且已经过国外学者多次验证，效果很好。因此，对于生产损失的估算结合“过劳”经济损失的特征，在该估算方式的基础上进行计量模型的构建。本章通过层层铺垫，在经济损失测算方法以及生产损失估算方法深入剖析的前提下，利用这些方法构建了“过劳”经济损失测算的计量模型，从总体模型构建到直接经济损失模型及间接经济损失模型，逐步深入。

在明确统计范畴与数据来源的基础上，本研究对全国 5 147 名城镇就业人员进行了调研。中国企业员工的工作效率随工作时间的推移呈倒“U”形曲线，且存在着一定的演变规律。在上班后的第 2 个小时达到工作效率的最高点，然后随着时间的推移逐步下降，且在下班前的第 2 个小时内呈现出“断崖式”下滑的趋势。而在加班阶段呈现出“倒 V”形趋势，在初始一个小时内达到效率最高点后迅速下滑。此外，还对企业加班成本的转移路径进行了阐释，得到企业的加班工资成本已经转移给了员工个人和社会，以员工因“过劳”所支付的医疗医药费用购买保健产品及服务的费用、进行心理咨询所产生的服务费用等形式体现出来。而这主要是因为中国《劳动法》中所规定的加班工资的起付限制过低造成的。另外，当身心俱疲的频率达到一月数次及以上时，其对员工生产率的影响非常明显，其总贡献率占到了 70%以上。而每日劳动时间不足 7 小时以及超过 11 小时，员工生产率都会受到显著影响。

样本中人均预防费用为 1 684. 52 元，人均医疗费用为 1 491. 93 元，人均工资性收入损失为 1 128. 13 元，人均生产率损失在 573. 59 元~1 542. 540 元，而人均经济总损失在 4 877. 67 元~5 846. 63 元。且在性别、年龄、受教育水平、城市规模等组群中呈现显著组间差异。本章通过未进行权重、单项权重以及多重权重后给出了四组估计结果。按照多重权重后的处理结果可知，所造成的工资性损失为 0. 44 万亿元。而生产率损失的范围则在 0. 23 万亿元~0. 62 万亿元。因此，间接经济损失的范围在 0. 67 万亿元~1. 06 万亿元，所占经济总损失的比重在 51. 76%~62. 98%，该比重较大。员工因“过劳”所造成的直接经济损失为 6 254. 45 亿元。医疗医药费用和预防费用分别为 0. 30 万亿元和 0. 31 万亿元，而二者所占总损失的比重较为接近。所以，“过劳”经济总损失的范围在 1. 30 万亿元~1. 69 万亿元。按照 2017 年中国 GDP 规模（82. 07 万亿元）计算，该比重在 1. 58%~2. 06%。

通过对中国、日本“过劳死”经济损失估计的匹配结果及多国相关主题的研究数据表明，该估计范围是较为合理的。通过“过劳”对经济损失的影响进行判断。在 OLS 估计结果的基础上，由于内生性问题的存在，因此引入加班意愿作为工具变量，重新做出估计。在给出2SLS，LIML，GMM，迭代GMM、两步GMM等多种估计结果后，各估计结果具有高度的一致性，“过劳”对经济损失影响系数分别是0.327 8，0.472 9，劳动时间对经济损失的影响系数分别是0.101 8，0.137 6。前者与经济损失呈线性关系，而后者则与经济损失呈倒“U”形趋势。利用有序回归分析对结果进行剖析，得到当身心俱疲的频率达到一月数次及以上时，其对经济损失的影响十分明显，其总贡献率均占到70%以上。当每日劳动时间不足7小时以及超过10小时时，都会造成更多的经济损失，尤其是每日劳动时间超过11小时对经济损失的危害很大。

第五章 “过劳”经济损失测算的典型案例分析

导致安全事故发生的原因很多，如工作环境恶劣、连续作业时间过长、睡眠时间过少等，但在这些不确定因素中，疲劳是引发安全事故的重要原因之一。疲劳与一些安全事故的发生有着密不可分的联系。有报道称“超长加班，过度疲劳是工伤事故的重要原因。在走访的深圳市龙岗区受伤住院职工中，因个人因素导致受伤的人员占 50.3%，大部分受访者都认为是由于精神不集中，过度疲劳所导致的事故发生”①。2017 年，台湾“2.13”游览车事故，由于司机疲劳驾驶致使 33 人不幸罹难，11 人轻重伤，车上无一人幸免。而肇事司机“血汗班表”也随之曝光，连续驾车 16 天，得不到充分的休息。2007 年，贵州“5.7”贵毕公路特大交通事故，一辆双层客运巴士上坡时冲出护栏，翻到 137 米高的路坎下，致使 21 人死亡，25 人受伤，而主要原因也是驾驶员疲劳驾驶。2005 年，山西“11.14”沁源特大交通事故，一辆大货车冲向路边跑操的学生，造成 21 名师生遇难，被称为中华人民共和国成立以来最悲惨的交通事故，而直接原因是肇事司机在事故发生时处于完全睡眠状态。这些血淋淋的事件警示我们，过度劳动所带来的危害有多大。自己身体的损害甚至丧命，家人的悲痛，单位的赔偿，公共服务资源的损耗，是一大笔损失。

---

① 尹文卓．超长加班过度疲劳是工伤事故重要原因［N/OL］．中工网—工人日报（北京），2016-08-02，访问日期：2017-02-20.

疲劳是影响安全生产的一个重要因素，作业疲劳会使人精神不集中，注意力分散，反应迟钝，导致操作失误，出现事故。本章作为“过劳”经济损失测算的典型性研究，在一般性理论研究框架的基础上，结合安全事故特征，从理论层面进行探索。本章着重论述与疲劳相关联的生产安全事故和交通安全事故，从经济损失要素指标的划分、选取入手，根据事故的特征，依据成熟的评价方法，构建计量模型。生产安全事故与疲劳驾驶事故有着较为明显的区别，前者所涉及的人员伤亡数量明显低于后者，且伤害程度较轻；后者容易引发重大甚至特大交通事故，且伤害程度严重甚至会有人员死亡的发生。事故后果和伤亡程度的差异会影响经济损失的导向和主体承担者。因此，两种事故不能混为一谈，合并在一起论述的想法是不可行的。

第一节 事故经济损失测算的一般方法

一、安全事故经济损失测算的方法

（一）早期的方法

工业化国家工伤保险制度的建立早于中国近百年，关于事故费用的研究经历了 80 余年①。早期，发达国家对于生产安全事故经济损失的估算，是建立在以保险费用为中心和基础上进行要素划分的，且都是把保险费用作为直接费用，而非保险费用作为间接费用，这种划分方法得到了国际上的认可，并一直沿用到 90 年代②。由于国外保险业的发达，对于直接费用的估算只需要根据保险公司的记录，且这笔费用也是清楚、明确，易于获得的，但是对于间接费用的估算则不易做到。

① 宋大成．企业安全经济学：损失篇［M］．北京：气象出版社，2000：1-3.

② 宋大成，张立刚．关于事故费用要素、分类及计算的一些问题［J］．安全，2000（5）：6-10.

1. 倍比系数法

专家学者将重点放到了“间直比”的研究上，试图通过该比率对间接费用进行估算。不同的作者用不同的方式，在不同国家、行业得到了不同的倍比系数。海因里希（Heinrich）认为，“间直比”在不同的案例中比值的变化很大，从小于4（2甚至1）到50，甚至更高，说明两种比例关系更像冰山模型，间接费用是较为隐蔽且占比更大的一方①。

2. 等级平均费用法

西蒙兹（Simonds）等在此基础上提出了等级平均费用法，将职业伤害事故按程度分为不同的等级（损失时间、需要医生处理、急救伤害、物质损失），根据小规模试验研究计算每级事故的平均间接费用，再乘以每级事故的发生次数，然后将各级费用加总求和得到总间接费用②。

3. 公式法

由斯基巴（Skiba）修正的公式法得到了较为广泛的认可，公式法打破了以往直接费用与间接费用划分的概念，按照固定费用和变动费用进行分类计算，但该种算法依旧建立在保险费用的基础上，只是更侧重利用保险费和保险补偿确定损失③。

4. 直接法（总产值法）

由野口三郎提出的，将法定补偿，造成人的损失、物的损失、生产损失等直接进行加总得到总经济损失④。从理论上讲，通过有关的各种费用要素直接计算事故经济损失的方法显然是最好的。多数国家都是在此基础上提出总产值法，并利用各项经济损失直接加总得到总损失值。大多数人认为，事故的发生会导致人员伤亡，不仅损失的是受害者的生命价值，还包括所造成的

---

① Heinrich H W. Industrial accident prevention: a scientific approach ［M］. New York: McGraw-Hill, 1931.

② Rollin H Simonds, John V Grimaldi. Safety management; accident cost and control ［M］. Chicago: Homewood, Ill., R. D. Irwin, 1956.

③ Skiba R. Taschenbuch arbeitssicherheit ［M］. Bielefeld: Erich Schmid Verlag, 1975: 467.

④（意）安德列奥尼．职业性事故与疾病的经济负担［M］．宋大成，等，译．北京：中国劳动出版社，1992：60-65.

医疗、服务、管理等成本。而各个国家对于财产损失、医疗支出、应急处理及善后赔偿支出、拥堵延时损失等都是在资源稀缺的理念框架下进行的。资源一旦被用于一方面就意味着不能再被用于其他方面。例如，医疗资源是稀缺的，用于救治车祸事故人员的同时，该资源不可能再被用于其他伤病患者。

综上所述，前三种方法都是建立在保险费用基础上的，而目前中国的保险制度还不健全，因此并不适用于中国。中国的《工伤保险制度》从出台到实施只有十余年的时间，制度尚不完善，参保率还有待提高，部分用人单位尤其是私营、个体等小微企业，并未将员工纳入工伤保险体系中的现象依旧存在。由于本节侧重于理论上的分析和研究，因此在将费用要素划分成直接经济损失和间接经济损失的基础上，将采用直接法进行计量模型的构建。

（二）现代的方法

1. 人力资本法（生产损失法）

人力资本法是用一个人受伤或死后所造成的生产力损失衡量生命价值，该方法是以政策预定目标实现为目的，与国民生产总值目标相关联的，也是对交通事故经济损失估算的最小值或者目标达到的底线值。关于生命价值，其思想来源可追溯到古典政治学家威廉·配第，他首次将人口或者劳动力视为资产，利用其所创造收入的资本化表示生命价值①。边际生产率的下降可以反映生产产出的损失，而人失去生命或工作时间的价值等于这段时间中个人劳动的价值。这部分劳动价值的损失可以通过对个人未来收入的折现计算出来，也就是说用预期收入的贴现值估算人力资本的价值。由于人力资本法适合以国民生产总值的实现目标为基准，是一种对经济损失底线值的估算，因此被大多数国家所采用。学者们常用这种方法对事故中的生产损失进行估算。

2. 意愿支付法

意愿支付法是在人力资本法基础上提出的。意愿支付法是以经济福利理

① Rune Elvik. How much do road accidents cost the national economy? [J] . Accident Analysis and Prevention, 2000, 32 (6): 849-851.

论为基础，以经济福利和其他利益假设为前提，与社会福利最大化目标相关联，以此确认个体对降低未来偶然或意外的伤亡风险而愿意付出的费用。因此，所涉及的不仅是生命价值更是对精神价值的探讨。意愿支付法的评价主要包括个人对道路的使用，以及个人、家庭、亲属处于事故风险预估的可能性。事故发生后受害者要承担各种痛苦，家庭生活也会因此发生改变，尤其是死者离去而产生的负面情绪、悲痛的心情等。在法律中，与精神价值相关的概念是精神损害赔偿，与财产损失赔偿不同，其主要是抚慰、补偿受害者或家属被伤害的心灵。因此，精神价值是生命价值的附加值。当人们想到事故发生后的各种凄惨场景，会不由得想“未雨绸缪”，为了避免或者减少事故的发生，在事故前多做些准备和防范。意愿支付法正是利用人们心理的这种映射和特点在复杂问卷调查的基础上进行评估的，该结果也适用于一般人群并没有过多的群体局限性①。通过事故风险的可能性以及为减少风险而购买预防设备、采取防范措施等所支付的费用进行统计。虽然这种方法在发达国家普遍采用，但是在发展中国家很难实施，因为人们对于风险的认知和防范的意识并不强，所以采用意愿支付法很难准确地反映生命价值和精神价值，从而很难对生活质量下降做出评估②。但也可以看到，一些发展中国家也在试图尝试利用意愿支付法对生活质量损失进行估算。

二、安全事故与疲劳的关联性分析

（一）事故及其相关的概念定义

《职业安全卫生管理体系规范》（GB/T 24001—1996）将“事故”定义为：导致死亡、职业相关病症、伤害、财产损失或其他损失的不期望事件。工伤事故，是指工作过程中发生而导致死亡、人身伤害或疾病的事故，是因一段期间暴露于工作环境所致，是对安全生产不利的事件，而现已拓展为雇

① 梅强，陆玉梅．人的生命价值评估方法述评［J］．中国安全科学学报，2007（3）：56-61.

② 张风林．人力资本理论及其应用发展［M］．北京：商务印书馆，2006.

佣事故，包括了上下班事故①。第十三次国际劳动统计会议（国际劳工局，1982年10月26日）通过的职业伤害统计的决议（国际劳工局第121号公约），将雇佣事故定义为：由雇佣引起或在雇佣过程中发生的事故（工业事故和上下班事故），而雇佣伤害则包括雇佣事故导致的所有伤害和所有职业病。职业伤害中非疾病的部分常被俗称为“职业事故”。本章中的安全事故是指：生产经营单位在生产经营活动中突然发生的伤害人身安全，或者伴随着物质损失，或者导致原生产经营活动暂时中止或永远终止的意外事件。也就是说，本章所涉及的安全事故不包括生产经营活动中由于健康卫生所引发的职业病，也不包括上下班事故。在安全事故中，可能仅会造成物质损失或生产损失，也可能除此之外还会造成人员伤亡的发生。本章中对安全事故的统计范畴仅限于与引发原因与疲劳相关联的事件，即与员工工作疲劳无关的事故并不在本研究和统计的范围内，例如，因生化气体等所引发的生产安全事故、因超速所引发的交通安全事故等。

（二）事故与疲劳的关联性分析

导致安全事故发生的原因很多，例如，工作环境与条件、员工的生活习惯、年龄、不良嗜好、轮班制度等因素。有学者通过文献分析得到，疲劳是经常被提起的、能够导致安全事故发生的重要原因之一，因为疲劳在事故发生的诱因中有双重作用，一方面会降低人体对危险情况信息处理的能力；另一方面会减少应对危险情况的应激反应能力②。肖奥（Hsiao）等通过模型分析发现，在一定的工作强度和持续工作时间下会产生疲劳，从而降低了员工处理视觉和感知信息的有关能力，而这些是能够避免事故发生所需要的重要能力③。疲劳会导致不准确的判断，进而反过来加重肌肉控制的不准确性，过

① 宋大成．企业安全经济学：损失篇［M］．北京：气象出版社，2000：1-3.

② Swaen GMH, van Amelsvoort LGP, et al. Fatigue as a risk factor for being injured in an occupational accident: results from the Maastricht Cohort Study［J］. Occupational and Environmental Medicine, 2003, 60（1）：i88-i92.

③ Hongwei Hsiao, Petre Simeonov. Preventing falls from roofs: a critical review［J］. Ergonomics, 2001, 44（5）：537-561.

度劳动会钝化一切心理活动和降低其感知能力；一旦进入完全疲劳的状态则需要很长时间才能够使肌肉得到恢复，因此在进入该状态之前休息两个小时则可以有效地进行缓解①。长时间单调的、需要速度的、持续的紧张状态下工作会导致疲劳，进而引发生产安全事故。阿尔里奇（Arlidge）指出，操作机器时会产生视觉疲劳，是由于长时间注视一个简单的、重复性的过程，以及机器本身高速运转所带来的危险性而不得不投入更多的精力去注意所导致的，在这样的情况下注意力往往会更加集中在工作上，从而自我保护的意识被降低②。有学者对 2 678 起事故进行分析得到 82.2%是由于肌肉控制的不准确性所导致的操作失控引起的，这原因在非致命性事故伤害中更为凸显③。疲劳是连接工作与事故的中介因素，还是作为能够独立影响事故发生的危险因素，有学者在对 45 个企业、7 051 名员工的调查研究中得到了很好的验证：无论是暂时性疲劳还是产生了疲劳蓄积，两者都是导致生产安全事故发生的独立危险因素，前者在事故中发生受伤风险的可能性具有主导地位，且疲劳组员工发生事故的概率是非疲劳组员工的 1.75 倍④。同样，阿林豪斯（Arlinghaus）等在对 89 366 名企业员工进行调查研究时得到长时间工作和睡眠时间短促都会增加职业伤害的可能性，且周工作时间每增加 10 个小时伤害风险将增加 14%，睡眠每减少 1 个小时风险将增加 10%⑤。在此基础上，哈瓦尼（Halvani）通过调查研究得到与嗜睡相比，疲劳是能够导致生产安全事故发生

① Mosso A, Margaret Drummond, et al. Fatigue [J]. The British Medical Journal, 1915, 2 (2857): 507.

② Arlidge J T. The hygiene, diseases and the mortality of occupations [M]. London: Percival & CO. 1892.

③ Emory S Bogardus. The relation of fatigue to industrial accidents [M]. Chicago: The Universtiy of Chicago Press, 1912: 26-29.

④ Swaen GMH, van Amelsvoort LGP, et al. Fatigue as a risk factor for being injured in an occupational accident: results from the Maastricht Cohort Study [J]. Occupational and Environmental Medicine, 2003, 60 (1): i88-i92.

⑤ Anna Arlinghaus, David A Lombardi, et al. A structural equation modeling approach to fatigue-related risk factors for occupational injury [J]. American Journal of Epidemiology, 2012, 176 (7): 597-607.

的更为确定的因素①。在澳大利亚煤矿开采业中，93%的生产安全事故是由于疲劳导致的，由此造成的经济损失为334.5万澳元②。埃默里（Emory）在汇总多位学者进行的有关生产安全事故与工作时间推移的研究结果后，发现二者呈“M”形曲线，即以每小时为工作时间单位，每日午休前和下班前两个小时是事故频发的高峰；这主要是由于该时间正处于工作的“冲刺”阶段，员工希望在这段时间内完成更多的任务使得“最后一小时”能够轻松些，但是疲劳的作用具有“蓄积”的特点，并非是“急症”会“立竿见影”的显现，当一个上午或者一个下午几个小时连续不间断的工作后势必会被表现出来；作者由此推测，如果“最后一小时”也保持高强度、高效率工作，那么事故发生的事件数量还会增多，正是因为“最后一小时”的“懈怠”才使得该时间段内的事故减少③。

第二节 生产安全事故经济损失测算的文献分析

在20世纪的工业化初期，由于恶劣的工作环境和条件，农民和手工业者每日要工作12~14个小时，长时间的、单调的劳动和对于机器使用经验的缺乏，导致事故频发④。随着社会经济的发展，对于职工的职业安全与健康越来越重视。在工业化的进程中，一些发达国家对于职业事故的经济损失估算迅速地发展起来。生产过程中发生了安全事故除了会造成一定的经济损失，受害者的生命健康也势必会受到影响，严重者还会影响到家属和家庭生活。有

① Halvani G H, Zare M, Mirmohammadi SJ. The relation between shift work, sleepiness, fatigue and accidents in Iranian Industrial Mining Group workers [J]. Industrial Health, 2009, 47 (2): 134-138.

② Mabbott NA, Lydon M, et al. Procedures and devices to monitor operator alertness whilst operating machinery in open cut coalmines [J]. Rep No: RC7433 ARRB, Transport Research Ltd. Perth, Western Australia, 1999.

③ Emory S Bogardus. The relation of fatigue to industrial accidents [M]. Chicago: The University of Chicago Press, 1912: 512-535.

④ Emory S Bogardus. The Relation of Fatigue to Industrial Accidents [M]. Chicago: The University of Chicago Press, 1912: 1-5.

研究机构对2010年全球发生的职业事故进行估算，共发生了35万起致命性伤害，每日死亡的人员数目超过960名，而非致命性伤害则有3亿多起，这些职业事故中的大多数都来源于东南亚和西太平洋地区①。报告显示，2007年欧洲27国中3.2%（690万人）的员工在过去的12个月发生过职业事故②。ILO对职业事故和健康的估算结果表明，总体经济损失占全球GDP的4%③。欧洲职业安全与健康组织对其成员国的经济损失估算为GDP的2.6%~3.8%④。英国每年有超过60万员工发生职业事故，其中非致命性伤害且离开工作岗位在6日以内的人员为47.5万人，超过7日的人员为15.4万人，而致命性伤害者数量为143人⑤。每一例非致命性伤害要花费7 500英镑，致命性伤害则要花费160万英镑，财政损失达49亿英镑，非财政损失（人力资本损失）达8亿英镑⑥。发达国家，如：丹麦职业事故造成的经济损失占GDP的比重为2.7%，芬兰为3.6%，瑞典为5.1%，荷兰为2.6%等⑦。有学者仅对中国80年代工业伤亡事故的直接经济损失进行估算，约占GDP的0.12%⑧。

不仅如此，职业安全与健康会影响企业员工的工作效率和绩效水平。员工只有在身体健康和安全得到保障的前提下才会有更高的生产效率，高质量地完成工作。而职业事故不仅会使员工受到伤害，还会由于暂时或永久性不能工作而导致生产损失。尤其是受到严重伤害的员工即便恢复了工作，其工作效率也会大打折扣，需要重新适应工作岗位。欧洲每年因职业事故而损失

① Tanpere University of Technology. Global Estimates of Occupational Accidents And Fata ［R］. Work-related diseases in 2014.

② European Commission，Socio-economic costs of accidents at work and work-related ill health，2011.

③ ILO. Occupational safety and health：synergies between security and productivity ［R］. 2006.

④ European Agency for safety and health at work ［R］. Economic impact of occupational safety and health in the Member States office European Union. 1997.

⑤ Health and Safety Executive（HSE）. Costs to Britain of workplace fatalities and self-reported injuries and ill health，1995/96，2012/13，2013/14，2014/15 ［OL］. www. hse. gov. uk/statistics/

⑥ Health and Safety Executive（HSE）. Costs to Britain of workplace fatalities and self-reported injuries and ill health，1995/96，2012/13，2013/14，2014/15 ［OL］. www. hse. gov. uk/statistics/

⑦ Health and Safety Executive（HSE）. Costs to Britain of workplace fatalities and self-reported injuries and ill health，1995/96，2012/13，2013/14，2014/15 ［OL］. www. hse. gov. uk/statistics/

⑧ 罗云. 事故对社会经济影响的调查分析［J］. 安全，2004（3）：2-4.

的工作时间约 1.5 亿天，由此造成的经济损失达到 550 亿欧元，占到欧洲 15 国 GDP 总和的 0.64%①。1995 年，澳大利亚对职业伤害和疾病的经济损失估算，其中 75%的支出都来自间接损失（生产效率的下降，工资收入损失及生活质量的影响）；总经济损失从 1992 年的 200 亿澳元增长到 2000 年的 34.4 亿澳元，2005 年达到 57.5 亿澳元，占 GDP 的 5.9%，之后情况略有好转，2008 年达到 60.6 亿澳元，占 GDP 的 4.8%②。2007 年，美国发生了 5 600 起致命性伤害事故和 855.9 万起非致命性伤害事故，造成的经济损失分别为 6 亿和 1 860 亿美元，而间接性经济损失为 1 830 亿美元，占到了总损失的 73%③。

事实上，所发生的职业事故以及造成的经济损失远不止这些。有 2/3 的职业伤害没有被记录，欧盟国家中只有 40%～50%的非致命性职业事故被报告④。“所报告的人员伤害事故”通常不包括损失工作日不到一天的事故，即仅需急救、不用去医院治疗的伤害，自然也不包括一般的财产性损失事故⑤。另外，美国肯塔基州和得克萨斯州分别有 23%和 53%的医疗费用未被纳入政府的“补偿”体系⑥。与发达国家相比，职业安全事故在发展中国家存在更为严重的问题，但是该方面的研究却较为落后，且所需数据多数无法获得和利用。笔者在对“生产安全事故经济损失”等相关主题词进行检索时发现，在知网平台上共搜索到国内文献 19 篇且全部为期刊论文（核心期刊 6 篇），近五年内的仅有 3 篇（统计截至 2016 年 8 月 1 日）。对事故的经济损失评价是安全经济学中非常重要的内容，对因疲劳操作造成事故导致的经济损失评

① Eurostat. Statistical analysis of socio-economic costs of accidents at work in the European Union［R］. 2004.

② Industry Commission. Work, Health and Safety［R］. Report, 1995: 47.

③ Paul Leigh J, Economic burden of occupational injury and illness in the United States［J］. Milbank Quarterly, 2011, 4（89）: 728-772.

④ Boden Leslie I Al Ozonoff. Capture-recapture estimates of nonfatal workplace injuries and illnesses［J］. Annals of Epidemiology, 2008（18）: 500-506.

⑤ 宋大成. 职业事故分析：原因分析，统计分析，经济损失分析［M］. 北京：煤炭工业出版社，2008：3.

⑥ Hämäläinen, Päivi, Kaija Leena Saarela and Jukka Takala. Global trend according to estimated number of occupational accidents and fatal work-related diseases at region and country level［J］. Journal of Safety Research, 2009（40）: 125-139.

价则是劳动科学，特别是劳动经济学科应该关注的。

中国长期以来对事故经济损失的研究和统计工作十分有限，使得无论从企业单一的事故层面，还是从政府整体的宏观层面，对事故经济损失水平的情况并不十分清楚，尤其是间接经济损失的结果很难估测。虽然国家标准局于1986年发布了《企业职工伤亡事故经济损失统计标准》（GB 6721-86），明确规定了企业职工伤亡事故经济损失的统计范围、计算方法和评价指标。但是《标准》中存在关于直接、间接经济损失的划分比较凌乱，各损失类型概念模糊，混淆了不同损失的统计对象，存在重复计算等情形（例如，工作损失价值与歇工工资损失、补充新员工损失之间）①。且《标准》未能与国际接轨，将受害者及其家庭的生活质量影响纳入统计范围内。因此，从理论上廓清疲劳与生产安全事故的关联性，以及生产安全事故与社会经济发展的关系及规律，客观、科学地对其经济损失做出评价，最终判断其对国内生产总值的影响是具有现实和理论意义的。

一、生产安全事故经济损失要素的划分及构成

（一）经济损失要素的划分形式

安德列奥尼（Andreoni）认为，职业伤害事故的费用应该包括：有关活动在生产计划阶段的费用（广义的预防费用）、企业运营期间的费用（包括固定和变动的预防费用，固定和变动的保险费用，职业伤害发生后的变动费用，与职业伤害有关的物质损失费用，以及特殊的预防费用）和生产损失相关联的财政损失三部分，预防费用与事故费用之和为劳动安全卫生费用②。在事故发生之前产生的费用叫作预防费用，而在事故发生之后产生的则是事故费用③。本节着重分析生产安全事故费用，因此预防费用不在涉及的范围内。

① 宋大成．事故经济损失估算方法［J］．中国安全科学学报，1999（1）：62-67.

② （意）安德列奥尼．职业性事故与疾病的经济负担［M］．宋大成，等，译．北京：中国劳动出版社，1992：1-20.

③ 宋大成．安全经济学讲座（二）事故和费用［J］．劳动保护，2001（8）：38-39.

1. 直接费用与间接费用

国家标准局于 1986 年发布了《企业职工伤亡事故经济损失统计标准》（GB 6721-86），是按照直接经济损失（因事故造成人身伤亡及善后处理支出的费用和损坏财产的价值）和间接经济损失（因事故导致产值减少、资源破坏和受事故影响而造成其他损失的价值）的方式对费用进行划分的。虽然在经济损失要素的划分上还存在较多的问题，但是至少说明按照直接经济损失和间接经济损失的划分是较为合理的。本节侧重生产安全事故经济损失评价的理论分析，但要与目前国际上的主流分类方法相呼应，因此对于经济损失的构成主要包括：直接经济损失、间接经济损失以及生命价值。该种分类方法与 2010 年以后的加拿大、英国等国家的分类方式一致，是将经济损失划分为三个部分，并将生命价值单独进行估算，不纳入间接经济损失中①。有的国家和组织在进行经济损失分类时将生命价值纳入间接经济损失的范围内，如：欧盟②。

2. 有形成本与无形成本

有形成本与无形成本的区别在于是否能用货币价值表示生产安全事故的具体后果。有学者认为，这种分类类似于直接费用与间接费用。有形成本是出现在会计资产负债表上的，并能够进行补偿和辨别的成本；无形成本是间接的，没有货币价值，是不可估量且主观的③。有学者认为，无形成本只是间接费用的一部分④。

3. 固定成本与可变成本

固定成本是指无论生产安全事故的发生率如何，其成本是恒定的；而可变成本则是随发生率的变化而变化。两者的区别在于成本是否随生产安全事

① Lebeau M, Duguay P. The costs of occupational injuries: A review of the literature [R]. Studies and Research Projects, Report R-787, 2013.

② Ryen L. Social costs of accidents in Sweden [R]. Swedish Civil Contingencies Agency (MSB), Order No. MSB492, 2012.

③ Butcher F. Aftermath: using research to understand the social and economic consequences of workplace injury and illness [J]. Social Policy Journal of New Zealand, 2004 (23): 181-194.

④ Shalini R T. Economic cost of occupational accidents: Evidence from a small island economy [J]. Safety Science, 2009, 47 (7): 973-979.

故的发生率变动而变动。例如，赔偿受伤人员的固定保险费就是固定成本；而可变成本在第一次保险赔偿的基础上，成本会随着事故发生的次数而不断增加，因此可变成本为企业降低职业伤害风险和建立预防措施提供了动机①。

（二）指标要素的构成及选取

1. 直接经济损失

直接经济损失（*DR*）是指事故发生后与其直接联系的、能用货币形式直接或间接估算的损失，既包括事故发生时的急救处理费用，也包括事故后的治疗费用、设备修缮及善后赔偿等费用，例如，财产损失、医疗费用、急救处理及善后赔偿支出等，通常而言该种经济损失是较容易被确定和可测量的。

（1）财产损失（*PDC*）。财产损失主要包括生产安全事故后所造成的机器、设备、产品、工具等的破坏，因此需要为事后修缮或购买新设施而产生的支出。本节主要包括以下二级费用指标：机器损失（*PDC*_ 1）、产品损失（*PDC*_ 2）、工具损失（*PDC*_ 3）等。

（2）医疗支出（*MTC*）。医疗支出是指发生生产安全事故后，进行救治时所需承担的医疗费、医药费、住院费等的支出，以及部分受伤害者由于暂时性或永久性残障而进行伤残鉴定和康复性治疗所需的鉴定费及康复费等。结合《企业职工工伤保险试行办法》（劳部发〔1996〕266 号）中“工伤保险待遇”，本节主要包括以下二级费用指标：治疗费（*MTC*_ 1）、医药费（*MTC*_ 2）、挂号门诊费（*MTC*_ 3）、护理费（*MTC*_ 4）、住院费（*MTC*_ 5）、住院伙食费（*MTC*_ 6）、就医交通费（*MTC*_ 7）、康复费（*MTC*_ 8）、伤残鉴定费（*MTC*_ 9）、尸检费（*MTC*_ 10）等。

（3）应急处理及善后赔偿支出（*EHC*）。应急处理及善后赔偿支出指尽可能地消除事故后果和隐患，需要进行应急处理和善后赔偿工作，因此势必会消耗人力、物力、时间，由于为处理生产安全事故提供必要的服务，从而减

① Rikhardsson P, Impgaard M. Corporate costs of occupational accidents: an activity-based analysis [J]. Accident analysis and prevention, 2004, 36 (2): 173-182.

少该资源用于其他活动的可能性所造成的损失。发生生产安全事故时需要急救治疗服务，以及警务和消防人员的及时管控，事后保险公司、司法机构介入所需的支出，以及民政部门对死亡人员家属给予的丧葬补贴，对残障人员给予的社会救济补贴，等等。二级费用指标主要包括：急救治疗服务费（*EHC*_ 1），警务处理费（*EHC*_ 2），消防处理费（*EHC*_ 3），保险公司运营费（*EHC*_ 4），与司法机构关联的咨询、调查、诉讼、审判费（*EHC*_ 5），福利及社会救济补贴（*EHC*_ 6）等。

2. 间接经济损失

间接经济损失（*IDR*）是指与事故无直接关联但能以货币价值衡量的损失，通常这笔支出不会被直接反映在会计账本上或是不会通过保险来担负，事实上是难以进行衡量的。本节所涉及的间接经济损失主要是指生产损失，即：工作场所生产损失和家庭生产损失。

（1）工作场所生产损失（*PL*）。工作场所生产损失主要是由受害者歇工的收入损失以及录用新员工的成本组成；而歇工的收入损失不仅包括工资损失也包括福利损失，因为员工的福利也是由雇主支付的。约翰逊（Johannesson）等提道，长期无法回到工作岗位的员工未必会被社会中的失业人员或新步入社会的人员所替代，企业可能会“挖墙脚”从其他企业招聘，这就会造成其他企业该岗位人员的暂时性空缺，从而产生新的摩擦期间①。另外，临时或暂时性无法工作的员工，企业会安排同一部门的其他员工代理该名受伤人员的工作业务；而如果遇到该岗位在劳动力市场中短缺，那么企业则要花费更多的时间用在重新招聘员工上；因此这个“摩擦期间”的损失是很难确定并被计算出来的②。

对于企业经济损失而言还应包括利润损失，即：因事故导致的减产、停产损失以及车间的连续损失（由于人员受伤或机器受损引起的工作停顿，而

① Johannesson M, Karlsson G. The friction cost method: A Comment [J]. Journal of Health Economics, 1997, 16 (2): 249-255.

② Brun J P, Lamarche C. Évaluation des coûts du stress au travail. Québec [R]. Chaire en gestion de la santé et de la sécurité du travail dans les organisations, 2006: 116.

基于生产程序的特性，发生在任何一处的停顿都可能导致其他机器、车间的停顿或不良运转）。市场中并不是只有一家企业，如果一家企业发生安全事故而导致减产、停产，利润受到影响，事实上并不会影响其他企业的生产经营。市场中所销售的该厂商的产品会被其他厂商产品所替代，不会造成产品数量的真正减少和失衡，与此同时，这些商品最终会由消费者购买。因此，如果从国民经济核算的角度思考则不应该包括厂商利润损失。

由于生产安全事故导致受害者死亡或出现不同程度的伤残状况，势必会缺勤，延误工期。轻伤人员只是短暂的缺勤，重伤人员则需要数月恢复，尤其是对于长期不能回到工作岗位上的员工，企业要为招聘、培训新人而担负成本。有些人员即便回到原有企业，由于身体状况可能已经不再胜任工作，要面临更换岗位的损失；甚至一些人员还要重新在劳动力市场寻找新的职业和工作，要为此付出搜寻成本，但这些是难以计算和衡量的。二级指标主要包括：缺勤、误工所带来的收入损失（*PL*_ 1），企业招聘、培训新人的成本（*PL*_ 2）。

（2）家庭生产损失（*HPL*）。家庭生产损失是指受害者本人既不能参与家务劳动还需要他人的照顾的家庭劳务损失。由于生产安全事故导致受害者出现不同程度的伤残状况，尤其是全部或部分丧失劳动能力的人，会影响其日常生活中的家务劳动。因此，至少需要一名家庭成员放弃工作或者雇佣小时工对其照顾。如果每小时的家庭生产活动损失计算是基于受害者的小时工资，那么这项损失有可能会被高估，因为一般家庭往往会让比自己小时工资低的人员从事家庭生产活动。也就是说在从事家庭生产活动时，个人家庭生产价值要低于他们自身的工资水平①。

3. 生命价值

生命价值（*VOL*）主要通过对受伤害者生活质量损失（*QL*）的测量得到，是一种无形的损失，此项已被纳入越来越多的职业伤害经济损失估算中。生产安全事故发生后，尤其是丧失劳动能力的员工所要承担的伤痛，本人及其

① Raymond Richard. Which estimates of household production are best? A Comment［J］. Journal of Forensic Economics, 1993, 6（2）: 161-163.

家属所要面对未来生活憧憬的破灭，家庭所要为此付出的情感，以及因此所带来的生活质量的下降①。

二、生产安全事故经济损失测算的计量模型构建

（一）生产安全事故的伤亡分类标准

海因里希（Heinrich）依据收集的1 500个不同企业的数据经分析后得到规律：发生的330次工作事故中，严重伤害1次、轻微伤害29次、无伤害300次②由此提出职业伤害后果的“三角模型”。随后，伯德（Bird）在此基础上对175万个工作事故案例调查表明，每发生1次严重伤害事故，有10次轻微伤害，30次物质损毁、600次无伤害无损毁③。1975年，英国安全理事会对2 000个英国企业进行调查，给出了五种伤害后果：每发生1次严重后果（3日以上不能工作）事故，有3次轻微伤害（1~3日不能工作）事故，有50次仅需急救事故，80次只引起物质损毁事故和400次无伤害无损毁事故④。

安德列奥尼（Andreoni）建议，将受伤害者分为三个级别：受伤害者能在当天恢复工作；受伤害者丧失劳动能力的时间少于或等于这个等待期，受伤害者丧失劳动能力的时间超过这个等待期⑤。西蒙兹（Simonds）等将职业伤害事故划分为四个等级，分别是“损失时间”的伤害（指暂时性全部丧失劳动能力或永久性部分丧失劳动能力的伤害）、“需要医生处理”的伤害（指暂时性部分丧失劳动能力或需要企业外医生医治的伤害）、“急救伤害”（指仅

① Weil D. Valuing the economic consequences of work injury and illness：a comparison of methods and findings［J］. American Journal of Industrial Medicine，2001，40（4）：418-437.

② Heinrich H W. Industrial accident prevention：a scientific approach［M］. New York：McGraw-Hill，1931.

③ Bird F E，Germain G L. Damage control：a new horizon in accident prevention and cost improvement［M］. New York：American Management Association，1966：170-177.

④ （意）安德列奥尼．职业性事故与疾病的经济负担［M］．宋大成，等，译．北京：中国劳动出版社，1992：30-50.

⑤ Diego Andreoni. The cost of occupational accidents and diseases［M］. Geneva：International Labaur Office，1986.

需企业内医治的伤害且工作时间损失少于8小时)、“物质损失”(其费用额超过20美元且工作时间损失多于8小时)①。伯纳德把事故分为四个等级：永久性(部分)丧失劳动能力的事故；暂时性丧失劳动能力的事故(缺工事故)；损失工作日少于1天，仅需企业内急救的事故；无伤害事故(物质损失事故)②。美国标准协会按伤害后果的不同性质将伤害分为五类，该分类方法被国际劳动统计会议采用，并被多国沿用，具体为：死亡、永久性全部丧失劳动能力，永久性部分丧失劳动能力，暂时性全部丧失劳动能力，需要医药治疗或急救的伤害③。

新西兰将职业伤害事故划分为六类：死亡，永久性完全丧失劳动能力(无法返回到工作岗位)，暂时不能返回到工作岗位，短期不能返回到工作岗位，完全可以返回到工作岗位，缺勤1~7日以内；所造成的经济损失分别为：250万、230万、200万、4 950万、7 080万、5 280万新元④。英国将职业伤害划分为三类：致命性伤害、非致命性伤害(7日及以上缺勤和6日以内缺勤)，伤害者数量分别为143人、15.4万人和47.5万人，所造成的经济损失分别为2亿、43亿、4亿英镑⑤。澳大利亚将其分为五类：短期缺勤(5日以内)、长期缺勤(5日以上且回到工作岗位后完全胜任工作)、部分丧失劳动能力(缺勤5日以上且回到工作岗位后不能完全胜任工作)、全部丧失劳动能力(永久性丧失劳动能力无法回到工作岗位)、死亡，所造成的经济损失分别为：8亿、33亿、187亿、71亿、8亿澳元(总经济损失为307亿

① Rollin H Simonds, John V Grimaldi. Safety management; accident cost and control [M]. Chicago: Homewood, Ill., R. D. Irwin, 1956.

② Charles P Bernard. Evaluation Economique de la securite au Travail (contribution a l'etude des couts indrects et du cout reel des accidents) [M]. Ergonomie, Hygiene et Securite——Conditions de travail et environement, Fevrier, 1988.

③ 宋大成. 职业事故分析：原因分析，统计分析，经济损失分析 [M]. 北京：煤炭工业出版社，2008：3.

④ Health and Safety Executive (HSE). Costs to Britain of workplace fatalities and self-reported injuries and ill health, 1995/96, 2012/13, 2013/14, 2014/15 [OL]. www.hse.gov.uk/statistics/

⑤ Health and Safety Executive (HSE). Costs to Britain of workplace fatalities and self-reported injuries and ill health, 1995/96, 2012/13, 2013/14, 2014/15 [OL]. www.hse.gov.uk/statistics/

澳元)①。

中国以往使用轻伤、重伤和死亡衡量伤害后果的严重程度。然而实际上伤害后果却千差万别，仅用这种划分方法不足以说明和反映事故伤害所造成的影响，尤其是不能清楚地反映对工作、生产、生活等的长期影响。因此应该与国际分类标准接轨，结合受害者劳动能力的丧失程度进行分类。从经济学角度看，劳动者是通过劳动能力表现其价值的，但是伤害的严重程度与其劳动能力是否会受到影响，之间是存在差异的。就丧失劳动能力而言，国内有学者认为存在四种不同的程度：永久性全部丧失、永久性部分丧失、暂时性全部丧失及未丧失②。除了要将丧失劳动能力的伤害后果纳入考虑的范围内，还应对“永久”“暂时”等以损失工作日为约束进行界限明确的划分，以便于统计分析工作的开展。并且对于损失工作日不足一日的轻微伤害事故也应该上报和记录。对于“永久”性丧失劳动能力通常是用退休年龄对损失工作日进行规定的。目前不同国家对于“暂时”性丧失劳动能力的损失工作日划分标准长短不一，但基本上在 3～8 日的范围内，而只需进行急救的轻微伤害一般可记为 15 分钟③。

生产安全事故不同于交通事故，根据“三角模型”可以看出，致命性伤害和较为严重的伤害是较少的，多数为轻微伤害、物质损毁等，伤害程度较低。因此，本节结合国内外的分类标准，以及不同国家对工作损失日的范围界定，将生产安全事故所造成的伤害等级分为六类：死亡、永久性全部丧失劳动能力、永久性部分丧失劳动能力（不能恢复到受伤前的工作状态）、暂时性（全部或部分）丧失劳动能力（7 日及以上缺勤）、轻微伤害（7 日内缺勤）、无伤害（仅产生财产性损失）。虽然这种划分方法在一定程度上有了很大的改进和完善，却依旧存在低估因“无法恢复到受伤前的工作能力”而不

① Financial, Economic and Statistical Analysis Team. Social cost of road crashes and injuries 2015 update [R]. Ministry of Transport, New Zealand Government, 2006.

② 宋大成．职业事故分析：原因分析，统计分析，经济损失分析 [M]．北京：煤炭工业出版社，2008：3.

③ （意）安德列奥尼．职业性事故与疾病的经济负担 [M]．宋大成，等，译．北京：中国劳动出版社，1992：50-70.

得不更换职业、工作或是转岗的情形。但是，这种分类方法至少在试图将受害者日后的劳动、生活能力纳入伤害分类标准中考虑，因此这是一种基于工作能力损失的划分方法。

（二）生产安全事故经济损失测算的计量模型构建

1. 生产安全事故经济损失的总体计量模型构建

本研究的总体计量模型构建如下：

$$C_S = f(DR,\ IDR,\ VOC) \tag{5.1}$$

公式（5.1）中，C_S 表示生产安全事故的经济总损失值；*DR* 表示直接经济损失；*IDR* 表示间接经济损失；*VOC* 表示生命价值。

2. 生产安全事故直接经济损失的计量模型构建

本研究的直接经济损失计量模型构建：

$$C_{DR} = f(PDC,\ MTC,\ EHC) \tag{5.2}$$

公式（5.2）中，C_{DR} 表示直接经济损失；*PDC* 表示财产损失；*MTC* 表示医疗支出；*EHC* 表示应急处理及善后赔偿支出。

（1）财产损失的总体计量模型构建。本研究财产损失的总体计量模型构建如下：

$$PDC = \sum_{i=1}^{n} PDC_i \quad (i = 1,\ 2,\ 3) \tag{5.3}$$

公式（5.3）中，*PDC* 表示生产安全事故的财产总损失值。PDC_1 表示机器损失费；PDC_2 表示产品损失费；PDC_3 表示工具损失费。

（2）医疗支出的计量模型构建。本研究医疗总支出的计量模型构建见公式 5.4，公式 5.5：

$$MTC = \sum_{i=1}^{n} MTC_i \quad (i = 1,\ 2\cdots\cdots,\ 6) \tag{5.4}$$

$$= \sum_{i=1}^{n} \sum_{j=1}^{n} MTC_{ij} \quad (j = 1,\ 2,\ \cdots,\ n) \tag{5.5}$$

公式（5.4）中，*MTC* 表示事故发生后医疗费用的支出；MTC_i 表示生产安全事故不同程度伤亡人员的医疗费用支出；*i* 的取值范围为 1～6，分别为无伤害（仅产生财产性损失）、轻微伤害（7日内缺勤）、暂时性（全部或部分）丧失劳动能力（7日及以上缺勤）、永久性部分丧失劳动能力（不能恢复到受伤前的工作状态）、永久性全部丧失劳动能力、死亡。公式（5.4）中，当i取1时，由于无伤害，因此无须处置治疗；当i取2时，由于受伤程度较轻，因此也无须过多处置治疗，只需在家静养几日，其费用通常包括：挂号费、门诊费、治疗费、医药费等；当i取3时，由于伤势较重，其费用除上述外还应包括：护理费、住院费、住院伙食费、就医交通费等；当i取4，5时，由于出现残疾症状且无法恢复，因此费用在此前的基础上还包括：康复费、伤残鉴定费等；当i取6时，当场死亡人员应支付尸检费，而在统计期限内的死亡人员除此费用外还应支付以往其他费用（除康复费、伤残鉴定费外）。

（3）应急处理及善后赔偿支出的计量模型构建。由于发生生产安全事故势必要做出应急处理措施，对于伤亡人员也需要做好善后的赔偿。这些消耗都是社会服务资源，包括：交通部门、消防部门、保险公司、司法机构、医疗机构、民政等部门消耗的资源。由于社会服务作为一种资源是稀缺的，在用于生产安全事故中的同时将无法用于其他活动中。而这些资源的损耗多来自机构服务人员劳动价值的损失。由此，构建应急处理及善后赔偿支出的计量模型（见公式5.6，公式5.7）：

$$EHC = \sum_{i=1}^{n}\sum_{j=1}^{n} EHC_{ij}(i = 1,\ 2,\ \cdots\cdots,\ 6),\ (j = 1,\ 2,\ \cdots\cdots,\ n) \quad (5.6)$$

$$= \sum_{i=1}^{n}\left(\frac{I_i}{T_i}\cdot m_i t_i + C_i\right)(i = 1,\ 2,\ \cdots\cdots,\ 6) \quad (5.7)$$

公式（5.6）中，EHC表示事故发生时的应急处理，以及事故发生后的善后赔偿支出；EHC_{ij}表示第i服务机构第j项费用。i的取值范围为1~6，分别代表交通部门、消防部门、保险公司、司法机构、医疗机构、民政部门等。公式（5.7）中，I_i表示年工资性收入，T_i表示年工作时间，m_i表示事故处理时所投入的服务人员的数量；t_i表示服务人员在此事故中所投入的工作时间；$\frac{I_i}{T_i}\cdot m_i t_i$表示各社会服务机构人员投入的劳动价值损失；$C_i$表示各社会服务机构的其他固定支出，例如，所涉及的警车、消防车、急救车的折旧费，现场勘查及抢救工具、设施的折旧费，法律咨询费、诉讼费、审判费，丧葬补贴、残疾人员生活、就业补贴等。

3. 生产安全事故间接经济损失的计量模型构建

本研究的间接经济损失计量模型构建见公式（5.8）：

$$C_{IDR} = f(PL,\ HPL) \tag{5.8}$$

公式（5.8）中，C_{IDR} 表示间接经济损失；*PL* 表示工作场所生产损失；*HPL* 表示家庭生产损失。

（1）工作场所生产损失的计量模型构建。生产安全事故的发生会导致受害者在一定时间内无法参与工作场所的生产活动，因此势必造成社会劳动价值的损失。由于伤亡程度的不同，对于社会劳动价值的影响也会存在较大差异。澳大利亚的研究表明：短期缺勤（5 日以内）、长期缺勤（5 日以上且回到工作岗位后完全胜任）、部分丧失劳动能力（缺勤 5 日以上且回到工作岗位后不能够完全胜任）、全部丧失劳动能力（永久性丧失劳动能力无法回到工作岗位）、死亡，五类人员的平均损失工作日分别为：1.1 日、27.3 日、229.3 日、276.9 日、43.6 日[①]。而本节对于事故伤害程度的分类与该研究仅多了一个“无伤害（仅产生财产损失）”的等级，其余等级较为一致。而只需进行急救的轻微伤害一般可记为 15 分钟[②]。所以，对于“无伤害”的工作损失日可忽略不计。由于劳动价值的损失是通过对个人未来收入的折现计算出来的，因此折现率的取值十分关键。由于要考虑工资性收入会受到国民经济水平的影响，因此还要将经济增长率纳入计算中，并且要对当期至计算年期间的经济增长率进行预测估算。综上所述，构建工作场所生产损失的计量模型：

① Financial, Economic and Statistical Analysis Team. Social cost of road crashes and injuries 2015 update [R]. Ministry of Transport, New Zealand Government, 2006.

② （意）安德列奥尼．职业性事故与疾病的经济负担［M］．宋大成，等，译．北京：中国劳动出版社，1992：50-70.

$$PL = \eta_l \sum \frac{I_i}{(1 + r_i)^{(t_2 - t_1)}} \quad (l = 1,\ 2,\ \cdots\cdots,\ 6),\ (i = 1,\ 2,\ \cdots\cdots,\ n) \tag{5.9}$$

$$其中：I_i = \begin{cases} I \cdot (1 + G_0)^{(t_2 - t_1)}（当\ t_2 \leqslant T\ 时） \\ I \cdot (1 + G_0)^{(T - t_1)} \cdot (1 + G_1)^{(t_2 - T)}（当\ t_2 > T\ 时） \end{cases} \tag{5.10}$$

公式（5.9）中，PL 表示社会劳动价值损失值；I_i 表示计算年的工资性收入 r_i 表示计算年的折现率，t_2 表示计算年，t_1 表示基准年，参数 η_l 表示不同伤害程度下的工作损失系数，l 的取值范围为 1 ～ 6，分别代表无伤害（$\eta_1 = 0$）、轻微伤害（$\eta_2 = 1.1/250$）、暂时性（全部或部分）丧失劳动能力（$\eta_3 = 27.4/250$）、永久性部分丧失劳动能力（$\eta_4 = 229.3/250$）、永久性全部丧失劳动能力（$\eta_5 = 276.9/250$）、死亡（$\eta_6 = 43.6/250$）。其中，G_0 表示计算年之前的经济增长率，G_1 表示计算年之后的经济增长率，T 表示当期。250 作为常数，代表国内的年法定工作天数。

（2）家庭生产损失的计量模型构建。安全生产事故的发生会导致受害者在一定时间内无法参与工作场所的生产活动和家庭生产活动，因此，劳务价值的损失也应当给予考虑。由于伤亡程度不同，对于劳务价值的影响也存在较大差异。例如，永久性（完全或部分）丧失劳动能力的员工，不但自己无法参与劳务活动，还需要他人照顾。因此，劳务价值损失可按照非全日制员工工资水平计算。综上所述，构建劳务价值损失的计量模型：

$$HPL = \eta_l \sum \frac{C_i}{(1 + r_i)^{(t_2 - t_1)}} \quad (l = 1,\ 2,\ \cdots\cdots,\ 6),\ (i = 1,\ 2,\ \cdots\cdots,\ n) \tag{5.11}$$

$$其中：C_i = \begin{cases} C \cdot (1 + G_0)^{(t_2 - t_1)}（当\ t_2 \leqslant T\ 时） \\ C \cdot (1 + G_0)^{(T - t_1)} \cdot (1 + G_1)^{(t_2 - T)}（当\ t_2 > T\ 时） \end{cases} \tag{5.12}$$

公式（5.11）中，HPL 表示劳务价值损失值，C_i 表示计算年的非全日制员工的平均工资，r_i 表示计算年的折现率，t_2 表示计算年，t_1 表示基准年，参数 η_l 表示不同伤害程度下的工作损失系数，同上。其中，G_0 表示计划年之前的经济增长率，G_1 表示计划年之后的经济增长率，T 表示当期。

第三节　疲劳驾驶事故经济损失测算的理论分析

随着机动车保有量的快速增加，车辆道路里程数的不断增长，交通事故给世界各国都造成了一定程度的人员伤亡，以及巨大的社会、经济损失，该比例范围为 GNP 的 1%~2%①。中国每年由于交通事故所带来的死亡和永久性残疾人数有 50 万至 100 万人，虽然车辆占有量不足 5%，但伤亡事件却占据了全球交通事故的 18%，所带来的直接和间接经济损失占 GDP 的 1.32%，疲劳驾驶所直接导致的事故占总量的 2.1%②。加拿大交通创伤研究基金会通过全国调查发现，50%以上的被调查者认为自己有过疲劳驾驶的经历，20%的人员在过去一年的驾车过程中至少出现过一次睡着或者打盹的情形③。疲劳驾驶是一种在驾驶过程中较为常见的现象。驾驶人员由于缺乏休息，过长时间处于疲劳状态，导致驾驶技能下降，主要表现为在车辆行驶过程中出现睡着或者打瞌睡、注意力不能集中、视野变得狭窄、应激反应判断迟缓等致使驾驶操作失误，甚至发生碰撞、冲出路面等交通事故。2012 年，新西兰交通事故统计中疲劳驾驶所涉及的死亡人员达 46 人，重伤人员 138 人，轻伤人员 550 人，所造成的经济损失为 281 亿新西兰元，占所有伤亡经济损失的 9%；但该报告也表明，交通事故的发生往往是多元的，由于在事故处理中疲劳驾驶的鉴定较难，所以引发事故的主要原因大多会归结为酒驾、超速驾驶、超载行

① Jacobs G, Aeron-Thomas A, Astrop A, et al. Estimating global road fatalities [R]. Transport Research Laboratory (TRL), Department for International Development (DFID), TRL Report 445, 2000.

② IjjaszE. China road traffic safety [R]. China and Mongolia Sustainable Development Unit, East Asia and Pacific Region, 2008.

③ The Traffic Injury Research Foundation. The Road Safety Monitor 2004: Drowsy Driving. 2005.

车等。目前，国际上针对疲劳驾驶还没有统一的定义和具体标准，通常以驾驶时间为基准来界定①。麦克林（Maclean）等回顾了学者们有关疲劳驾驶的研究，得到事实上20%的交通事故都与疲劳驾驶有关的结论②。美国高速公路管理局报道，每年国内约有56 000起车祸是由疲劳驾驶所致，在所调查的10万起疲劳驾驶事故中，造成死亡人数1 550人，受伤人数71 000人，经济损失125亿美元③。德国35%的致命性高速公路事故都源自疲劳驾驶④。同样，澳大利亚机构研究表明，25%~35%（甚至高达50%）的交通事故都与疲劳驾驶有关，2011年由于疲劳驾驶所造成的经济损失为200亿澳元，且这些事故中多数是由于驾驶人员睡眠不足6个小时引起的⑤。

有学者对中国疲劳驾驶进行文献计量学分析，篇名包含“疲劳驾驶”字段的共搜索到411条文献，其中期刊论文211篇，硕博论文76篇；外文文献256篇，期刊论文142篇，硕博论文49篇（统计截止日期2013年11月21日）⑥。中国国内对疲劳驾驶的研究多是从人机工程学、交通工程学进行的，而经济学视阈下的研究寥寥无几。20世纪90年代末至21世纪初期，美国、德国、加拿大、芬兰、新加坡等发达国家，以及伊朗、埃及、菲律宾等发展中国家都对道路交通事故经济损失进行过相关的测算和评估。对事故的经济损失评价是安全经济学中非常重要的内容，对因疲劳操作造成事故导致的经济损失评价则是劳动科学，特别是劳动经济学科应该关注的。而本节在对“疲劳驾驶事故损失”等相关主题词进行检索时发现，在知网平台上中国没有一篇与此相关联的文献。以“交通事故经济损失”为主题词再次检索，共搜

① 曾诚，刘富佳，于潇，等．国内外客车驾驶员疲劳驾驶预防管理政策比较［J］．人类工效学，2014（8）：88-95.

② Alistair W MacLean，David R T Davies，Kris Thiele. The hazards and prevention of driving while sleepy［J］. Sleep Medicine Reviews，2003，7（6）：507-521.

③ David brose，Esq. Langdon & Emison. Driver Fatigue：Analysis from Accident Litigation Invlig Trucks and Heavy Vehicles［J］. Westlaw Journal Automotive，2013，33（8）：1-9.

④ Hell W，Langwieder K，et al. Driver Inattention and Other Causative Factors in Fatal Highway Crashes，1997：424-425.

⑤ Sleep Health Foundation. Drowsy Driving，2011.

⑥ 胡鸿，易灿南，廖远志，等．疲劳驾驶研究进展综述［J］．价值工程，2015（6）：254-256.

索到文献15篇，其中期刊论文9篇（核心期刊4篇），硕博论文6篇，近五年内发表的仅有两篇（统计截止日期2016年6月3日）。可见，无论是从国内交通事故状况还是学术研究探索，对该领域都未引起起码的重视，研究成果极少。

一、疲劳驾驶事故现状及成因分析

（一）中国疲劳驾驶事故的状况

2016年，中国公路营运汽车拥有量已达到1 435.77万辆，公路里程数达到469.63万里（《中国统计年鉴（2017）》）。随着公路交通事业的飞速发展，对于事故的预防显得越发重要。疲劳驾驶事故的发生多是来自客车和货车，且前者的比例是后者的一倍[①]。疲劳驾驶是脑力、体力同时参与的技术性疲劳。众所周知，驾驶人员在长时间连续行驶后或是因为没有休息好已处于疲劳状态，由于这种疲劳或者困倦降低了驾驶时的反应速度和驾驶技能，主要表现为在车辆行驶过程中出现短暂的昏睡或者打瞌睡、注意力不集中、视野变得狭窄、应激反应判断迟缓等致使驾驶操作失误，甚至发生碰撞、冲出路面等交通事故。一般情况下车辆行驶速度是较为平稳的（80~88km/h），但是当出现打瞌睡或睡着等情形时，车速会产生较大变化（69~97km/h）[②]。大量的疲劳驾驶实验的数据分析结果表明，当驾驶人处于清醒状态时，驾驶人的车辆转向控制能力能够保证其变化较为灵敏和缓和；而当驾驶人疲劳时，驾驶人的操作会出现僵硬和突变，转向盘转角变化也会变得急剧[③]。还有学者研究表明，驾驶人员的疲劳程度越高，横向控制能力越差，车道偏离的距离越大[④]。

---

① Financial, Economic and Statistical Analysis Team. Fatigue [R]. Ministry of Transport, New Zealand Government, 2013.

② 堀野定雄．過労運転事故の要因分析と再発防止［J］．IATSS review，2013（38）：15-22.

③ 严新平，张晖，吴超仲，等．道路交通驾驶行为研究进展及其展望［J］．交通信息与安全，2013（1）：45-51.

④ Sunao Chikamori, Yutaka Shimizu, Takashi Ohtani. Estimation of arousal-level from steering operations [J]. JSAE Review, 2001, 22 (2): 175-181.

根据《中国交通统计年鉴》数据可知，2009 年共发生疲劳驾驶事故 1 966 起，造成 1 153 人死亡，2 465 人受伤，直接财产损失 4 294 万元，占道路交通事故总直接财产损失的 4.7%。1996—2009 年疲劳驾驶事故年均 4 488.7 起，占道路交通事故总量的 1.14%，由此所造成的伤亡情况很严重，分别占总量的 2.23%和 1.28%，如图 5.1 所示。这等同于每起疲劳驾驶事故都会带来两死一伤的悲惨结果。

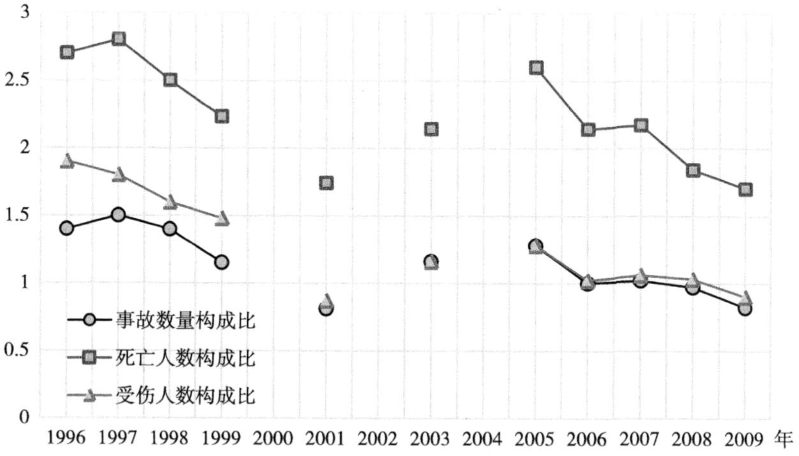

图 5.1 疲劳驾驶事故占道路交通事故中的比例（%）

（二）疲劳驾驶事故发生的成因

1. 行业雇佣环境

国家《“十一五”规划纲要》中明确提出“大力发展现代物流业，建设大型物流枢纽，发展区域性物流中心”。中央和地方政府相继建立了推进现代物流业发展的综合协调机制，出台了支持现代物流业发展的规划和政策。在《“十二五”规划纲要》中首次将物流作为十大振兴规划之一，提到“加快建立社会化、专业化、信息化的现代物流服务体系”，并且对运输服务业提出了更高的标准要求，要加强安全管理，保障运输安全。因此，近十年尤其是近五年，现代物流业的迅猛发展，形成了将运输、仓储、加工、配送、信息等有机结合的一条龙产业，形成了完整的供应链，能够为客户提供多功能、一体化的综合性服务。其所涉及的产业主要包括：运输服务业、仓储业、批发零售业等。因此，随着现代物流理念的不断渗透，带动了供应链上各产业的发展。国内电子商务也逐渐步入了成熟期，随着互联网信息碎片化和云计算技术的成熟，电子商务的模式也在发生着日新月异的变化，B2C 模式的电商网站越来越受消费者欢迎，开启了国内网购时代，而这些都意味着要以更好、更快的发展运输业为前提。

根据《中国统计年鉴》数据可知，“十一五”期间交通运输、仓储和邮政业城镇单位就业人数从 612.7 万人增长到 631.1 万人，年均增长率为 0.56%，其中公路运输业就业人数从 151.2 万人增长到 161.7 万人，年均增长率为 0.89%；“十二五”期间前者年均增长率为 8.57%，后者年均增长率为 26.98%（各行业年均增长率分别为 2.74%，8.98%）。“十一五”期间公路营运载货汽车拥有量从 640.7 万辆增长到 1 050.2 万辆，而“十二五”期间从 1 179.4 万辆增长到 1 453.4 万辆。这组对比数据足以说明，公路运输业在现代物流业和电子商务影响下的快速发展。从就业人员平均工资水平看，交通运输、仓储和邮政业近十年的水平一直高于行业均值，2014 年达到 63 416 元，而行业均值则为 56 360 元。工资水平较高、入职门槛较低也是能够吸引更多人到该行业从业的原因之一。但是从该行业的周平均工作时间看不容乐观，“十一五”期间该行业的周工作时间年均值为 45.02 小时，当时行业均值为 45.83 小时；“十二五”期间该均值分别为 48.55 小时和 46.44 小时，从工作时间看，该行业在“十一五”期间明显低于行业水平，但“十二五”期间明显高出行业水平，该行业的工作时间在近十年增长速度较快。

综合以上数据可以看出，该行业从业人员和工作时间都明显增加，且超出行业平均水平。在高速发展的情形下，虽然近些年吸纳了大量的从业人员但是工作时间也随之明显增加，说明该行业有供不应求的迹象。这就意味着，该行业人员虽然工资水平较高，但是存在着较强的竞争压力和加班现象，即便迅速吸纳了大量的从业人员但依旧未能满足市场发展的需求。

2. 生理及健康环境

随着客运距离和货运距离的加长，驾驶人员驾车行驶时间也在随之延长。尤其是深夜长距离、连续行驶过长则更容易导致疲劳驾驶事故的发生。由于日常生活中休息及睡眠时间不足，长此以往造成疲劳蓄积从而容易出现驾驶能力下降的情况。有研究表面，驾驶前一个晚上如果睡眠时间低于6个小时，那么发生打瞌睡现象的比例将会达到25%，而睡眠时间维持在6~10小时的驾驶人员出现该现象的比例只有16%；当连续24小时不睡觉所产生的危害与血液中含有10ml/L的酒精一样严重①。而长时间劳动是疲劳驾驶事故发生的另一大隐患，日本国土交通部门对该类事故进行分析，发现当约束时间（在岗时间，包括行驶时间、等待客人的时间和小憩时间）一周超过65小时，每日休息时间不满8小时时发生事故的可能性会增加。尤其在车速较快的情况下，驾驶人员需要在更短的时间内收集到交通安全信息并对路面情况进行信息的综合处理，人的感觉器官和大脑的工作强度增加，如果连续行驶时间过长，在这种持续高度的紧张状态下，很容易造成大脑和感觉器官的疲劳，从而影响驾驶人员的判断力和思维能力。当驾车时间在10小时以上，睡眠不足6小时，每周休息天数不足1日时，驾驶人员出现血压升高导致高血压和心血管疾病的风险也会增加②。当连续驾驶2.5小时后，驾驶人员的反应时间将会延长，如果连续驾驶4小时以上，反应时间则会增加至2~3秒③。而在高速行驶的情形下，反应时间的增加意味着发生事故风险概率的增加。通过实验模拟得到连续驾驶两小时后，休息10~20分钟的效果要好于连续驾驶4小时候再休息④。

事故的发生与人体生理周期也有很大关系，有研究显示，发生疲劳驾驶

① 别牧，李淑庆．疲劳驾驶及预防对策研究［J］．重庆交通大学学报：社会科学版，2010（6）：29-31.

② 道下竜馬，太田雅規，等．勤労者の労働時間，睡眠時間，休日数と運動負荷試験中の血圧反応との関係［J］．産業衛生学雑誌，2016（58）：11-20.

③ 王泽申．关于人机系统安全分析中人的因素的一些探讨［J］．中国安全科学学报，1997，7（2）：26-29.

④ 盛海涛．不同休息模式对驾驶疲劳的影响研究［D］．北京：首都经济贸易大学，2009：26-51.

的高峰期位于凌晨2点至6点，下午2点至4点，主要是因为人体有正常的生物钟，而夜晚和下午时间段是驾驶人员最爱发生困意的时候①。尤其是当睡眠压力逐渐增加，行车时间较长的情形下，产生睡意的风险就越来越高，而这也是人体睡眠、唤醒两种机制之间动态平衡的过程。昼夜驾驶这种不规则劳动会打破和扰乱身体的动态平衡机制和生理调节规律，影响人体稳态出现健康问题。且长期的不规律睡眠使得疲惫的身体不宜得到恢复，疲劳程度越易加重。如果是一日内长时间连续驾驶是不会对身体健康产生过多伤害的，但是连续数日甚至经常这样驾车，无法保证休息恢复的时间，就会导致疲劳蓄积②。有调查研究表明，数日连续深夜驾驶中，第四日和第五日的困倦度最高，长期夜班是不可取的，是一种逆生理规律而行的做法，同时也会颠倒生活规律，与白天上班所呈现的生活、健康状态是无法相比的③。有学者研究发现，驾驶人员普遍存在头晕头痛、失眠多梦、颈肩腰腿疼以及血压偏高等问题④。

不良的生活习惯也会加重疲劳蓄积度。长时间驾驶尤其是深夜作业还会伴随食欲的增加，长期保持坐立姿势而活动时间不足，不健康的生活习惯再次加重了身体的负担⑤。一些驾驶人员还有饮酒的嗜好，认为不过量就没有关系，但事实上酒精是中枢神经的镇静剂，会让人感到更加劳累，并缺乏警觉。驾驶人员在出现身体不适，尤其是普通发烧、感冒被认为是“小病”的情形下通常不会休息治疗，而是坚持带病工作，认为服用一些药物就可以无事。但是治疗感冒类药物的成分有镇静的作用，容易使人产生困意，反应能力和意识下降，并且身体不适的情况下驾车会加重身体的疲劳感。

① 高橋正也．過労運転における睡眠の問題［J］．労働の科学，2012（67）：14-17.

② 三橋一郎．中小企業におけるドライバーの安全と健康［J］．労働の科学，2008（63）：16-19.

③ 鈴木一弥．添乗調査から見たトラックドライバーの負担と疲労［J］．労働の科学，2008（63）：20-23.

④ 林芬，邱坚，温虹．长途汽车驾驶人健康状况的调查［J］．职业与健康，2010，26（12）：1341-1342.

⑤ Yang H，Schnall P L，et al. Work hours and self-reported hypertension among working people in California［J］. Hypertension，2006（48）：744-750.

除此之外，性别和年龄也是引发疲劳驾驶事故的重要原因之一。有学者通过分析与疲劳驾驶相关的重大事故时发现，男女引起疲劳事故的比例分别为80%和20%①。即男性更容易发生与不良驾驶行为有关的事故，而女性驾驶更具稳定性。另外，驾驶人员年龄低于25岁发生交通事故的比例明显高于40岁以上人员②。而对中国机动车驾驶人员疲劳驾驶情况进行调查时发现，18~34岁、35~44岁以及45~54岁的年龄段疲劳驾驶率均在20%左右，而55岁及以上人员该比率下降到14%左右③。

3. 道路及驾驶室内环境

驾驶人员在行驶的过程中会受到各种因素的干扰产生疲劳，尤其是噪声、照明等容易对人体的大脑皮层造成一定的刺激作用，当超过一定限度后就会产生疲劳感④。有学者研究发现，92%的驾驶人员在行驶途中会开启驾驶室内的音频设备，而这会导致注意力分散，因此所造成的事故高达11%⑤。且噪音强度、刺激时间对驾驶疲劳有显著影响⑥。尤其是夜间行驶，视线不好，长距离没有照明设施，行车的参照物少，路况较为单一，公路景色单调等，都容易造成驾驶人员视觉疲劳。2008年，中国高速公路上发生的事故占到了总量的46.85%，其中疲劳驾驶位列第一，占到了11.09%（超速行驶为8.04%）⑦。高速公路驾车存在一个催眠环境，道路顺畅，开阔平坦，没有非机动车、行人以及对向车辆的干扰等，虽然这种道路条件安全系数很高，但

① Roads and Traffic Authority. Driver fatigue problem definition and countermeasures summary [OL]. www.rta.nsw.gov.au. 2001.

② Laapotti Keskinen. Has the difference in accident patterns between male and female drivers changed between 1984 and 2000? [J]. Accident analysis and prevention, 2004 (36): 577-584.

③ 邓晓，李镒冲，等. 2010年我国成人道路交通伤害行为危险因素流行特点 [J]. 中华疾病控制杂志，2013，12 (10): 837-844.

④ Lin Fen, Qiu Jianwei, Wen Hong. Survey on health condition of long distance bus drivers [J]. Occupation and Health, 2010, 26 (12): 1341-1343.

⑤ Stutts J, Feaganes J, et al. Driver's exposure to distractions in their natural driving environment [J]. Accident Analysis Prevention, 2005 (37): 1093-1101.

⑥ Kuwano S, Namba S, Okamoto T. Psychological evaluation of sound environment in a compartment of a high-speed train [J]. Journal of Sound and Vibration, 1997, 205 (4): 427-433.

⑦ 李都厚，刘群，等. 疲劳驾驶与交通事故关系 [J]. 交通运输工程学报，2010 (2): 104-109.

是驾驶人员行驶一段时间后，会感到单调，反而不容易集中注意力，出现走神，精力分散等现象①。蒂福尔（Thiffault）等人利用驾驶模拟舱研究了驾驶人员在单调性环境中人体疲劳的生成规律，结果表明，在这样的场景下驾驶人员的操作能力明显下降②。

恶劣天气包括雾、雪、沙尘暴、大风等都是造成道路交通事故的重要原因。根据调查，在交通安全事故中，有近25%是由于恶劣天气引起的③。例如，雨雪天气行车，路面摩擦系数不到干燥路面的一半，车轮容易打滑；雾天行车，能见度下降，视线严重受限。因此，企业以及驾驶人员应该根据季节气候特点，开展有针对性的驾驶安全宣传，提高驾驶人员的行驶安全意识。

驾驶室内的温度过高、空气流通不顺畅也会造成脑缺氧的现象，容易产生困倦感。夏天炎热，车外温度很高，如果驾驶室内没有能够降低温度的设施，如：空调、风扇等就会引发“高温催眠”的现象，而驾驶室内最佳温度为18~20度。有研究表明，7月和8月是疲劳驾驶事故的高发期，白天时间延长导致驾驶作业时间加长，并且炎热的天气也影响了驾驶人员的休息。另外，国内有些客车和货车驾驶室内安全技术水平偏低，与国外相比相差甚远。长途客车、货车驾驶室内应当配备行车记录仪、疲劳警示器等装置，防止疲劳驾驶事故的发生，通过安全技术措施降低事故风险的可能性。

二、疲劳驾驶事故经济损失要素的划分及构成

（一）经济损失要素的划分形式

事故损失的表现形式具有多样性、复杂性等特征。从货币转换的可计算性看，一般分为经济损失和非经济损失。前者可以通过市值或是可以按照一

① 陈建新，成鑫，陈飞．高速公路驾驶疲劳影响因素分析［J］．公路交通科技（应用技术版），2010（6）：265-268.

② Thiffault P，Bergeron J. Monotony of road environment and driver fatigue：a simulator study［J］．AccidentAnalysis and Prevention，2003（35）：381-391.

③ 汤筠筠．高速公路雾区交通安全保障技术研究［D］．合肥：合肥工业大学，2005.

定市值进行货币转换的商品或服务损失；后者则是很难或不能直接用货币形式进行衡量的①。但是，随着评价模型及方法的不断完善，那些原本很难用经济方法描述和衡量的指标逐步开始价值化。越来越多的国家，尤其是发达国家逐渐把受害者及其家属的精神、情感的损失以及生活质量的下降等也纳入经济损失的测算范围内。这是步入 21 世纪后在事故经济损失评价及测算中的一大突破。从世界银行数据可知，目前全球已有 73 个国家对本国道路交通事故的经济损失及所占 GDP 的比重进行了估算②。且一些发达国家在该领域的研究已经比较深入，评价方法也相对成熟。由于疲劳驾驶事故属于道路交通事故中的一种，所以在文献汇总的基础上有诸多可借鉴的方面。虽然各国对于经济损失评价指标的分类方式、划分方法不完全一致，但是所囊括的具体指标却较为一致，尤其某些指标是各国进行测算时的必选项目。目前，对于道路交通事故经济损失评价指标的划分形式主要有四种。

1. 按直接损失与间接损失划分

直接经济损失是指事故当时发生的、直接联系的、能用货币形式直接或间接估算的损失，例如，财产损失、医疗费用、应急处理及善后赔偿支出等。间接经济损失则是指与事故无直接关联但能以货币价值衡量的损失，例如，拥堵延时损失、家庭生产损失、生产活动损失、生命价值等。如：瑞典在对本国事故经济进行估算时，直接经济损失包括：医药费用、紧急服务费用、财产损失等；间接经济损失包括：生产损失、生命价值等③。但是对于受害者生命价值（受害者及其家属的生活质量等）有的国家会单独将其划分出来，既不纳入直接经济损失范围也不归入间接经济损失范围。本部分将按照直接经济损失、间接经济损失以及生命价值的划分方法进行理论分析及研究（见图 5.1）。

① 罗云．事故对社会经济影响的调查分析［J］．安全，2004（3）：2-4.

② World Health Organization. Global Status Report on Road Safety［R］. 2015.

③ Ryen L. Social costs of accidents in Sweden［R］. Swedish Civil Contingencies Agency（MSB），Order No. MSB492，2012.

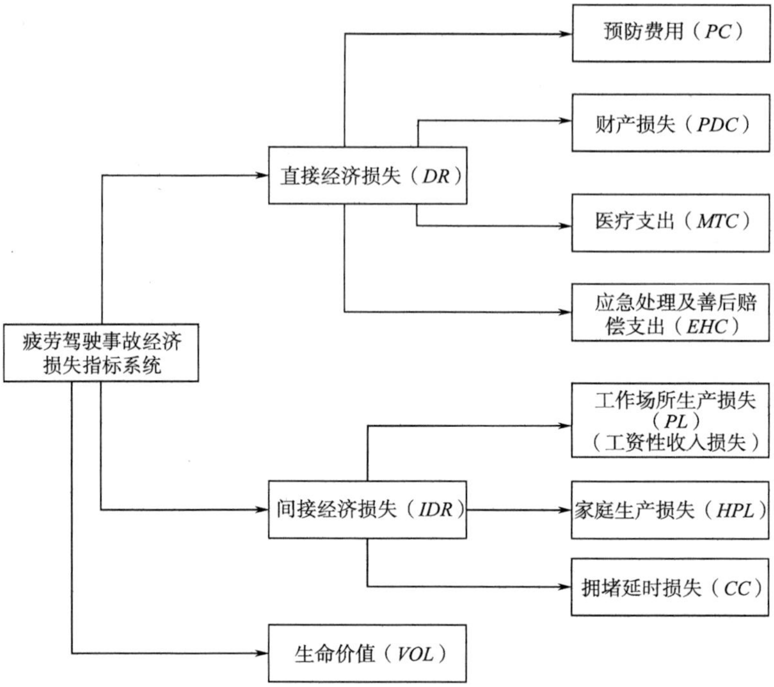

图 5.1　疲劳驾驶事故经济损失指标系统

2. 按事故经济损失的对象划分

将事故经济损失的对象分为：人、物、雇主、机构等。如：日本在对经济损失测算时就是按照这样的方式对指标进行分类的，包括：人的损失、物的损失、雇主的损失和各种公共机构的损失①。

3. 按资本损失和恢复成本划分

由于交通事故会一方面导致人力、物力、财力资源的流失；另一方面还要将受到破坏和损坏的资源尽可能地恢复原状、弥补事故后果。如：荷兰、芬兰就是将经济损失评价的指标分为三大类：人力资本的损失（生产损失）、生命价值（受害者及其家属的生活质量损失）、恢复成本（医疗费用、财产损

① 内閣府政策統括官．交通事故の被害・損失の経済的分析に関する調査［R］．2012.

失、机构支出)[①]。在对人力资本损失和生命价值进行测算时，由于死伤程度不同所造成的经济损失差异较大，因此一些国家采用了更为细化的分类方法。如：美国、澳大利亚将受害者按照伤亡程度进行等级划分，再对不同伤亡程度下的生产损失、生命价值等进行估算[②]。

4. 按伤亡相关联和事故相关联划分

将事故经济损失评价指标分为两类，即：与伤亡相关联的费用（生产损失、医疗医药费用、急救费用、生命价值）和事故相关联的费用（警员成本、保险机构支出、财产损失)。英国就是按照这样的分类标准进行划分的[③]。

虽然各个国家对评价指标进行划分、归类的方式不同，但是所包含的指标大类都较为相似（如表5.1所示)。主要包括：医疗医药费用、机构支出费用（紧急救治、法律机构、警察处理、保险机构等)、财产损失、生产损失(工作场所、家庭生产)、拥堵延时损失以及生命价值（受害者及其家庭生活质量损失)。高收入国家对于事故经济损失测算的指标选取比中等收入国家更为讲究和细化，尤其是美国、澳大利亚、荷兰、日本等国家。但无论是高收入国家还是中等收入国家，几乎都将生命价值（受害者及其家庭生活质量损失）纳入指标构成中。而事故造成的交通拥堵、延时的损失以及家庭生产活动的损失也开始得到一些国家的关注。

（二）指标要素的构成及选取

WHO认为，真实的交通事故事件数量和伤亡情况要比公布的数据严重得多[④]。因为，各国都存在不同程度的事故隐瞒或者未上报情况，尤其是那些只

① Tervonen J. Accident costing using value transfers: New unit cost for personal injuries in Finland [R]. VTT Communities and Infrastructure, 1999.

② Blincoe L., Miller T R., Zaloshnja E., et al. The Economic and societal impact of motor vehicle crashes, 2010 [R]. National Highway Traffic Safety Administration (NHTSA) Technical Report, 2015.

③ Department for Transport. Highways Economic Note No 1-2004 valuation of the benefits of prevention of road accidents and casualties [R]. 2005.

④ IjjaszE. China road traffic safety [R]. China and Mongolia Sustainable Development Unit, East Asia and Pacific Region, 2008.

表 5.1　各国道路交通事故经济损失测算的指标选取

国别 指标		高收入国家													中等收入国家			
		澳大利亚①	加拿大②	英国③	芬兰④	日本⑤	意大利⑥	荷兰⑦	新西兰⑧	挪威⑨	沙特⑩	新加坡⑪	瑞典⑫	美国⑬	埃及⑭	伊朗⑮	马来西亚⑯	菲律宾⑰
经济损失测算年		2006	1991—1994	2004	1998	2011	2006—2009	2009	2014	2009	2013	1999	2005	2010	2008	2009	2008	2002
财产损失	车辆修理费	○		○	○	○	○	○	○	○		○	○	○	○		○	○
	货物损失费							○		○					○			
	设施损坏费					○	○	○		○		○	○		○			
医疗费用	治疗费	○		○	○	○	○	○	○	○		○	○	○	○		○	○
	医药费	○		○	○	○	○	○	○	○		○	○	○	○		○	○
	护理费	○		○	○	○	○	○	○			○	○		○			
	住院费	○		○	○	○	○	○	○			○	○		○			
	康复费							○				○	○		○			
	尸检费	○																
服务机构支出	保险机构费	○		○	○	○	○	○		○				○	○		○	○
	警察事故处理费	○		○	○	○	○	○		○		○		○	○		○	○
	急救服务费	○		○	○	○	○		○	○		○	○					
	法律机构费	○				○	○	○	○	○					○		○	○
	福利及救济补贴	○				○											○	○

续表

国别/指标		高收入国家													中等收入国家			
		澳大利亚[1]	加拿大[2]	英国[3]	芬兰[4]	日本[5]	意大利[6]	荷兰[7]	新西兰[8]	挪威[9]	沙特[10]	新加坡[11]	瑞典[12]	美国[13]	埃及[14]	伊朗[15]	马来西亚[16]	菲律宾[17]
拥堵延时损失	交通延误费	○	○			○		○						○				
	空气污染费	○	○															
	燃油费		○															○
生产损失	家庭生产损失	○												○				
	误工、缺勤	○	○	○	○	○	○	○	○	○		○		○	○		○	
	招聘、培训新人	○																
生活质量		○	○	○	○		○	○	○		○	○		○	○	○	○	○

注：①Tim Risbey，Mark Cregan，Hema De Silva. Social Cost of Road Crashes［C］. Australasian Transport Research Forum. 2010.

②Lovink J A A. Guide to benefit cost analysis in transport Canada［R］. TP11875E，1994.

③Department for Transport. Highways economic note no 1-2004 valuation of the benefits of prevention of road accidents and casualties［R］. 2005.

④Tervonen J. Accident costing using value transfers：New unit cost for personal injuries in Finland［R］. VTT Communities and Infrastructure，1999.

⑤内閣府政策統括官. 交通事故の被害・損失の経済的分析に関する調査［R］. 2012.

⑥Ciro Caliendo；Maria Luisa De Guglielmo. Accident Rates in Road Tunnels and Social Cost Evaluation［J］. Procedia-Social and Behavioral Sciences，2012（53）：166-177.

⑦SWOV. Road crash costs［R］. 2014.

⑧Financial，Economic and Statistical Analysis Team. Social cost of road crashes and injuries 2015 update［R］. Ministry of Transport，New Zealand Government，2016.

⑨Veisten K.，Flugel S.，Elvik R. Value of time，safety and environment in passenger transport［R］. TOI report 1053C，2010.

⑩Hasan A Mohamed. Estimation of Socio-Economic Cost of Road Accidents in Saudi Arabia：Willingness-To-Pay Approach（WTP）. Advances in Management and Applied Economics，2015，5（3）：43-61.

⑪Swedish Civil Contingencies Agency，Social costs of accidents in Sweden［R］. 2012.

⑫Swedish Civil Contingencies Agency，Social costs of accidents in Sweden［R］. 2012.

⑬National Highway Traffic Safety Administration. The Economic and Societal Impact of Motor Vehicle Crashes. 2015.

⑭Mohamed A Ismail，Samar M M Abdelmageed. Cost of Road Traffic Accidents in Egypt［J］. International Journal of Social，Education，Economics and Management Engineering，2010，4（6）：222-228.

⑮Mohammad Reza Ahadi，Hesamoddin Razi-Ardakani. Estimating the Cost of Road Traffic Accidents in Iran using Human Capital Method［J］. International Journal of Transportation Engineering，2014，2（3）：163-178.

⑯Mohd Faudzi Mohd Yusoff，Nuura Addina MOHAMAD，et al. Malaysian Value of Fatal and Non Fatal Injury due to Road Accident：The Willingness to Pay Using Conjoint Analysis Study［J］. Proceedings of the Eastern Asia Society for Transportation Studies，2011（8）.

⑰Mark Richmund M De leon，Primitivo C CAL et al. Estimation of Socio-economic Cost of Road Accidents in Metro Manila［J］. Journal of the Eastern Asia Society for Transportation Studies，2005（6）：3183-3198.

涉及财产损失的交通事件。而国内对于疲劳驾驶事故经济损失评价的指标选取过于单一，仅有直接财产损失一项。按照《中华人民共和国交通安全法》的规定，道路交通直接经济损失是指事故现场造成的车辆、财产损失折合人民币的款额，包括：因事故造成的车辆、运输货物损毁、道路设施损坏等的直接经济损失，不含现场抢救（险）、人身伤亡善后处理的费用，也不含停工、停产、停业等所造成的财产间接损失。所以，《中国交通统计年鉴》中对于疲劳驾驶事故经济损失的统计仅限于直接财产损失，并没有涵盖更广泛的统计内容。综合以上各国对交通事故经济损失测算所选取的指标要素以及疲劳驾驶事故的特点（伤亡程度较高），本节对中国疲劳驾驶事故经济损失评价指标的选取如下：

1. 直接经济损失

直接经济损失（*DR*）是指事故发生后与其直接联系的、能用货币形式直接或间接估算的损失，既包括事故发生时的急救处理费用，也包括事故后的治疗费用、设备修缮及善后赔偿等费用，例如，财产损失、医疗费用、急救处理及善后赔偿支出等，通常而言该种经济损失是较容易被确定和可测量的。

（1）财产损失（*PDC*）。由于发生疲劳驾驶事故致使对车辆、货物、道路等的破坏，因此需要为事后修缮或购买新设施而产生的支出。二级指标主要包括：车辆损失（*PDC*_ 1）、货物损失（*PDC*_ 2）、道路设施损失（*PDC*_ 3）等。

（2）医疗支出（*MTC*）。所有的研究无一例外都会包括医药费、住院费以及康复费用等。本节也不例外，该项支出是发生疲劳驾驶事故时所需的急救医疗服务，进行救治时所需承担的医疗、医药等的支出，以及部分伤害者由于暂时性或永久性残障而要进行伤残鉴定和康复性治疗所需的支出。结合《企业职工工伤保险试行办法》（劳部发〔1996〕266号）中的“工伤保险待遇”，本节主要包括以下二级指标：治疗费（*MTC*_ 1）、医药费（*MTC*_ 2）、门诊挂号费（*MTC*_ 3）、护理费（*MTC*_ 4）、住院费（*MTC*_ 5）、住院伙食费（*MTC*_ 6）、就医交通费（*MTC*_ 7）、康复费（*MTC*_ 8）、伤残鉴定费（*MTC*_ 9）、尸检费（*MTC*_ 10）等。

（3）应急处理及善后赔偿支出（*EHC*）。有的研究将警务机构和消防机构的服务支出纳入直接经济损失的范围内[①]。为尽可能地消除事故的后果和隐患，需要进行应急处理和善后赔偿工作，因此势必会消耗人力、物力、时间，由于为处理疲劳驾驶事故提供必要的服务，从而减少该资源用于其他活动的可能性所造成的损失。发生疲劳驾驶事故时需要急救治疗服务以及警务及消防人员的及时管控，事后保险公司、司法机构介入所需的支出，以及民政部门对死亡人员家属给予的丧葬补贴，对残障人员给予的社会救济补贴等。二级指标主要包括：急救治疗服务费（*EHC*_ 1），警务处理费（*EHC*_ 2），消防处理费（*EHC*_ 3），保险公司运营费（*EHC*_ 4），与司法机构关联的咨询、调查、诉讼、审判费（*EHC*_ 5），福利及社会救济补贴（*EHC*_ 6）等。

2. 间接经济损失

间接经济损失（*IDR*）是指与事故无直接关联但能以货币价值衡量的损失，通常这笔支出不会被直接反映在会计账本上或不会通过保险担负。本部分涉及的间接经济损失主要是指生产损失（工作场所生产损失和家庭活动生产损失）和拥堵延时损失，即均为时间上的损失。

（1）工作场所生产损失（*PL*）。多数研究者基于一个经济假设，即：员工的工资等于他的边际产品价值，因此失去的产出价值应该等于失去的收入[②]。工作场所生产损失主要是由受害者歇工的收入损失，以及录用新员工的成本组成。歇工的收入损失不仅包括工资损失也包括福利损失，因为员工的福利也是由雇主支付的。由于疲劳驾驶事故导致受害者死亡或出现不同程度的伤残状况，势必会缺勤，延误工期。轻伤人员的短暂缺勤，重伤人员则需要数月恢复，尤其是对于长期不能回到工作岗位的员工，企业要招聘、培训新人而担负成本。有些人员即便回到原有企业，由于身体状况已经不再胜任

① Lebeau M.，Duguay P. The costs of occupational injuries：A review of the literature ［R］. Studies and Research Projects，Report R-787，2013.

② International Labour Office. Estimating the Economic Costs of Occupational Injuries and Illnesses in Developing Countries：Essential Information for Decision-Makers ［R］. International Labour Organization，2012.

驾驶工作，要面临更换岗位的损失；甚至一些人员要重新在劳动力市场寻找新的职业和工作，要为此付出搜寻成本，但这些是难以计算和衡量的。二级指标主要包括：缺勤、误工所带来的收入损失（*PL*_ 1），企业招聘、培训新人的成本（*PL*_ 2）。

（2）家庭生产损失（*HPL*）。家庭生产损失是指受害者本人不仅不能参与家务劳动还需要他人的照顾，而所要担负的家庭劳务损失。由于疲劳驾驶事故导致受害者出现不同程度的伤残状况，尤其是全部或部分丧失劳动能力人员，至少需要一名家庭成员放弃工作或者雇佣小时工对其照顾。如果每小时的家庭生产活动损失计算是基于受害者的小时工资，那么这项损失有可能会被高估，因为一般家庭往往会让比自己小时工资低的人员从事家庭生产活动。也就是说在从事家庭生产活动时，个人家庭生产价值要低于他们自身的工资水平①。

（3）拥堵延时损失（*CC*）。拥堵延时损失是指当发生疲劳驾驶事故时，道路交通必然会发生拥堵情况，此时对于该条道路上的其他驾驶人员和乘客都存在时间成本的损失。而堵车所带来的由行驶车辆尾气排放造成的局部空气污染、噪声污染等，也要为所消耗的燃油料付出成本。二级指标主要包括：乘驾者延时损失（*CC*_ 1）、货物延时损失（*CC*_ 2）、额外燃油消耗成本（*CC*_ 3）等。

3. 生命价值

生命价值（*VOL*）主要通过对伤害者生活质量损失（*QL*）的测量而得到，是一种无形的损失，此项已被纳入越来越多的职业伤害经济损失估算中。疲劳驾驶事故发生后，尤其是丧失劳动能力的员工所要承担的伤痛，本人及其家属对未来生活憧憬的破灭，家庭要为此付出的情感，以及因此所带来的生活质量的下降②。

---

① Raymond, Richard. Which estimates of household production are best? A Comment ［J］. Journal of Forensic Economics, 1993, 6 (2): 161-163.

② Weil D. Valuing the economic consequences of work injury and illness: a comparison of methods and findings ［J］. American Journal of Industrial Medicine, 2001, 40 (4): 418-437.

三、疲劳驾驶事故经济损失测算的计量模型构建

(一) 疲劳驾驶事故经济损失测算的方法选取

交通事故经济损失评价至今已有50年的历史，1967年，道森（Dawson）用净产值法对事故经济损失进行估算；进入70年代末开始逐渐被总产值法所取代，因为一些学者认为，伤亡人员事故后的生活消费不应该从总生产损失中剔除；80年代发达国家开始将受害者情感上的悲伤、痛苦价值化，纳入总经济损失中，弥补了之前经济损失测算中对于生命价值衡量的缺失；90年代意愿支付法开始被应用，一些国家十分明确地将受害人员及其家庭生活质量的损失用此方法进行测算[①][②]。随着时代的变迁和社会发展水平的提高，人们越来越重视对生命价值的衡量，尤其是一些欧洲国家，例如，瑞典、芬兰、瑞士、爱尔兰、英国等生命价值所占的比重都在54%~67%[③]。一些发达国家，包括生活质量损失在内的经济损失占GNP的比重在0.5%~5.7%（平均值为2.5），不包括生活质量损失在内的经济损失占GNP的比重在0.3%~2.8%（平均值为1.3%），有些国家对于生活质量损失估算值很高，例如，美国该指标占GNP的3.7%，是其他所有指标总和的1.85倍，新西兰则是3.89倍[④]。综上所述，对于交通事故经济损失的评价方法主要包括：总产值法、人力资本法、净产值法、人寿保险法、法院裁决法、公共部门不明确估值法、条件价值法（支付意愿法）[⑤]。从目前的研究看，多数国家采用人力资本法和意愿支付法共同对交通事故经济损失进行估算，并且都在试图尝试用此方法对生命价值

① Department for International Development. Guidelines for Estimating the Cost of Road Crashes in Developing Countries [R]. 2003.

② Elvik R, Mackay M, Monclus J, et al. Social and economic consequences of road traffic injury in Europe [R]. European Transport Safety Council (ETSC), 2007.

③ Koornstra M, Broughton J, Cauzard J P, et al. Transport accident costs and the value of safety [R]. European Transport Safety Council, 1997.

④ Rune Elvik. How much do road accidents cost the national economy? [J]. Accident Analysis and Prevention, 2000, 32 (6): 849-851.

⑤ TRL. Overseas Road Note 10-Costing Road Accidents in Developing Countries [R]. 1995.

进行估计。例如，通过事故风险的可能性以及为减少风险而购买预防设备、采取防范措施，如：行车记录仪、瞌睡提醒器、抗疲劳护目镜等所愿意支付的费用等。虽然对于生命价值的研究存在一定的差别，但是研究者达成了几点共识：①生命具有价值，因为其成长和劳动能力的形成与维持需要花费大量的成本；②生命具有生产能力；③生命是可以估算价值的[①]。

（二）疲劳驾驶事故的伤亡分类标准

由于疲劳驾驶交通事故所造成的伤亡程度不同，所承担的经济损失也有较大差距。中国对于死亡的统计界定是指当场死亡或受伤后 7 日抢救无效死亡。而国际的统计期限则是 30 日。因此，如果按照国际标准衡量，实际的死亡人数要比中国上报的死亡人数多，由此所计算出的经济损失也会相差较大。因此，厘清伤亡的统计界定与分类对于疲劳驾驶事故经济损失评价的计量模型构建十分重要。

各国交通的实际情况不同，因此对于事故的分类也有所差异，从而形成了多样的分类情况。主要分类方法如下：英国采用的是简明分类法，根据事故受害者伤亡程度，将其分为死亡、重伤和轻伤三类，这种划分方法较为简单[②]。美国公路委员会将汽车交通事故分为：死亡、A 级（重伤）、B 级（轻伤）、C 级（仅有财物损失）[③]。1969 年，AIS 在美国被采用，将伤害程度划分为 6 种用 1~6 得分进行记录，即：死亡（6）、危险（5）、严重（4）、较重（3）、中等（2）、轻伤（1）。但是该分类标准是基于身体部位进行评估的，并且会对长期损害程度做出判断，但是身体的损害程度越高，对长期判断的准确性越难把握，例如：下肢的损伤会导致更为严重的长期后果[④]。MAIS 是

① 杨家康．生命价值评估理论方法与实证研究［D］．镇江：江苏大学，2010.

② Department for Transport. Road Casualties Great Britain：2007［M］. London：Transport Statistics Publications，2008.

③ 曹阳，刘小明，任福田，等．道路交通事故伤亡经济损失的计量方法［J］．中国公路学报，1995（8）：115-119.

④ Blincoe L，Seay A，Zaloshnja E，et al. The economic impact of motor vehicle crashes，2000［R］. National Highway Traffic Safety Administration（NHTSA）Technical Report，2002.

由美国汽车医疗委员会定义的，它将人员伤害分为六个等级，仅有财产损失（MAIS 0）、轻度伤害（MAIS 1）、中度伤害（MAIS 2）、严重伤害（MAIS 3）、剧烈伤害（MAIS 4）、当时死亡（MAIS 5）。它是在 AIS 的基础上开发的更适用于多发病患者的分类，常用于评估损害的总体严重程度①。根据《道路交通事故等级划分标准》，中国在交通事故统计中将伤害分为死亡（以事故发生后7天内死亡为限），重伤（按照《人体重伤鉴定标准》执行）、轻伤（按照《人体轻伤鉴定标准》执行）。但是按照《道路交通事故受伤人员伤残评定》将伤残等级分为 10 等级，还建立了多等级伤残和肢体功能丧失的综合计算法。

各国对于伤害等级的划分多是建立在利于事故统计和医学鉴定的基础上，反应事发当时的伤害情况。对受害者的伤残程度对未来工作、生活能力方面的影响考虑不足。例如，一位受害者由于事故造成下肢严重损伤，但事实上他所从事的是办公室工作，并不像快递人员那样需要具备没有障碍的行走能力，即便走路不方便也不会妨碍他完成任务，因此对他而言能够较为容易回到原有的岗位工作。又例如，如果一名外科医生在事故中损伤了一根手指，并出现不能恢复的残疾症状，即便在鉴定时该种伤残等级并不高，甚至在事故伤亡分类中也不会将其纳入严重伤害的范围，但事实上该名医生将面临无法再从事外科手术而不得不转岗的风险。如果快递人员出现了下肢行走障碍，那么毫无疑问将面临失业。这就是目前事故伤亡分类中的弱点，即未将受害者未来的劳动和生活能力纳入其中，也就是没有考虑受害者在统计期之后的康复情况。因此，那些在统计期内被鉴定为中度、轻度伤害，却给以后的生活造成不便，甚至造成更换职业、工作或者转岗、失业的情形，这一经济损失被低估。

所以，中国有学者为了更好地将伤害程度与工作能力结合起来，提出了新的分类方法。将受伤程度分为：死亡、终生性致残重度伤害（人体至少一

---

① Blincoe L, Miller T R, Zaloshnja E, et al. The economic and societal impact of motor vehicle crashes, 2010［R］. National Highway Traffic Safety Administration（NHTSA）Technical Report, 2015.

年时间无法恢复工作能力，且工作能力终生不能恢复到受伤前的状态）、暂时性致残重度伤害（人体一个月以上时间不能恢复其工作能力，但工作能力能在一年内恢复）、非致残性重度伤害（人体一个月以内时间不能恢复其工作能力，但不会导致终身残疾）、轻度伤害①。虽然这种划分方法在一定程度上有了很大的改进和完善，却依旧存在着低估因“无法恢复到受伤前的工作能力”而不得不更换职业、工作或是转岗的情形。但是，这种分类方法至少在试图将受害者日后的劳动、生活能力纳入伤害分类标准中，因此这是一种基于工作能力损失的划分方法。

（三）疲劳驾驶事故经济损失测算的计量模型构建

1. 疲劳驾驶事故经济损失的总体计量模型构建

本研究的总体计量模型构建如下：

$$C_S = f(DR,\ IDR,\ VOC) \tag{5.13}$$

公式（5.13）中，C_S 表示疲劳驾驶事故的经济总损失值，DR 表示直接经济损失，IDR 表示间接经济损失，VOC 表示生命价值。

2. 疲劳驾驶事故直接经济损失的计量模型构建

本研究的直接经济损失计量模型构建如下：

$$C_{DR} = f(PDC,\ MTC,\ EHC) \tag{5.14}$$

公式（5.14）中，C_{DR} 表示直接经济损失，PDC 表示财产损失，MTC 表示医疗支出，EHC 表示应急处理及善后赔偿支出。

（1）财产损失的总体计量模型构建。对本研究财产损失的总体计量模型构建如下：

$$PDC = \sum_{i=1}^{n} PDC_i (i = 1,\ 2,\ 3) \tag{5.15}$$

公式（5.15）中，PDC 表示疲劳驾驶事故的财产总损失值，PDC_1 表示车辆损失费；PDC_2 表示货物损失费；PDC_3 表示道路设施修缮费。

① 姜华平．道路交通事故社会经济损失评价理论研究［D］．长春：吉林大学，2005：17-18.

第一，车辆损失的计量模型构建。车辆损失主要与疲劳驾驶事故中所涉及的车辆数量、车辆损坏程度和车辆类型等因素相关。一般而言，在事故中所涉及的车辆数量越多，造成的车辆损坏程度越大，车辆的市值越高，车辆损失费也就越高。有学者将车辆损坏程度划分为四个等级：报废（不能行使，需拖走，无修复可能）、严重损坏（不能行使，需拖走，需修理，通常可修复）、一般损坏（能行驶，需修理，可修复）、轻微损坏（能行驶，外表损坏，视情况修复）①。但是，一般而言分为两种情况：一种情况是车辆完全报废，或是失去修复的价值；另一种情况是车辆破损，但是经过维修或更换零部件，可以恢复到事故前的功能、外观状态。对于车辆损坏程度的认定一般是先由交通部门进行责任认定，再根据保险公司车辆理赔部门的评估结果进行赔偿。疲劳驾驶事故多发生于客车和货车，客车一般分为小型、中型、大型三种型号，而货车则分为轻型、中型、重型三种型号。综上所述，构建车辆损失的计量模型：

$$L_{PDC_1} = f(n,\ m_j,\ r_k,\ l_i,\ p_{ijk})$$

$$(j = 1,\ 2,\ 3),\ (k = 1,\ 2,\ 3),\ (i = 1,\ 2,\ 3,\ 4) \tag{5.16}$$

$$= \sum_{j=1}^{3} \sum_{k=1}^{4} \sum_{i=1}^{4} \sum_{n=1} p_{ijk} \tag{5.17}$$

其中：

$$p_{ijk} = \alpha(t_1 - t_2) P_{ijk} \tag{5.18}$$

公式（5.16）中，L_{PDC_1} 表示车辆损失费；n 表示疲劳驾驶事故中车辆的损坏数量；m_j 表示事故车辆的类别，j 的取值范围为 1~3，分别代表客车、货车、其他车辆；r_k 表示事故车辆的型号，k 的取值范围为 1~3，分别代表小型车辆、中型车辆、大型车辆；l_i 表示事故中车辆的损坏程度，i 的取值范围为 1~4，分别代表轻微损坏、一般损坏、严重损坏、报废；p_{ijk} 表示事故中受损车辆的市值。公式（5.18）中，P_{ijk} 表示该车辆的出厂价格，α 表示使用年限的折旧率，t_1 表示事故发生的日期间，t_2 表示车辆出厂日期，$t_1 - t_2$ 表示车辆的使用年限。

第二，货物损失的计量模型构建。货物损失主要与疲劳驾驶事故中所涉

① 范艳辉，许洪国．道路交通事故财产损失评价及计量模型［J］．统计与决策，2007（1）：24-25.

及的损毁的货物数量、货物的市值以及运输货物的费用有关。而运输货物的费用通常是由货物的重量、市值保价等构成的。由此，构建货物损失的计量模型：

式 $$L_{PDC_2}=f(n, m_j, p_j, \alpha_j) \tag{5.19}$$

$$=\sum_{j=1}^{n} m_j p_j \alpha_j \tag{5.20}$$

其中： $$\alpha_j = 1 + \frac{c_j}{p_j q_j} \tag{5.21}$$

公式（5.19）中，L_{PDC_2} 表示车辆损失费；n 表示疲劳驾驶事故中货物的损毁数量；m_j 表示事故中第 j 种货物的损毁量；p_j 表示事故中损毁货物的市值；α_j 表示运输费用的折算系数。公式（5.21）中，c_j 表示运输费用；q_j 表示货物的运载量。

第三，道路设施损失的计量模型构建。疲劳驾驶容易致使车辆冲出路面、路基（隔离带、路肩等）、桥梁，以及其他辅助设施（交通标志、护栏等）等，因此，事故也给道路设施造成一定程度的损坏。所以道路设施损失与损毁的设施类型、损毁数量、损毁程度以及设施的市值有关。为便于研究，可将损毁程度分为完全损坏以致无法修复和部分损坏且可修复两种。由此，构建道路设施损失的计量模型：

$$L_{PDC_3}=f(n, m_j, l_i, p_{ji}) \tag{5.22}$$

$$=\sum_{j=1}\sum_{i=1}\sum_{n=1} p_{ji} \tag{5.23}$$

其中： $$p_{ji}=\alpha(t_1-t_2)P_{ji} \tag{5.24}$$

公式（5.22）中，L_{PDC_3} 表示道路设施损失费；n 表示疲劳驾驶事故所造成的道路设施损毁数量；m_j 表示事故中损坏的设施类别；l_i 表示事故中设施的损坏程度；p_{ji} 表示事故中损坏设施的市值。公式（5.24）中，P_{ji} 表示该车辆的出厂价格，α 表示使用年限的折旧率，t_1 表示事故发生的日期间，t_2 表示车辆出厂日期，t_1-t_2 表示设施的使用年限。

（2）医疗支出的计量模型构建。对本研究医疗总支出的计量模型构建如下：

$$MTC = \sum_{i=1}^{n} MTC_i (i = 1, 2, \cdots, 5) \tag{5.25}$$

$$= \sum_{i=1}^{n} \sum_{j=1}^{n} MTC_{ij} (j = 1, 2, \cdots, n) \tag{5.26}$$

公式（5.25）中，MTC 表示事故后医疗费用的支出；MTC_i 表示疲劳驾驶事故不同程度伤亡人员的医疗费用支出；i 的取值范围为 1~5，分别代表轻伤人员的医疗费用支出、非致残性重伤人员的医疗费用支出、暂时性致残重伤人员的医疗费用支出、终生性致残重伤人员的医疗费用支出、死亡人员的医疗费用支出。公式（5.26）中，当 i 取 1 时，由于受伤程度较轻，因此无须过多处置治疗，其费用通常包括：门诊费、治疗费、医药费等；当 i 取 2 时，由于伤势较重，其费用除上述外还应包括：护理费、住院费、住院伙食费、转院交通费等；当 i 取 3 和 4 时，由于出现残疾症状，因此费用还应包括：康复费、伤残鉴定费等；当 i 取 5 时，当场死亡人员应支付尸检费，而在统计期限内的死亡人员除此费用外还应支付以往其他费用（除康复费、伤残鉴定费外）。

（3）应急处理及善后赔偿支出的计量模型构建。由于发生疲劳驾驶事故势必要做出应急处理措施，对于伤亡人员也需要做好善后的赔偿。而这些所要消耗的都是社会服务资源，而这些资源的损耗多来自机构服务人员劳动价值的损失。例如：有学者研究表明，轻微事故需 1 名交警，一般事故不得少于两名，重大事故不得少于 4 名，特大事故不得少于 6 名①。由此，构建社会服务机构支出的计量模型：

$$SSC = \sum_{i=1}^{n} \sum_{j=1}^{n} SSC_{ij} (i = 1, 2, \cdots\cdots, 6), (j = 1, 2, \cdots\cdots, n) \tag{5.27}$$

$$= \sum_{i=1}^{n} \left(\frac{I_i}{T_i} \cdot m_i t_i + C_i \right) (i = 1, 2, \cdots\cdots, 6) \tag{5.28}$$

公式（5.27）中，SSC 表示事故后社会服务机构的支出；SSC_{ij} 表示第 i 服务机构第 j 项费用。i 的取值范围为 1~6，分别代表交通部门、消防机构、

① 易俊．道路交通事故经济损失分析与评价［D］．哈尔滨：哈尔滨工业大学，2006：42.

保险公司、司法机构、医疗机构、民政部门。公式（5.28）中，I_i 表示年工资性收入，T_i 表示年工作时间，m_i 表示事故处理时所投入的服务人员的数量；t_i 表示服务人员在此事故中所投入的工作时间；$\frac{I_i}{T_i} \cdot m_i t_i$ 表示各社会服务机构人员投入的劳动价值损失；C_i 表示各社会服务机构的其他固定支出，例如，所涉及的警车、消防车、办公用车、急救车的折旧费，现场勘查及抢救工具、设施的折旧费，法律咨询费、诉讼费、审判费，丧葬补贴、残疾人员生活、就业补贴等。

3. 疲劳驾驶事故间接经济损失的计量模型构建

本研究的间接经济损失计量模型构建如下：

$$C_{IDR} = f(CC, PL, HPL) \tag{5.29}$$

公式（5.29）中，C_{IDR} 表示间接经济损失，CC 表示拥堵延时损失，PL 表示工作场所生产损失，HPL 表示家庭生产损失。

（1）拥堵延时损失的总体计量模型。该部分主要包括疲劳驾驶事故发生后，由于交通拥堵所引发的车辆延误时间的增加、货物运输成本的增加、旅客行程的影响，以及所造成的环境污染等。因此，构建拥堵延时损失的计量模型如下：

$$CC = \sum_{i=1}^{n} CC_i (i = 1, 2, 3) \tag{5.30}$$

公式（5.30）中，CC 表示由于疲劳驾驶事故所造成的拥堵延时损失值，CC_1 表示乘驾者延误损失，CC_2 表示货物延误损失，CC_3 表示燃油消耗成本。

第一，乘驾者延误损失的计量模型构建。乘驾者延误损失主要与公路类型、车道类型、道路连接类型、客运量、延误时间等有关。根据文献可知，高速公路是指交通流量年平均至少 2.5 万辆，如果是八车道最高可达 8 万辆；一级公路平均交通流量为 1.5~5.5 万辆，四车道最少时为 1.5 万辆，六车道最多时达 5.5 万辆；二级公路平均交通流量 0.5~1.5 万辆，一般为双车道；三级公路平均交通流量 0.2~0.6 万辆，一般为双车道；且相同等级的城市道路交通流量要大于城乡间的交通流量①。由此，构建乘驾者延误损失的计量模型：

$$L_{CC_1}=f(T,\ p_i,\ m_j,\ n_k,\ l_{ijk})$$

$$(i=1,\ 2,\ 3,\ 4),\ (j=2,\ 4,\ 6,\ 8),\ (k=1,\ 2) \tag{5.31}$$

$$=T\cdot\frac{I}{t}\cdot\sum_{i=1}^{3}\sum_{j=1}^{8}\sum_{k=1}^{2}l_{ijk} \tag{5.32}$$

其中：

$$l_{ijk}=\alpha\beta Q_{ijk}G_e(e=1,\ 2,\ 3) \tag{5.33}$$

$$T=\sum_{z=1}^{4}T_z(z=1,\ 2,\ 3,\ 4) \tag{5.34}$$

公式（5.31）中，L_{CC_1} 表示乘驾者延误时间损失值；T 表示延误时间；p_i 表示公路类型，i 的取值范围为 1~4，分别代表高速公路、一级公路、二级公路、三级公路；m_j 表示车道类型，j 的取值范围为 2~8（取偶数），分别代表双车道、四车道、六车道、八车道；n_k 表示道路连接类型，k 为 1 时，代表城市间连接，k 为 2 时，代表城乡间连接；l_{ijk} 表示客运量。公式（5.33）中，参数 α 表示客车所占交通量的比例；β 表示客车载客率；G_e 表示客车型号，e 的取值范围为 1~3，分别代表小型客车、中型客车、大型客车；Q_{ijk} 表示排队的车辆数。公式（5.34）中，T_z 表示延误的时间，z 的取值范围为 1~4，分别代表事故发生时刻到通知事故处理部门的时间段（T_1），事故处理人员获得信息至到达事故现场的时间段（T_2），事故处理人员在现场调查取证、处理、清理的时间（T_3），事故现场交通疏散至恢复通车的时间段（T_4）②。

第二，货物延误损失的计量模型构建。由于疲劳驾驶事故会引起道路交通发生拥堵，致使车辆延误，使得运输在路途上的货物积压的资金利息增加，而这部分增加的利息就是每年货物运输延误的损失。因此，构建货物延误损失的计量模型：

$$L_{CC_2}=f(T,\ P,\ p_i,\ m_j,\ n_k,\ l_{ijk})$$

$$(i=1,\ 2,\ 3,\ 4),\ (j=2,\ 4,\ 6,\ 8),\ (k=1,\ 2) \tag{5.35}$$

---

① 中建标公路委员会．公路工程技术标准［M］．北京：人民交通出版社，2004：2-16.

② 刘恩猛．道路交通事故经济损失计算方法研究［D］．长春：吉林大学，2014：43-44.

$$= \gamma P \cdot \frac{T}{365 \cdot 24} \cdot \sum_{i=1}^{3} \sum_{j=1}^{8} \sum_{k=1}^{2} l_{ijk} \tag{5.36}$$

其中：

$$l_{ijk} = \alpha\theta Q_{ijk} G_e (e = 1, 2, 3) \tag{5.37}$$

$$T = \sum_{z=1}^{4} T_z (z = 1, 2, 3, 4) \tag{5.38}$$

公式（5.35）中，L_{CC_2} 表示货物延误时间损失值；T 表示延误时间；P 表示货物的市值；参数 γ 表示流动资金的贷款年利率。p_i 表示公路类型，m_j 表示车道类型，n_k 表示道路连接类型，l_{ijk} 表示货运量。公式（5.37）中，参数 α 表示货车所占交通量的比例；参数 θ 表示流动资金的货运量所占比例；G_e 表示货车型号，e 的取值范围为 1~3，分别代表轻型货车、中型货车、重型货车；Q_{ijk} 表示排队的车辆数。T_z 表示延误的时间。

第三，额外燃油消耗成本的计量模型构建。在交通拥堵造成道路上的机动车辆行驶缓慢的过程中，驾驶人员需要在踩刹车和踩油门之间不停切换，势必会消耗额外的燃料，增加油耗。这种额外造成社会成本增加的情况，属于非正常的资源损耗，因此该部分成本应该包括在事故的经济损失中①。因此，构建额外燃油消耗成本的计量模型：

$$L_{CC_3} = f(T, P, q_i)(i = 1, 2, \cdots\cdots, n) \tag{5.39}$$

$$= T \cdot P \cdot \sum_{i=1}^{n} q_i \tag{5.40}$$

其中：

$$T = \sum_{z=1}^{4} T_z (z = 1, 2, 3, 4) \tag{5.41}$$

公式（5.39）中，L_{CC_3} 表示燃油消耗损失值，T 表示延误时间，P 表示燃油价格；q_i 表示不同车辆每小时的额外燃油消耗量。

（2）工作场所生产损失的计量模型构建。疲劳驾驶事故的发生会导致受害者在一定时间内无法参与工作场所的生产活动，因此势必会造成社会劳动价值的损失。由于伤亡程度不同所以对社会劳动价值的影响也存在较大差异。有学者研究表明，暂时性致残重伤人员一般要康复修养 4~8 个月，平均为 6

① 佟琼，王稼琼，王静．北京市道路交通外部成本衡量及内部化研究［J］．管理世界，2014（3）：1-9.

个月；非致残性重伤人员的康复期要一个月左右①。由于劳动价值的损失是通过对个人未来收入的折现计算出来的，因此折现率的取值十分关键。由于要考虑工资性收入会受到国民经济水平的影响，因此还要将经济增长率纳入计算中，并且要对当期至计算年期间的经济增长率进行预测估算。综上所述，构建工作场所生产损失的计量模型：

$$PL = \eta_l \sum \frac{I_i}{(1 + r_i)^{(t_2 - t_1)}} (l = 1, 2, \cdots\cdots, 5), (i = 1, 2, \cdots\cdots, n) \tag{5.42}$$

$$\text{其中：} I_i = \begin{cases} I \cdot (1 + G_0)^{(t_2 - t_1)} (\text{当 } t_2 \leqslant T \text{ 时}) \\ I \cdot (1 + G_0)^{(T - t_1)} \cdot (1 + G_1)^{(t_2 - T)} (\text{当 } t_2 > T \text{ 时}) \end{cases} \tag{5.43}$$

公式（5.42）中，PL 表示社会劳动价值损失值；I_i 表示计算年的工资性收入；r_i 表示计算年的折现率；t_2 表示计算年；t_1 表示基准年；参数 η_l 表示不同伤亡程度下的时间系数，l 的取值范围为 1~5，分别代表死亡（$\eta_1=1$）、终生性致残重伤（$\eta_2=1$）、暂时性致残重伤（$\eta_3=0.5$）、非致残性重伤（$\eta_4=0.1$）、轻伤（$\eta_5=0.01$）。公式（5.43）中，G_0 表示计算年之前的经济增长率；G_1 表示计算年之后的经济增长率；T 表示当期。

（3）家庭生产损失的计量模型构建。疲劳驾驶事故的发生会导致受害者在一定时间内无法参与工作场所的生产活动，也无法参与家庭生产活动，因此，劳务价值的损失也应当给予考虑。由于伤亡程度不同所以对于劳务价值的影响也存在较大差异。例如，终生性致残重伤人员，不但自己无法参与劳务活动，还需要他人的照顾。因此，劳务价值损失可按照非全日制员工工资水平计算。综上所述，构建劳务价值损失的计量模型：

$$HPL = \eta_l \sum \frac{C_i}{(1 + r_i)^{(t_2 - t_1)}} (l = 1, 2, \cdots\cdots, 5), (i = 1, 2, \cdots\cdots, n) \tag{5.44}$$

① 姜华平．道路交通事故社会经济损失评价理论研究［D］．长春：吉林大学，2005：72-86.

$$\text{其中：} C_i = \begin{cases} C \cdot (1 + G_0)^{(t_2 - t_1)} (\text{当} t_2 \leqslant T \text{时}) \\ C \cdot (1 + G_0)^{(T - t_1)} \cdot (1 + G_1)^{(t_2 - T)} (\text{当} t_2 > T \text{时}) \end{cases} \quad (5.45)$$

公式（5.44）中，HPL 表示劳务价值损失值；C_i 表示计算年非全日制员工的平均工资；r_i 表示计算年的折现率；t_2 表示计算年；t_1 表示基准年；参数 η_l 表示不同伤亡程度下的时间系数。公式（5.45）中，G_0 表示计算年之前的经济增长率；G_1 表示计算年之后的经济增长率；T 表示当期。

本章小结

本章作为“过劳”经济损失测算的典型案例分析，在一般理论及方法研究框架的基础上，对生产安全事故与疲劳驾驶事故经济损失测算的理论及方法，展开了较为详尽的论述和探讨。旨在从普适性、共同性特征中找到不同之处。事故作为“过劳”发生后的一种不良后果，给受害者带来了不同程度的人身伤害，甚至死亡的发生；给受害者家属也带来了一定的精神、情感伤害；给生产经营单位带来了伤亡赔偿、减产，甚至停工的风险；给公共部门带来了资源的损耗。而这些都源自严重的过度劳动行为，员工不加以自控，企业不加以管制，酿成了这些“祸事”。而这些社会经济损失的研究在国内鲜有学者问津。

本章首先对事故及其相关概念进行了梳理，将雇佣事故与职业事故、工伤事故等进行辨别和区分。并对本章中所指的安全事故进行了框定和统计范畴上的限制。导致安全事故发生的原因有很多，而疲劳是经常被提起的重要原因之一。通过文献研究可知，在一定的工作强度、持续工作、长时间劳动、缺乏睡眠时间等情况下更容易引发事故的发生。而疲劳无疑是诸多因素中更为确定的因素。

本章以案例分析的方式，对生产安全事故经济损失要素的划分及构成进行了梳理，结合生产经营活动的特点，最终将要素划分为：直接经济损失、间接经济损失和生命价值。对经济损失的评价方法选取做出了较为详尽的考虑。人力资本法和意愿支付法是目前被各国广泛使用的两种评价方法。在这些理论、方法的基础上，构建了生产安全事故经济损失的计量模型。首先对各国施行的生产安全事故的伤亡分类标准进行了汇总，再依据国内学者的研究成果，以及生产安全事故本身所具有的“多数为轻微伤害、物质损毁等，伤害程度较低”的特点，将其伤害等级划分为六类。只有详细的划分伤害等级才能更为具体地对经济损失进行测算。

本章在文献述评的基础上，将疲劳驾驶事故纳入典型案例分析中，首先透视了我国疲劳驾驶事故现状，并对其引发事故的成因进行了分析，从而对疲劳驾驶所造成的经济损失评价做出了理论分析。国外已有不少发达国家对疲劳驾驶事故经济损失进行过测算，但中国对这方面的研究成果并不多见，也未引起足够的重视。本章首先根据疲劳驾驶事故的特征，对经济损失要素的形式进行了划分，并选取直接经济损失、间接经济损失、生命价值作为指标要素。在各大类指标下的小指标中结合事故特点，选取了一些与生产安全事故不同的指标，例如，拥堵延时损失等。在方法的选取上，主要包括：总产值法、人力资本法和意愿支付法。根据国际上对死亡明确的统计期限及标准，以及各国对伤害等级的划分，结合国内学者的早期研究、疲劳驾驶事故的伤害特征以及伤后劳动能力状况，最终将伤亡程度分为五类。本章在以理论、方法为铺垫的前提下，构建了疲劳驾驶事故经济损失测算的计量模型。

第六章　防止“过劳”的国外经验及启示

第一节　国外相关法律及经验借鉴

一、日本关于“过劳死”的法律发起

日本对于“过劳死”的法律认定经历了漫长的过程，政府在法律上迟迟不肯做出明确规定。即使在 1961 年对心、脑疾病致死的情况进行了劳灾认定，但是条件极其苛刻，必须是“当事人死亡前日的工作时间达到通常工作时间的 3 倍以上”[①]。所以，能够成功申诉获得劳灾赔偿的家属少之又少。1980 年以后随着“过劳死”事发案件的逐年增多，1988 年 6 月，以全国律师、医生以及职业病的专家为中心，建立了“过劳死 110 号”，开设了与市民互动、咨询的窗口。在随后的一年当中咨询量达到 1 000 件。全国境内设有 47 所 110 联络站，主要用来处理过劳死的劳灾申请、辩护、起草相关的法律文件等[②]。同年 10 月成立了“过劳死律师团全国联络会”，1991 年又成立了“全国过劳死家族会”。在律师、医生、遗孀以及一些民间组织机构的不断呼

① 孟续铎．劳动者过度劳动的成因研究：一般原理与中国经验［D］．北京：首都经济贸易大学，2013：20.

② 過労死弁護団全国連絡会議．KAROSHI［過労死］［M］．窓社，1991：93-94.

吁和推动下，一些法律法规相继出台。

1987 年 10 月，日本厚生劳动省对《劳动者灾害补偿保险法》进行了修订，将“过劳死”纳入劳灾认定的范围内①。2001 年 12 月，日本对“过劳死”的认定基准再次做了修正，将其定为“发病前 1 个月加班超过大约 100 小时，或者发病前 2~6 个月内平均每月加班大约超过 80 小时”②。近 30 年来的申报数据显示，110 号咨询电话开通后受理事件呈逐年递增趋势。1988 年 6 月 18 日到 2014 年 6 月 14 日，日本“过劳死 110”共接到来自全国 10 813 起告发事件，其中劳灾补偿事件 6 003 起，包括过劳所引起的心脑猝死、过劳自杀等死亡事件 3 685 起，以及 3 409 起过重劳动预防事件和 1 401 起其他事件③。2007 年到 2015 年，日本“过劳自杀”的人数从未低于 2 000 人，2011 年达到顶峰为 2 689 人，后有所下滑，2015 年为 2 159 人④。

过劳死律师团不仅自行替政府起草“过劳死”相关法律的草案，还从 2011 年 11 月 18 日起在全国范围内发起百万人签名活动，敦促政府尽快立法，同意出台《防止过劳死基本法》。在这个组织的法案起草和推动下，2010 年 4 月日本出台了《过重劳动对策基本法（案）》，2014 年 5 月出台了《过劳死防止法（案）》，并于 11 月 1 日施行⑤（见表 6.1）。随后民间社会团体于 2015 年 5 月成立了“过劳死防止学会”，该学会主要开展有关过劳自杀、过劳疾病等的研究，旨在为有效地防止过劳死提供对策。该学会会员所涉及的学科领域甚广，主要由大学学者、政府机构研究人员、医生、律师、活动家、记者、过劳死受害者家属等构成。

---

① 労働政策研究・研修機構．長時間労働とメンタルヘルス不調の実情［J］．ビジネス・レーバー・トレンド（特集働き方の改革「元年」——労働時間の適正化どう取り組むか），2008（8）：22-25.

② 吴迪．日本学者“过劳”问题研究述评［D］．北京：首都经济贸易大学，2013：5.

③ 過労死 110 番全国ネットワーク［OL］．http：//www. karoshi. jp/syukei-10. html. 2014-10-05.

④ 厚生労働省労働基準局．過労死等防止対策白書［OL］．http：//www. mhlw. go. jp/stf/houdou/0000139008. html，2016-11-12.

⑤ 過労死 110 番全国ネットワーク［OL］．http：//www. karoshi. jp/，2014-10-01.

表 6.1　日本相关法律认定路径

发布时间	相关法规	认定的主要内容
1961 年 2 月	《关于中枢神经以及循环器官系统（脑出血、心源性猝死等的）工伤认定基准》	1. 即将发病前，最低限度为当日 2. 以往工作中未曾出现的过重劳动程度 3. 与业务相关联，或者在特定劳动时间内从事过激工作导致精神或身体损害
1987 年 10 月	《脑血管疾病及缺血性心脏疾病等的工伤认定基准》	1. 发病前一周之内 2. 劳动者经历能够明确与工作相关的异常事由 3. 或者被认定为与日常工作相比负荷过重等引起的疾病和死亡
1995 年 2 月	1987 年的认定基准修订	增加若无法证明与工作相关，但在发病前一周，业务明显超过日常工作，可综合判断
2001 年 2 月	1987 年的认定基准修订	见表 6.1（2）
2014 年 6 月	过劳死等防止对策推进法	明确法律中过劳死等的相关定义，由于业务负荷过重引发的心脑血管疾病导致的死亡，或业务造成的心理负荷过重导致的精神伤害而引发的自杀

二、日本、韩国“过劳死”的法律认定

目前，韩国、日本出台了有关“过劳死”认定的规定及章程有不同之处，如表 6.2 所示。但可以看出对“过劳死”的认定包括了三个重要环节：①疾病的类别较为一致，且主要是心脑血管疾病；②疾病的发作与工作相关联，除了韩国对发生在工作期间的心脑血管死亡被认定为是与工作相关联的死亡以外，其他疾病需要证明发病与工作关联性；③都将发病时间与工作的关系分为三种情况：异常状况、短期过度劳动、长期过度劳动，且异常状况都属于发病前情绪或工作环境的剧变导致生理突发异常。

二者不同的是：①日本对长期过度劳动的认定，是以工作时间为限制，如：日本的“如果员工在发病前 1 个月内加班时间超过 100 小时，或在发病前 2~6 个月内每个月平均加班时间超过 80 小时”，具体规定了加班时间与发病时间的关系；而韩国没有此方面的具体规定，缺少明确的判定依据不利于“过劳死”的认定。②韩国对长期过度劳动的认定，除了工作时间以外还将工

作负荷、工作强度、工作环境等因素纳入其中，考虑较为全面。③关于短期过度劳动的认定，日本所描述的判定内容缺乏实质性，只指出对身体和精神的负担，过于笼统；而韩国有具体的内容指标，如：工作量、工作强度、工作时间等，但没有指出发病前的具体时间，用“一段时间内”较为含混（见表6.2）。

表6.2　韩国、日本“过劳死”的认定

韩国 （2008年7月）	1. 如果一位员工患有脑出血、蛛网膜下腔出血、脑梗死、心肌梗死或者主动脉夹层动脉瘤，是由于以下情况引起的，从自然病理过程的结果不会被认为是与工作有关的，将会被认作是有偿工作的相关疾病 （1）在疾病发生之前的工作环境中，经历了意想不到的紧张、激动、恐惧、震惊，或工作环境发生剧烈变化，引起了显著生理变化的情况 （2）由于增加的工作量、工作时间、工作强度、工作职责或工作环境的变化，在发病前短暂的一段时间内，导致精神和身体疲劳的情况 （3）因工作负荷、工作时间、工作强度、工作职责或工作环境的变化而引起的心理和身体负荷过重的情况 2. 任何的心脑血管疾病，即便未涉及以上引发和加重的时间及方式也被认为与工作有关 3. 涉及前两项中的情况，与工作有关的情形必须要提供评估所需的说明，并通过部长审核
日本 （2001年2月）	如果一位员工患有脑出血、蛛网膜下腔出血、脑梗死、高血压、心肌梗死、心绞痛、心脏骤停（包括心源性猝死），或主动脉夹层动脉瘤，并经历了“明显的过度工作负担”，该员工被认为是有报酬的职业病 （1）异常事件：①极度紧张、兴奋、恐惧、惊奇；②一个意外或不可预知的事件，急需员工承受身体负担；③在工作环境中发生了迅速和显著的变化（发生的时间和地点必须清晰，事件必须发生在一种疾病出现之前，或在前一天） （2）短期过度繁重工作：一位员工在发病前一周内，非常明显地担负了对身体或精神上的过度工作负荷（与正常工作相比） （3）长期过度繁重工作：一位员工长期从事过度繁重的工作。工作与发病之间有着较强的相关性假设：如果员工在发病前1个月内加班时间超过100小时，或在发病前2~6个月内每个月平均加班时间超过80小时

资料来源：①厚生労働省都道府県労働局労働基準監督署．脳・心臓疾患の労災認定-「過労死」と労災保険［R］．平成13年．

②Jungsun P，Yangho K，Yawen C，et al. A Comparison of the recognition of overworkrelated cardiovascular disease in Japan，Korea，and Taiwan［J］. Industrial Health，2012，50（1）：17-23.

三、国外疲劳驾驶事故的预防措施

日本对于货车以及客车驾驶人员的劳动时间有着各自单独的规制。在厚生劳动省劳动基准局出台的《改善基准的要点》（2015）中对约束时间及上限、行驶中的休息时间、周最大驾驶时间、连续驾驶时间、双休日工作等做出了相应的规定。对于客运驾驶人员规定：约束时间是指工作从开始到结束的时间，包括工作时间（驾驶和准备时间）、小憩时间、等待客人的时间。每周约束时间总量不得超过 65 小时，但是如果有书面劳动协议可以延长到 71.5 小时；24 小时内的约束时间为 13 小时以内最多可延长到 16 小时；1 日内休息时间（从工作结束到下一次工作开始）必须达到 8 小时以上；原则上每周 40 小时驾驶时间，但是如果有书面协议可延长到 44 小时；连续驾驶时间达到 4 小时必须确保 30 分钟以上的休息时间，如果连续驾驶时间在 4 小时以内，那么每次休息时间不得低于 10 分钟（总共 30 分钟以上）；每两周内的周末必须休息一次。对于货运驾驶人员规定：1 个月约束时间，包括：工作时间（驾驶、准备等时间）、小憩时间、等待货物的时间，原则上不得超过 293 小时，如果有书面协议最多可延长到 320 小时；其余与对客运驾驶人员的规定较为一致。

根据《欧共体驾驶员驾驶时间》（3820/85）规定等，欧洲地区对商用客车驾驶提出：驾驶人员每天最多允许 9 小时的驾驶时间，每周最多允许两次驾驶时间延长至 10 小时，连续 7 日内驾驶时间不得超过 56 小时，连续 14 日内不得超过 90 小时；驾驶人员每日连续休息时间最少为 11 小时，特殊情况可缩减到 9 小时；连续行驶 4.5 小时后，必须中途连续休息不少于 45 分钟；也可中途休息时间安排两个时段。自 2006 年 5 月起，欧盟所有商用客车必须安装数字式行车记录仪，自动记录驾驶人员驾驶时间、车速、行车里程等信息，并要求驾驶人员必须保留 28 个工作日内的记录①。

① 曾诚，刘富佳，等．国内外客车驾驶员疲劳驾驶预防管理政策比较［J］．人类工效学，2014（8）：88-95.

1991 年，日本国土交通部针对机动车安全设备进行研发和推广，通过 5 个“五年计划”普及了 ASV 安全系统，该系统包括预防安全技术、事故回避技术、突发状况时的被害减轻技术、突发状况时的灾害扩大防止技术等①。与预防疲劳驾驶相关的设备除驾驶操作记录仪外，还有警报装置，如果行驶过程中驾驶人员出现打瞌睡、睡觉等情形时，方向盘前的监测装置会检测到，从而发出声响进行提示。不仅是日本，美国、欧洲等汽车公司也十分重视先进安全车的研究和开发工作。

第二节　对中国的启示及对策建议

一、个人层面

（一）休息、锻炼与保健

1. 学会休息与享受闲暇

目前，下班后甚至回到家中依然念念不忘工作和任务的员工越来越多。经济的快速发展，给人们带来的机遇和挑战是前所未有的，但同时也带来了一份更为沉重的压力。尤其是在经济快速发展和科技快速更新的时代，人们越来越难以从工作中真正的脱离出来，工作与非工作的心理距离被极大化的缩短了，工作与非工作的边界也变得异常模糊②。员工无法避免下班后收到工作短信、邮件、电话，阻碍了员工从工作中真正脱离出来。不仅如此，下班后仍然思考和惦念工作的员工并不少见。因此，员工应该学会在非工作时间享受休闲，放松和调节自我。而不是始终处于工作状态。培养自己的兴趣爱

① 国土交通省 ASV 推進検討会．人とクルマの調和による安全安心な交通社会を目指して［R］．2011，5。

② 马红宇，周殷，等．心理脱离在工作连通行为与工作、家庭冲突间的中介作用［J］．中国健康心理学杂志，2014（3）：389-390.

好，在闲暇时间投入兴趣爱好中也是一种享受。随着旅游服务行业的不断发展，越来越多的人选择利用年假去旅游，放松自我，放松心情，在大自然中暂时遗忘与工作相关的任何事情。

2. 加强运动与身体锻炼

有学者通过实验研究表明，身体锻炼可以减轻抑郁的症状，并且减少抑郁的发生率①。每周身体锻炼次数、锻炼时间与焦虑、抑郁水平呈显著相关关系，且随着次数的增多和时间的增长，可以有效地抑制焦虑、抑郁水平，说明经常参加体育活动有利于降低抑郁症状，缓解焦虑情绪，从而能够有效地改善心理健康状态②。对于企业员工而言，每日工作时间及通勤时间已经占用了很大的比重，尤其是在需要加班的状态下，很难抽出时间做运动。不是每个小区都配备了健身房，这在一定程度上给体育锻炼造成了不便。再加上思想意识上的懒惰，运动锻炼条件设施的不具备，使得很少能够有机会参与体育活动，只能依靠周末的时间运动，还要建立在没有太多家务劳动的前提下。工作时间和家务劳动挤占了生活空间，而长期处于长时间劳动状态会给身心健康带来损失，情绪焦虑、心情抑郁等。而运动量的减少，会使得身体素质下降，在这种情况下就更难抵御“过劳”所导致的疾病发生。因此，即便空闲时间再少，也应该挤出时间加强运动与身体锻炼。

3. 增强养生保健的意识

养生保健不只适用老年人，上班族白天的大多数时间都在椅子上度过，缺乏锻炼的时间和条件。回到家后，往往因为一天忙碌的辛苦，逃避做饭，而选择到餐饮店就餐或是点外卖。虽然，不起火做饭，既可以省去逛超市买菜的时间，又可以不用花费心思放在菜品及口味上，节省了时间也节省了精力，是一举两得的做法。但是，长此以往，很容易脂肪堆积，身体趋于肥胖，血脂过高，甚至患脂肪肝。因为，餐饮店的饭菜虽然符合大众口味，但是太过油腻。对于油、盐、糖的控制只依据顾客的喜好，并不讲究膳食营养健康。

---

① 王霞．运动治疗与抑郁的相关性研究［J］．中国临床康复，2005（9）：124-126.

② 杨俊涛．体育运动对城中村居民焦虑与抑郁水平的影响研究［J］．吉林体育学院学报，2012（28）：89-91.

尤其是在摄入大量脂肪后，增加了肠胃负担，在缺乏运动锻炼，长期久坐的情况下，脂肪在体内很难分解燃烧，导致堆积。人们总是偏好重口味的食物，对于盐的摄入过高，在工作压力很大、负荷很重的情况下，会提高心脑血管疾病的发病率。养生保健并不仅是指购买营养品滋补身体，更多的是需要在日常生活中注意膳食营养，将健康生活的观念贯彻、落实到生活的各方面。无论是依靠药物治疗还是辅助以保健品，都不如膳食营养的均衡。

4. 作息时间正常化、规律化

目前存在部分员工工作、生活作息时间紊乱的现象。长时间劳动以及睡眠时间不足都容易导致肥胖的发生。因此，要尽量避免长期陷入这种不规律生活的怪圈中。在保质保量完成工作任务的同时，减少熬夜。不但要保证每日的睡眠时间，还要提高睡眠的连续性和质量，让大脑及身心尽可能地得到恢复以迎接新一天的工作。工作时间和家务劳动挤占了生活空间，而长期处于劳动状态不仅会促使肥胖的发生，还会给身心健康带来损失，发生情绪焦虑、心情抑郁等。但不得不承认，随着社会经济的不断发展，生活节奏越来越快。无论是出于工作乐趣还是为了晋升，无论是用人单位规定还是任务过于繁重，有太多的理由让员工步入长时间劳动的工作节奏中。员工不仅失去了闲暇，还致使生活、饮食等不规律，离健康生活的理念越行越远。所以，员工应该学会自我调节，有序合理地安排好工作和生活。

（二）心理调节

员工要根据自我心理状况及时进行自我调节，当很难做到时，要找心理医生进行专业的心理诊断、疏导甚至治疗。不要让自己焦虑不安、情绪急躁、抑郁的心态肆意发展，这样不利于身心健康，尤其对心理健康危害极大。这种不良情绪和心态会影响周围的人，尤其是家庭成员。如果夫妻双方都因为“过劳”而导致情绪不稳定，心态出现问题，会影响家庭的和睦，双方容易发生争吵、争执，严重者会导致家庭分裂。“家—业”平衡是一个难以解决的问题，即便没有太多空闲投入家庭生活中，至少自己的情绪和心态要随时调整，不该带给无辜的家人。有人看心理医生会有一些顾虑，担心别人知道自己有心理问题，而这种隐瞒情结的心理压力很大。要正视自己的心理问题，不该有这样的心理负担，心理医生只是在自己无能为力的时候，能够更好地帮助我们调节好心态，更多地充当诱导的角色，但是归根到底还是需要自己战胜自己的内心世界，将精力分散到其他事情中，例如：运动、爱好、旅游等，而不是整日想着与工作相关联的人和事，那样只会让自己越来越陷在这种状态中而不能自拔。

二、企业层面

（一）工作时间　休息时间

1. 合理安排员工的休息时间

在日常管理中，合理安排员工的休息时间是重要的。有学者认为，员工午休过后会出现工作效率下降的现象，也就是说员工在午休过后需要一定的时间才能再次进入工作状态；但是增加短暂的茶歇或者小憩时间可以对提高员工工作效率起到积极的作用①。事实上，在工作期间安排茶歇或者小憩时间可以很好地缓解员工的疲劳。而午休时间过长则不利于员工在下午很快进入工作状态。因此，企业应当合理安排员工的休息时间，在上午和下午工作两个小时以后增加茶歇或者小憩时间，时间为 15 分钟；缩短员工的午休时间，将其控制在 40 分钟左右，不宜超过 1 个小时。而茶歇或者小憩时间也算在 8 小时制的规定工作时间内。

2. “弹性工作制”的推广

有学者研究表明，弹性工作制有利于员工的身体健康，且对工作效率提高有积极的促进作用②。对于工作内容以及时间安排应该让员工有一定的自主性，尤其是对于企业高管人员更应如此。对于员工而言，弹性工作制有着一定的灵活性，可以根据自己的身体状况、工作任务的紧急情况，做出适当的

① Ralph E Janaro, Stephen E Bechtold. A study of the reduction of fatigue impact on productivity through optimal rest break scheduling [J]. Human Factors, 1985, 27 (4): 459-466.

② Golden L. Working time and the impact of policy institutions: reforming the overtime hours law and regulation [J]. Review of Social Economy, 1998, 56 (4): 522-541.

时间调整和安排，而不是一味地按照既定的步骤和时间安排工作。这样员工可以及时调节和缓解工作紧张时所带来的疲劳。工作的松紧程度也由员工把握，在截止期内完成既定的任务即可，而每日如何安排由员工自行决定。这种劳动用工制度很适合于技术岗位的员工。对于脑力劳动者来讲，需要更多的空间和时间，企业如果只强调时间的统筹与管理，会让员工失去工作的乐趣，也会有一种无形的束缚感，并不利于工作效率的提高。

3. 适当推行“在家劳务制度”

企业可以对专业技术人员推出“在家劳务制度”。例如，日本 NEC（日本电气股份有限公司）公司于 2006 年制定了该项制度，主要用于研发部门中主管级别的员工，规定“上班期间可因身体状况选择在家工作，每周可有 1 天，一个月共计 4 天，也可以一个月内连续在家工作 4 天，而在家工作的时间同样会算作上班，而不会按病假或者旷工处理”，旨在为了让员工在良好的状态下工作，创造出更多的成果和业绩①。当员工感到身体不适时，可以选择在家工作，这种自主性的“自我管理”理念也是 NEC 公司的企业文化。这样做一方面说明企业足够信任员工能够在家很好地完成工作任务；一方面也说明企业很清楚只有将员工的工作积极性调动起来才可能创造出更大的价值。如果员工疲惫不堪地按时按点到公司上班，这样的工作效率可想而知。每周有一日的“喘息时间”，能够得到暂时的身心调节，才能够更好地、高效地投入工作中去。尤其是研发人员，该群体属于脑力劳动者，喜欢有一定的自主性，研发任务也都是以一个阶段为周期的，没有每日要完成的十分固定的任务。因此，对于脑力劳动较多的人员运用这种制度是很恰当的。员工的业绩和成果固然重要，但也要劳动时间适度，“在家劳务制度”是一个很好地让员工缓解疲劳的方法。企业要考虑的是应该如何提高员工的劳动生产率而不是逼迫员工延长劳动时间。“出工不出力”“磨时间”的做法应该杜绝。但是一个人的精力和体力毕竟有限，应该允许适度的休息和调整。

---

① 当研究所編集部．裁量労働制の一環として試験的に導入-NEC 中央研究所［J］．労政時報，2006（3206）：10-12.

（二）工作环境 组织氛围

1. 为员工提供良好的工作环境

从企业层面讲，应该为员工提供良好的用工环境、便利的设施，有助于员工更好地完成工作任务。环境可以影响一个人的心情，员工都希望在一个适宜的办公环境下工作，而不是在一个艰苦恶劣的环境下作业。设施不齐整只会给员工增加更多的工作负担，需要付出额外的时间。这点对于科技创新型企业尤为重要，技术人员自身能力再强，也需要相应的创新环境和条件才能更好完成研发任务。对于企业而言硬件条件和环境的投资是必不可少的。另外，应该对任务流程推行简约化管理方式，减少重复性的工作内容和报表，更加合理地安排工作内容，减少因工作重叠而造成的人力、物力的浪费。工作流程的完善有助于员工提高工作效率。制度的合理有利于减少工作中的摩擦性成本。而这些都可以在一定程度上减少员工因任务过多、过重而产生的烦躁情绪，使员工在工作中心情更加舒畅，利于身心健康，在一定程度上缓解“过劳”症状甚至可以起到防治的作用。

2. 为员工营造和谐的组织氛围

组织氛围和员工关系在企业中被称为“软环境”。如果说办公条件和设施是一种有形的环境，那么氛围和关系则是一种无形的环境。而这种环境对员工的影响更深。员工每天都要面对自己的同事，而工作上很多任务都与同事有交集，因此员工关系的处理在人力资源管理中显得很重要。关系和谐的组织，大家可以齐心协力，共同进步；而不和睦的员工关系只会削弱组织力量。这点在项目管理中显得尤为重要，研发团队内部的和谐和融洽，组员相互帮助才能更好完成任务。现代企业中，任务的完成越来越偏向团队建设，依靠单打独斗是很难完成工作的，或多或少都需要同事的帮助和支持。现代企业越来越重视组织绩效管理，而不仅仅是个人绩效和业绩。团队的合力能够为企业创造更多的价值。因此，在人力资源管理中需要洞察员工关系，及时化解矛盾，不应等到关系恶化再去调节。良好的“软环境”可以减缓员工的“过劳”程度，让员工更加热爱工作，更有激情地投入工作中。

（三）管理制度　员工福利

1. 管理制度及流程的优化

企业应该优化管理制度和流程，管理创新，避免员工由于重复劳动而增加额外的劳动强度和负担。管理效率的提高不仅可以使企业的管理更加合理化，也可使员工能够按照相应的管理目标有序开展工作。管理水平高低的关键取决于管理效率的状况，较低的管理效率难以使企业得到较高的收益回报，而对于员工更是存在付出大于回报的现象，单位时间的劳动生产率受阻，要想完成相同水平和数量的工作任务会无形中延长劳动时间。科学管理才能使员工按照最佳的工作方式和方法有效地完成任务，达到预期目标，也才能带动员工的生产积极性，提高生产率，而不是通过“磨洋工”完成规定任务。

2. 定期进行员工帮助计划

企业员工普遍存在较大的心理负荷，是导致“过劳”的重要原因。因此定时对员工进行心理疏导，提供心理咨询，有助于员工及时“泄压”。长期心理负荷过大又得不到缓解，只会给员工带来更多的困扰，这样的员工会出现心理障碍，甚至无法处理与其他员工的关系，容易造成更多员工间的矛盾。连锁反应所带来的恶性效果是企业应该避免的。所以，企业的员工帮助计划（EAP）不仅是员工福利，更是为员工提供的一种心理疏导和咨询服务。对于重度“过劳”的人员应该给予适当的心理调节，缓解员工在工作过程中造成的紧张情绪。

三、国家层面

（一）法制法规的完善

1.《工伤保险法》的纳入

有些学者认为，应将“过劳死”纳入职业病的范畴。也有学者认为，“过劳死”与职业病有一定联系但不等同，应纳入工伤保险的范畴[①②]。有学者认为，无论是纳入职业病还是纳入工伤，都不具备相应的条件，因为“过劳死”不同时具备《工伤保险条例》规定的工作时间、工作地点和工作原因三要素，不能纳入“应当认定工伤”的范畴；“视同工伤”明确了48小时死亡的时间界限，是无法套用于“过劳死”的[③]。2013年，中国公布的新的《职业病分类和目录》中规定了10类132种职业病，并不包括“过劳死”，而职业病是指在生产劳动中，接触生产中使用或产生的有毒化学物质，或长期强迫体位操作，局部组织器官持续受压等引起疾病。从职业病的相关定义看，“过劳死”与此关联性较弱。王全兴[④]则认为，在目前中国尚无“过劳死”这一法律概念和专门规定的情况下，可考虑引用现有法律法规来保护劳动者利益，如严格实施从工作时间和休息时间、劳动强度、劳动安全卫生等法律规定。中国对于“过劳死”法律认定的推进较为艰难，很大原因与目前国内并没有“过劳死”严格的医学定义有关。另外，很难证明该疾病发作是与工作相关联的。从前文可以看到，韩国、日本在认定的规定中，强调发病与工作的关联性，这是认定中障碍最多的、最为烦琐而难以推进的部分。在日本，对“劳灾”的赔偿过程十分漫长，也十分不易，大多数员工很难得到最终的法律认定，因为很难提供与工作相关联的证据。

2.《交通安全法》的完善

目前，中国对疲劳驾驶方面的规制主要是针对连续驾驶行为的。《道路交通安全法实施条例》（国令〔2004〕第405号）第十四条中规范：“用于公路营运的载客汽车、重型载货汽车、半挂牵引车应当安装、使用符合国家标准的行驶记录仪。交通警察可以对机动车行驶速度、连续驾驶时间以及其他形式状态信息进行检查。”第六二条（七）规范：“连续驾驶机动车超过4小时

① 罗财喜．对中国“过劳死”问题的法律思考［J］．全国商情：经济理论研究，2008（19）：131-132.

② 晓俞．“过劳死”应纳入工伤保险［J］．安全与健康，2011（7）：36-37.

③ 周湖勇．“过劳死”的法律救济路径［J］．中国人力资源开发，2009（7）：83-86.

④ 王全兴，官斌．关于“过劳死”的法律思考［J］．律师世界，2001（5）：10-11.

未停或者停车休息时间少于 20 分钟”。但是从前文所述可以看到，导致疲劳驾驶的原因不仅只有这个方面，因此除应该规定连续驾驶时间外，还应对驾驶人员的日作业时间、周作业时间、休息时间、连续深夜工作时间等给予上限限制。虽然 2010 年后相继出台了《道路旅客运输及客运站管理规定》（交运令〔2012〕第 8 号）、《关于进一步加强和改进道路客运安全工作的通知》（交运发〔2010〕210 号）、《关于加强道路交通安全工作的意见》（国发〔2012〕30 号）、《道路旅客运输企业安全管理规范（试行）》（交运发〔2012〕33 号）等，明确了“确保客运驾驶人 24 小时累计驾驶时间原则上不超过 8 小时，日间连续驾驶不超过 4 小时，夜间连续驾驶不超过 2 小时，每次停车休息时间不少于 20 分钟。”但都是针对客运驾驶人员的。对于货车驾驶人员依旧没有相关的法律制度出台。中国相关法律的出台与发达国家相比是缺位的，并且监督检查与执行的力度也远不够。

（二）加班规定的监管

1. 加强对超时加班的监管力度

与此同时，应该更新完善《劳动法》等相关法律关于工作时间、休息时间保障等方面的规定。1994 年，中国出台了《关于职工工作时间的规定》（国务院令第 146 号），明确规定了“职工每日工作 8 小时，每周工作 40 小时”。但是，目前单位员工超时工作的现象依旧较为严重，主要与相关的法律中没有明确的加班时间上限及相应的惩罚制度有关。2008 年，中国出台了《企业职工带薪年休假实施办法》（人保部令第 1 号），规定了“用人单位经员工同意不安排年休假或者安排职工休假天数少于应休假天数的，应当在本年度内对职工应休未休年休假天数，按照其日工资收入的 300%支付未休年休假工资报酬”。但是，从前文中可以看到，“应休未休”的现象在部分企业中是存在的，而对于 3 倍工资的支付一般企业很难做到。政府应加强对带薪年休假落实情况的监督检查，加强职工休息权益方面的法律援助，保障员工的休息权。

2. 维护员工的休息权

目前，加班已经成为部分员工工作的常态。繁重的任务和工作量，以及时间的压力管理，在很大程度上加剧了员工的“过劳”程度。企业的压力管理在一定的适度区间范围内可以提高员工工作效率，防止“磨洋工”的现象。但是过度的压力管理只会给员工带来沉重的心理负担，甚至是相反的效果，导致员工工效下降，还会给员工身心健康带来损害。无偿加班对于企业而言是“双赢”，在加班的时间段内员工的劳动即使生产效率再低，也可以使企业的总产量增加，而企业采取不予支付工资的策略，可以减少成本，使得企业依然有净收益可图。但繁重的任务和棘手的期限使得员工不得不主动提出加班，这种因工作任务不合理而导致的强迫性加班，是很多企业员工所面对的问题。因此，从政府层面应该规范法制，严格监管企业用工工时、带薪休假等问题，使员工的休息权得到保障。

3. 规定合理范围的加班时间

目前，中国《劳动法》第四十一条规定：“用人单位由于生产经营需要，经与工会和劳动者协商后可以延长工作时间，一般每日不得超过 1 小时。”目前，很多企业员工的加班时间远超出每日 1 小时，平均加班时间在 2 小时左右，这样的加班时间对员工身心健康的影响是轻微的，是在员工可接受范围内的，而中国社会经济发展正处于赶超阶段，也需要员工在保障身心健康的前提下更多的投入。因此，适当的延长工作时间应该被肯定。但是《劳动法》第四十一条中所提出的“在保障劳动者身体健康的条件下延长工作时间每日不得超过 3 小时”的规定，是值得商榷和完善的。员工在能够保障身心健康条件下的延长工作时间的合理范围应该在 1.5~2.5 小时。也就是说，当员工每日加班时间超过 2.5 小时则会对身心健康产生严重的影响，而低于 1.5 小时时员工对工作的投入不足，能量和精力还有所剩存。且应该向各用人单位提出相应的指导意见，例如，对于研发人员、技术人员、高层管理人员等技术、管理岗位应当适当缩短加班时间，控制在每日不超过 2 小时的范围内。对于车间工人、维修人员、一般办事人员等岗位可适当调整到每日不超过 2.5 小时的范围内。

4. 渐进式加班工资制度

根据数据分析可知，员工加班工资率是 8 小时工作时间内的小时工资率的 1.5 倍。基本上可以说明，多数用人单位是按照《劳动法》规定的“支付不低于工资的 150%的工资报酬”执行的。但是也可以看出，用人单位在不违反相关法律的前提下，多是按照最低下限标准进行支付的。从前文对加班工资支付现象的分析中可以看出，尚存在部分用人单位未按照相关规定支付加班工资。通过理论分析，企业之所以能够将加班成本转嫁给个人和社会，正是因为《劳动法》中对加班工资支付的比例较低。但是比例过高又会引起员工以此方式增加收入而选择自愿加班。随着工作时间的延长，尤其是超出一定工作时间范围后，对员工身心健康的损害越来越大。加班工资作为一种补偿性工资，不仅要对员工所付出的劳动和时间进行补偿，还要对身心健康的损害进行补偿。虽然后者的损害很难准确计量出，但是可以通过渐进式加班工资的形式进行表达。结合前文所提到的加班时间的合理范围，应以半小时为一个计算单位，支付倍数呈递进式增长。例如，延长工作时间在 1 小时及以内，应支付不低于工资的 150%的工资报酬；在 1 小时以上且在 1.5 小时以内，应支付不低于工资的 180% 的工资报酬；在 1.5 小时以上且在两小时以内，应支付不低于工资的 200% 的工资报酬；在两小时以上且在 2.5 小时以内，应支付不低于工资的 300% 的工资报酬。且需在规定中明确对“工资报酬”进行概念及统计口径的界定。

（三）疲劳驾驶事故的预防

中国也应该引进先进汽车科技，应用行驶记录仪、疲劳驾驶和车道偏离警报系统，监测驾驶人员的身体特征（眼睑活动、点头动作、闭眼行为、握力等），生理信号（脑电波、心率等），车辆运动参数等对车辆是否处于有效控制状态做出判断，为因疲劳驾驶而导致车辆非正常行驶提供有效的报警，提醒驾驶人员，从而保证车辆及人员的安全。互联网技术和车辆主动安全技术的结合和发展，使得车辆之间更多的信息交互以及车外信息的获得变得可能，但驾驶人员对于这些信息的认知和处理过程是否会影响到驾驶行为，成为目前的一个热点①。除了先进安全技术的研发等，对于高速公路的道路环境也应当给予重视。从保障安全驾驶角度出发5分钟可作为单调性评价标准，即：如果5分钟内没有刺激点则认为该路段是单调的②。因此，从道路景观设计方面应该打破公路单调性增加环境刺激点，提高道路环境的多样性。例如，长距离设置防眩设施时，应当把防眩设施和植树防眩相结合，每隔5公里变换一次方式，或防眩改变颜色或树木改变品种，以确保视觉的刺激效果③。

本章小结

本章主要总结国外经验并对中国相关事宜提供对策建议。以日本为例，对于“过劳死”的法律认定进行了梳理。日本对于“过劳死”的法律认定经历了漫长的过程。从1961年至今，随着社会团体组织、律师团体组织的不断推动，使得“过劳死”相关法律不断完善，最终出台了《过劳死防止法》。法律认定的关键在于“过劳死”的医学认定。日本、韩国先后出台了有关“过劳死”医学上的认定制度。包括：异常状况、短期过度劳动、长期过度劳动三种情况，但都需要证明“死亡与工作相关联”。日本与韩国的医学认定规定在工作时间及“过劳”维度等方面各有优劣。本章在前文研究的基础上，特别对国外疲劳驾驶事故的预防措施及法律规制进行了梳理，集中介绍了日本和欧洲地区的相关法规及安全技术。

本章从个人、企业、政府三个层面提出了对策建议，旨在防止因“过劳”致病、致残、致死的情况发生，也为受害者及其家属提供一份法律保护。说

① 严新平，张晖，等．道路交通驾驶行为研究进展及其展望［J］．交通信息与安全，2013（1）：45-51.

② 毛科俊．道路环境单调性对驾驶疲劳的影响机理及对策研究［D］．北京工业大学，2011：92-96.

③ 王建军，赖友兵，王婷静．基于驾驶人视觉心理特征的高等级公路景观分析［J］．城市交通，2006，4（5）：73-77.

明“过劳”的发生与三个主体有关系，都应该承担一定的责任。从个人层面看，应该注意休息、加强身体锻炼、养生保健，在心理出现问题时及时自我调节或者咨询心理医生进行诊治；从企业层面看，应该保障员工的休息时间，可以适时推出“弹性工作制”和“在家劳务制度”，尤其是对于企业研发人员更应该给予工作时间上的自由。企业应该为员工创造良好的工作环境，营造和谐的组织氛围，优化管理制度及流程，定期进行员工帮助计划。从政府层面看，需要完善相关法律法规，例如，《劳动基准法》《工伤保险法》《交通安全法》等，为受害者及家属提供法律援助。由于中国“过劳死”相关法律的缺失，使出现因“过劳”致病、致残、致死的情况时，企业逃避责任，受害者及其家属更是雪上加霜。在此基础上，还应该加强对加班时间的监管，对加班工资给予不足甚至不给予的企业要严厉惩罚，以维护员工的休息权。对于疲劳驾驶事故的预防措施应该借鉴国外先进经验，不断完善。

第七章　研究结论

本书以员工“过劳”的后果，尤其是对经济损失的影响为重点研究内容。从中国“过劳”问题研究的必然性、问题的严重性，以及“过劳”经济损失研究的必然性等视角提出问题所在。在对“过劳”概念内涵外延、相关概念廓清以及“过劳”分类特征明晰的基础上，对“过劳”经济损失的概念及要素划分的前提下，在立足于国内外相关研究的查阅和论证下，锁定了本研究要深度剖析的议题——“过劳”经济损失的研究。国内有不少学者对“过劳”的现状、成因从经济学、管理学、社会学等视角构建了理论模型并进行了实证检验。本书以前期研究成果为基石，继续纵向深入挖掘关于后果方面的内容。在“过劳”经济损失测算的框架、体系、理论、原则、方法上，进行了深入的探索，在其能够成为一个研究经济损失的系统或者模式的基础上，对工作效率随工作时间推进的演变规律以及中国城镇就业人员“过劳”所造成的经济损失进行了估算，并对经济损失的影响做出了深入剖析，依据多个国家的经验数据对该结果进行了深度验证。在一定程度上开拓了该问题的研究视角和空间，也为更多的学者参与此研究奠定了理论基础。同时尝试将该测算系统运用于实际问题中，在实践中得以更好地验证。以案例分析的方式对生产事故中因“过劳”所造成的经济损失测算的理论体系进行了阐释和说明。在实践中归纳和总结导致不良后果的原因，在借鉴国外先进经验的前提下，提出了有针对性的规制对策。

第一节 “过劳”研究的发展规律及分布特征

从研究领域看，发达国家对“过劳”问题的研究基本上经历了从医学长期独领风骚到后期多学科融入的过程，以经济学视角开展研究的学者在20世纪90年代才逐渐增多。从刊文期刊的情况看，发达国家关注“过劳”问题的期刊数量较多，尤其是日本，期刊分布的学科类别比较丰富。相较于发达国家进行了较长时间的“过劳”问题研究，中国对“过劳”问题的研究起步较晚，2000年后才有一些学者开始关注并从事相关的研究，在时间上滞后于发达国家多年。从研究人员看，国内学者一年之中发表数篇“过劳”研究文章而后再不见成果的现象较为明显。与发达国家“过劳”问题研究的学科结构相比较，中国的“过劳”问题研究在学科分布和演进路径上呈现完全不同的特点。迄今，国内的研究更偏重于经济学和法学，而其他相关的重要学科，例如，医学、心理学鲜有研究成果。

第二节 “过劳”经济损失的一般理论及方法

本书利用经济学原理对“过劳”经济损失测算中运用的理论进行了阐释。从劳动投入的选择理论，对劳动投入、健康投入、劳动的回报效用等做了分析。利用效用理论以及约束条件下的最大效用原则等进行了深度剖析。从劳动力投入与产出理论，对企业成本的转嫁做了详尽的分析。从新的视角对加班工资做了审视，阐释了为何员工在加班期间工作效率很低，企业却依旧没有“加班禁止”。主要缘于加班成本转移的路径很隐蔽，并不会被社会察觉。主要原因是中国《劳动法》对加班工资的起付限制过低，法律制约机制不健全，包括加班时间的监督不严格、加班工资的规定及监管的不完善等，最终演变成员工和社会买单的情形。从理论层面上分析了转移路径，为后续“过劳”经济损失测算奠定了基础。从成本—效益角度对安全、健康等进行分析，对安全的投入成本、最低消耗等利用经济学原理进行了阐释，并对后续涉及的一些评价指标的选用奠定了理论基础。

第三节 “过劳”经济损失的结果估计及验证

本书对全国 5 147 名城镇就业人员进行了调研。中国企业员工的工作效率随工作时间的推移呈倒“U”形曲线，且存在一定的演变规律。在上班后的第 2 个小时达到工作效率的最高点，然后随着时间的推移逐步下降，且在下班前的第 2 个小时呈现“断崖式”下滑的趋势。在加班阶段呈现倒“V”形趋势，在初始一个小时内达到效率最高点后迅速下滑。一线和二线城市的员工总体工作效率水平要高于其他级别的城市。不同工作形式及不同岗位上的员工，工作效率差异明显。当身心俱疲的频率达到一月数次及以上时，其对员工生产率的影响十分明显，总贡献率占到了 70%以上。而劳动时间对员工生产率的影响较为复杂，呈明显的倒“U”形趋势。每日劳动时间不足 7 小时以及超过 11 小时，员工生产率都会受到显著影响。

样本中人均预防费用为 1 684. 52 元，人均医疗费用为 1 491. 93 元，人均工资性收入损失为 1 128. 13 元，人均生产率损失为 573. 59 元~1 542. 540 元，而人均经济总损失则为 4 877. 67 元~5 846. 63 元。且在性别、年龄、受教育水平、城市规模等组群中呈现显著组间差异。按照多重权重后的处理结果可知，所造成的工资性损失为 0. 44 万亿元。而生产率损失的范围则在 0. 23 万亿元~0. 62 万亿元。因此，间接经济损失的范围在 0. 67 万亿~1. 06 万亿元，所占经济总损失的比重在 51. 76%~62. 98%，该比重较大。员工因“过劳”所造成的直接经济损失为 6 254. 45 亿元。医疗医药费用和预防费用分别为 0. 30 万亿元和 0. 31 万亿元，二者所占总损失的比重较为接近。所以，“过劳”经济总损失的范围在 1. 30 万亿~1. 69 万亿元。按照调查年（2017 年）中国 GDP 规模（82. 07 万亿元）计算，该比重在 1. 58%~2. 06%。

无论是长时间劳动的分布结构，还是劳动时间与经济发展水平的关联性，还是学者对“过劳”程度的调研结果，中国与日本的“过劳”情况较为接近。因此通过与日本的研究结果进行比较后表明，本研究的估计是较为合理的。但也可以看到，中国“过劳死”“过劳抑郁”等造成的经济损失占 GDP 的比重，在统计期内大口径下的估算值区间为 0. 08%~0. 22%，小口径的估计值区间为 0. 05%~0. 13%，说明中国员工在“过劳”上的极端表现情况以及其所造成的经济损失要明显好于日本。

通过“过劳”与经济损失的关联性研究可知，在 OLS 估计结果的基础上，由于内生性问题的存在，因此引入加班意愿作为工具变量，重新做出估计。在给出 2SLS，LIML，GMM，迭代 GMM，两步 GMM 等多种估计结果后，各估计结果具有高度的一致性，“过劳”对经济损失影响系数分别是 0. 327 8，0. 472 9，劳动时间对经济损失的影响系数分别是 0. 101 8，0. 137 6。前者与经济损失呈线性关系，而后者则与经济损失呈倒“U”形趋势。利用有序回归分析对结果进一步剖析，得到当身心俱疲的频率达到一月数次及以上时，对经济损失的影响十分明显，总贡献率均占到 70%以上。当每日劳动时间不足 7 小时以及超过 10 小时，会造成更大的经济损失，尤其是每日劳动时间超过 11 小时对经济损失的危害更大。

第四节　与“过劳”经济损失相关联的案例分析

在文献述评的基础上，将疲劳驾驶事故纳入典型案例分析中，首先透视了中国疲劳驾驶事故现状，并对其引发事故的成因进行了分析，从而对疲劳驾驶所造成的经济损失评价做出了理论分析。不少发达国家对疲劳驾驶事故经济损失进行过测算，但中国在这方面的研究成果并不多见，也未引起足够的重视。首先根据疲劳驾驶事故的特征，对经济损失要素的形式进行了划分，并同生产安全事故一样选取直接经济损失、间接经济损失、生命价值作为指标要素。在各大类指标下的小指标中结合事故特点，选取了一些与生产安全事故不同的指标，例如，拥堵延时损失等。在方法的选取上，主要包括：总产值法、人力资本法和意愿支付法。根据国际上对死亡明确的统计期限及标准，以及各国对伤害等级的划分，结合国内学者的早期研究、疲劳驾驶事故的伤害特征以及伤后劳动能力状况，最终将伤亡程度分为五类。本研究在以理论、方法为铺垫的前提下，构建了疲劳驾驶事故经济损失测算的计量模型。

第五节 “过劳”的国外法律法规及预防措施

本书以日本为例，对于“过劳死”的法律认定进行了梳理。从 1961 年至今，随着社会团体组织、律师团体组织的不断推动，使得“过劳死”相关法律不断完善，最终出台了《过劳死防止法》。而日本、韩国先后出台了有关“过劳死”医学上的认定制度。包括：异常状况、短期过度劳动、长期过度劳动三种情况，但都需要证明“死亡与工作相关联”。本研究从个人、企业、政府三个层面提出了对策建议，旨在防止因“过劳”致病、致残、致死的情况发生，也为受害者及其家属提供一份法律保护。从个人层面看，应该注意休息、加强身体锻炼、养生保健，自我调节以及心理问诊等。从企业层面看，应该保障员工的休息时间、可以适时推出“弹性工作制”和“在家劳务制度”。应该为员工创造良好的工作环境，营造和谐的组织氛围，优化管理制度及流程，定期进行员工帮助计划。从政府层面看，需要在相关法律法规上给予完善，例如《劳动基准法》《工伤保险法》《交通安全法》等，为受害者及家属提供法律援助，还应该加强加班时间的监管，对加班工资给予不足甚至不给予的企业要严厉惩罚，以维护员工的休息权。

第八章　研究的贡献、不足与展望

第一节　研究贡献

一、企业加班成本转移路径新阐释视角的提出

从新的视角对企业加班成本的转移路径做了审视，阐释了为何员工在加班期间工作效率很低，企业却依旧没有暂停员工加班的安排。根据边际生产力递减规律可知，工作效率的快速下滑导致产出增长速度很慢，当员工步入严重过劳阶段时，总产值的增加是极其微弱的。在该阶段，企业还要承担加班成本，员工工作效率下降会造成收益损失，但是企业依旧让员工继续加班，理论上这种情形不容易出现。但很多企业都愿意甚至较为隐蔽的带有强迫性地让员工加班，主要缘于加班成本转移的路径很隐蔽，并不会被社会察觉。企业员工由于劳动时间过长，长期处于严重过劳状态，对个人身心健康会造成很大的损害。企业并不会为此承担已上缴医疗保险费用之外的费用和所要承担的责任。员工因“过劳”所支付的医疗医药费用、购买保健产品及服务的费用、进行心理咨询所产生的服务费用等，都与企业毫无关系。其主要原因是中国《劳动法》对加班工资的起付限制过低，法律制约机制不健全，其中包括加班时间的监督不严格、加班工资的规定及监管的不完善等，最终演变成员工和社会买单的情形。

二、“过劳”经济损失测算理论及方法的构建

总产值法、人力资本法、意愿支付法是目前被多数国家广泛采用的三种经济损失测算的理论方法，但在国内却较为少见。员工因“过劳”导致的生产率下降造成的经济损失是不容小觑的，但该损失具有隐蔽性，不容易被察觉，更不容易直接测算获得。在引入“货币工资转换”的思想后，使得工作场所生产损失的测算得到更好的解决。因此，无论是经济损失测算方法的探究，还是理论模型的构建都使之在原有基础上一定程度得到了拓展，尤其是对于“过劳”安全事故中疲劳驾驶事故典型案例的。将该经济损失测算的理论及方法运用到更为具体的情形中，且在国内外相关标准的基础上，结合伤害特征及伤后劳动能力状况，对事故的伤害等级、伤亡程度及统计期限等做出了新的划分，这是测算“过劳”所导致的安全事故经济损失中的重要环节。

三、中国“过劳”经济损失的估计与多重验证

国内已经有不少学者围绕“过劳”的前因变量展开了诸多的研究，多是从管理学、经济学、社会学、心理学等视角进行的。对于“过劳”所造成的身心健康损害的研究有很多国外学者对此有所建树，例如，日本学者多是从医学、心理学角度通过生理研究，对“过劳死”“过劳抑郁”“过劳自杀”等进行研究。欧美学者从管理学、组织行为学角度对隐性缺勤、工作倦怠等问题做了较为详尽的研究。然而，对于“过劳”所造成的经济损失等，国内外相关文献及研究无论是理论方面，还是实证检验方面都很少，尤其是国内该领域一直处于空白状态。通过实证分析得到生产率损失占经济总损失的比重在51.76%~62.98%，该比重较大。按照调查年（2017年）中国GDP规模（82.07万亿元）计算，该比重在1.58%~2.06%。通过对中国、日本“过劳”程度多个视角的比较分析与判断，中国员工“过劳”程度并不亚于日本。在此立论的基础上，利用日本厚生劳动省的数据与中国“过劳”经济损失所占GDP的比重相比较，得到该估计范围是较为合理的，且通过了多个视角和方法的验证。

第二节　研究不足

一、劳动强度客观测量及比较分析的缺失

马克思在资本论中指出："劳动强度是劳动的内含量或劳动密度"①。但是他并没有说清楚劳动的内含量是什么。劳动强度是劳动者在单位时间内从事劳动生产活动对身体的损耗程度和脑力消耗程度的总和。体力和脑力的消耗往往可以通过心理主观感知反映，也就是心理负荷程度。心理负荷程度是测量劳动强度的心理测量方法。因此，劳动的内含量不能直接等同于工作量，还包括完成这些工作所带来的疲乏感、紧张感，这些都会加大对劳动强度的感知。即劳动强度不能等同于劳动密度或者单位时间的工作量。劳动强度包含主观心理感受，而不仅是客观事实本身，因此不易被测量。通常体力劳动强度是可以被测量到的，是一个客观的量度，等级界限的划分十分清楚明晰。但对于脑力活动的测量是不易获得的。

在实际的劳动生产过程中，纯粹的体力劳动者和纯粹的脑力劳动者是极少的，多数情况下需要体脑并用来完成生产任务。体力劳动和脑力劳动的转化与搭配还可以减轻劳动强度。掺杂着这种情形的劳动强度很难作为一个整体测量科目进行客观定位，是一个没有量纲的量。对于心理负荷程度的测量，国外学者认为可以通过量表的方法测量，工效学在这方面的探讨是比较多的。但至少可以说明把劳动强度当作客观的量进行度量是较为困难的，也没有更好的方法可以直接获得这个测量结果。在本研究中也存在这个不足，由于劳动强度难以客观量化，使得在"过劳"程度的判断标准上更加依赖于劳动时间。本研究在对中国、日本"过劳"程度进行比较分析时注意到了这点，因此引入疲劳蓄积度进行弥补，从而给出一个更为准确的判断。

① （德）马克思．资本论：第一卷［M］．南京：江苏人民出版社，1975：438.

二、不同特征群体下经济损失测算的不充分

在对“过劳”的分类特征进行论述时提到，可将“过劳”群体按照体力“过劳”与脑力“过劳”，强制自发性“过劳”与自发性“过劳”进行划分。本研究试图对不同类型的“过劳”群体进行分类总结以及特征的概括及界定。但是，在经济损失的实际测算中并没有完全按照这样的划分方式对不同群体进行差异化分析。到底哪一类“过劳”群体所造成的经济损失会更大一些，这样的研究结论是有价值及意义的。尤其是，那些主动“过劳”的群体其经济损失是否会比较小，还是在生产损失上较小但在预防费用和医疗医药支出上反而更大。该群体是否存在某种较为隐蔽的经济损失转移路径，而这种行为的受益方是否又是企业，而买单方依旧为个人和社会。本书在此方面没有做更为深入的探讨。其主要原因在于目前没有合适的测量工具或者量表能够将“过劳”群体进行较为客观的划分。这也是该领域在量表研发上需要继续攻克的一个难关。本书试图对不同岗位特征、不同工作形式的员工工作效率进行差异化分析，例如，技术研发人员、中高层管理人员、车间工人等，以弥补在群体划分不足上的缺陷。

第三节　研究展望

一、“过劳”经济损失实际测算范畴的拓展

广义的“过劳”包括“过劳死”、过劳抑郁、过劳自杀等。因此，对于一个更加完善和完整的“过劳”经济损失实际测算范畴，也应该将以上情况纳入其中。由于中国缺乏对“过劳死”相关的医学的、法律的认定标准，更缺乏相关的统计数据，因此，在本研究中无法按照既定的测算理论及方法对其进行估计，只能通过日本相关方面的官方数据匹配后进行估计。而之所以选择日本作为比较对象，并且能够进行数据匹配，本研究对此展开了多个视

角的论证。如果中国拥有较为权威的相关数据来源，就可以更为直接地采用既定测算理论和方法进行估计。由于“过劳”导致的员工患病、事故及伤亡，尤其造成了部分员工劳动能力丧失、完全劳动能力丧失，致使在短期甚至永久性无法回到工作岗位，正常从事生产活动，这一经济损失应该被考虑和测算。但该情况下的数据在《统计年鉴》及各大学术机构的数据库中是没有的，同时又很难通过抽样调查获得。因此，中国统计机构开发和开放高水平数据库是进行专题研究的重要支柱。也是“过劳”经济损失实际测算范畴能够得到进一步拓展的重要支撑。

二、关于投入—产出视阈下企业净收入的计量模型构建

前文探讨了生产效率下降所导致的生产损失问题，同时也可以看到，该部分经济损失估计所占总体的比重较大，但前文中的测算理论和方法都是立足于成本支出视角的，并不涉及净收入或净损失的概念。但事实上，企业同样关心净收入。因此，希望能够立足于投入—产出视角对该部分经济损失进行理论上的剖析。对前文的研究从不同视角进行补充和论证。根据文献及前文研究的铺垫，做出如下假设：

假设 1：劳动强度（i）和劳动时间（t）是决定员工“过劳”程度的两种要素。因此，构建如下“过劳”程度决定方程：

$$d=f(i,\ t,\ e_1) \tag{8.1}$$

式（8.1），d 为“过劳”程度；i 为劳动强度，表示员工在参与劳动过程中的工作量密度和心理负荷度；t 为劳动时间，表示员工每日实际劳动时间，包括加班时间；e_1 为其他影响员工“过劳”程度的要素，如个体身心健康程度、养生保健意识、运动锻炼时间等。“过劳”程度决定方程（8.1）为凹函数，即 $f_i>0$；$f_{ii}<0$；$f_t>0$；$f_{tt}<0$。

本文将员工的投入与产出相结合，即通过在工作投入和产出所得两种活动中进行决策来实现其效用最大化。员工工作投入是能够反映员工在从事生产活动时所投入的体力、脑力、心力、时间等，其决定因素很多。卡恩（Kahn）将工作投入定义为“组织成员自发的控制自我，以使自我与工作角

色相结合。并认为二者处于动态的相互转化中，当工作投入高时个体会将自己的精力投入到角色行为中，当投入低时会将自我抽离于工作角色之外”①。在此观点基础上，他将工作投入分为行为、认知和情绪三个维度进行衡量。马斯拉克（Maslach）等认为，工作投入是工作倦怠的对立面，通过职业倦怠量表（MBI）进行测量②。沙飞利（Schaufeli）等认为，是一种与工作相关的积极、充实的心力状态③。如果员工在“过劳”的状态下坚持工作，在体力和脑力都急剧下降的情况下势必会影响工作的投入程度，但是依旧要按时按点下班，甚至还要继续加班。

假设 2：本文主要考虑包括劳动时间（t）和“过劳”程度（d）在内的投入效用决定方程：

$$\varphi = \varphi(d,\ t,\ e_2) \tag{8.2}$$

式（8.2），φ 为工作投入效用；d 为“过劳”程度；t 为劳动时间；e_2 为影响工作投入的其他要素，如：身体健康状况、组织氛围、用工环境、情绪智力控制等。并且假设工作投入效用函数为凸函数，即 $\varphi_y>0$；$\varphi_{yy}>0$；同时劳动时间对工作投入效用的影响为负，即 $\varphi_t<0$，$\varphi_{tt}>0$，$\varphi_{yt}>0$，也就是说随着劳动时间的增加，边际劳动时间导致员工工作投入效用的下降量增加。而“过劳”程度对工作投入效用的影响也是如此，即：$\varphi_d<0$，$\varphi_{dd}>0$，$\varphi_{yd}>0$。

假设 3：对于产出效用，由于收入所得是衡量产出的最直接方式，而工资性收入与很多因素有关，但是劳动时间是构成工资结构的必要因素之一。在本文中产出效用由劳动时间（t）等要素决定，因此构建产出效用决定方程：

$$\sigma = v(t,\ e_3) \tag{8.3}$$

式（8.3），σ 为产出效用；t 为劳动时间；e_3 为影响产出的其他要素，如：岗位、职级、入职时间等。假设产出效用函数为凹函数，即 $\sigma_y>0$；$\sigma_{yy}<$

① Kahn W A. Psychological conditions of personal engagement and disengagement at work [J]. Academy of Management Journal, 1990, 33 (4): 692-724.

② Maslach C, Schaufeli W B, Leiter M P. Job burnout [J]. Annual Review of Psychology, 2001, 52 (3): 397-422.

③ Wilmar B Schaufeli, Marisa Salanova, et al. The measurement of engagement and burnout: a two sample confirmatory factor analytic approach [J]. Journal of Happiness Studies, 2002, 3 (1): 71-92.

0；同时劳动时间对产出效用的影响为正，但是随着劳动时间的增加，边际劳动时间导致产出效用的增加量越来越少，即：$\sigma_t>0$，$\sigma_{tt}<0$，$\sigma_{yt}<0$。

当产出效用大于投入效用时，企业具有投入—产出正效用。事实上企业能够长期维持生产规模甚至规模扩增，说明产出一定大于投入。

假设4：企业都是追逐盈利且经营正常。因此，投入—产出效用可以用 Z 表示，得到投入—产出效用决定方程：

$$Z = \sigma - \varphi \tag{8.4}$$

当边际产出大于边际投入时，正效用会不断增加；当边际产出小于边际投入时，正效用会逐渐减少。即：

$$\Delta Z = \Delta v(t,\ e_3) - \Delta\varphi(d,\ t,\ e_2) \tag{8.5}$$

但根据该方程可知：$\Delta Z<0$，说明随着劳动时间增加，“过劳”程度增强，此时工作投入的增量已经超过产出的增量。而超出的部分即为潜在的产出损失，即因隐性缺勤所导致的经济损失。这种“出工不出力”的行为并不会过多地影响员工的收入所得，因为员工按时按点上下班，并不存在上班早退现象。也就是说，虽然员工在岗位上工作，但是表现为一种“出工不出力”的状态。而这种状态的根源来自员工“过劳”。事实上，疲劳蓄积使得员工在工作岗位上未到下班时间就提早进入“休息”状态，随着时间推移，这种疲劳蓄积度会增加，最为明显的表现就是导致员工的有效投入不足，造成经济损失。员工每日工作开始感到疲劳，且出现明显疲劳蓄积反应时，投入—产出效用便开始不断下降，潜在的产出损失不断加大，因此导致的经济损失也就越来越大。而这种损失并不是经济净损失，因为雇主作为理性经济人，一定会在净损失出现前叫停员工的加班安排。

参考文献

中文部分

［1］（意）Andreoni，Diego. 职业性事故与疾病的经济负担［M］. 宋大成，等，译. 北京：中国劳动出版社，1992：1-20.

［2］（美）C. A. 摩尔根. 劳动经济学［M］. 杨炳章，译. 北京：工人出版社，19848：167-204.

［3］陈强. 高级计量经济学及 Stata 应用［M］. 北京：高等教育出版社，2010：120-145.

［4］陈悦，陈超美，等. 引文空间分析原理与应用［M］. 北京：科学出版社，2014：46.

［5］（日）岛田晴雄. 劳动经济学［M］. 杨河清，等. 译. 北京：北京经济学院出版社，1989.

［6］（美）克里斯蒂娜·马斯拉奇，（加）迈克尔·P 雷特尔. 过劳的真相［M］. 北京：中国财政经济出版社，2004：10.

［7］赖德胜，孟大虎，等. 2014 中国劳动力市场发展报告——迈向高收入国家进程中的工作时间［M］. 北京：北京师范大学出版集团，2014.

［8］李杰，等. 安全科学技术信息检索基础［M］. 北京：首都经济贸易大学出版社，2014：118.

［9］罗式胜. 文献计量学概论［M］. 广州：中山大学出版社，1994.

［10］（德）马克思. 1844 年经济学哲学手稿［M］. 中共中央马克思恩格斯列宁斯大林著作编译局，译. 北京：人民出版社，2008：9.

［11］孟续铎．劳动者过度劳动的成因研究：一般原理与中国经验［M］．北京：中国劳动社会保障出版社，2014：9.

［12］宋大成．企业安全经济学：损失篇［M］．北京：气象出版社，2000：1-3.

［13］宋大成．职业事故分析：原因分析，统计分析，经济损失分析［M］．北京：煤炭工业出版社，2008：3.

［14］王丹．中国知识工作者过度劳动问题研究［M］．北京：首都经济贸易大学出版社，2011.

［15］（英）亚当·斯密．国民财富的性质和原因的研究［M］．孙羽，译．北京：中国社会出版社，1999.

［16］曾宪涛．应用 STATA 做 Meta 分析［M］．北京：军事医学科学出版社，2014.

［17］张天嵩，董圣杰，周支瑞，等．高级 Meta 分析方法——基于 Stata 实现［M］．上海：复旦大学出版社，2015.

［18］郑明华．Meta 分析软件应用与实例解析［M］．北京：人民卫生出版社，2013.

［19］朱通九．劳动经济学［M］．上海：上海黎明书局，1931：121-132.

［20］陈秀秀．制造业一线员工“过劳”研究——企业微观层面的阐释［D］．北京：首都经济贸易大学，2015.

［21］贺琼．高校教师“过度劳动”问题研究——以北京市高校为例［D］．北京：首都经济贸易大学，2014.

［22］姜华平．道路交通事故社会经济损失评价理论研究［D］．长春：吉林大学，2005：17-18.

［23］刘贝妮．高校教师工作时间的理论与实证分析［D］．北京：首都经济贸易大学，2014.

［24］刘恩猛．道路交通事故经济损失计算方法研究［D］．长春：吉林大学，2014：43-44.

［25］盛海涛．不同休息模式对驾驶疲劳的影响研究［D］．北京：首都经济贸易大学，2009：26-51.

［26］汤筠筠．高速公路雾区交通安全保障技术研究［D］．合肥：合肥工业大学，2005.

［27］王丹．我国知识工作者过度劳动的理论与实证研究［D］．北京：首都经济贸易大学，2010.

［28］王洁．电子商务背景下快递从业人员过劳问题研究［D］．北京：首都经济贸易大学，2015.

［29］王玉洁．过度劳动的形成机理及其效应的理论分析［D］．武汉：武汉科技大学，2015.

［30］吴迪．日本学者“过劳”问题研究述评［D］．北京：首都经济贸易大学，2013.

［31］吴君．北京市 CBD 地区白领员工“过度劳动”状况的实证研究［D］．北京：首都经济贸易大学，2010：45-46.

［32］杨家康．生命价值评估理论方法与实证研究［D］．镇江：江苏大学，2010.

［33］鲍刚．“过劳死”与日本的企业经营［J］．日本学刊，1993（2）：82-96.

［34］别牧，李淑庆．疲劳驾驶及预防对策研究［J］．重庆交通大学学报（社会科学版），2010（6）：29-31.

［35］曹阳，刘小明，等．道路交通事故伤亡经济损失的计量方法［J］．中国公路学报，1995（8）：115-119.

［36］陈建新，成鑫，陈飞．高速公路驾驶疲劳影响因素分析［J］．公路交通科技（应用技术版），2010（6）：265-268.

［37］陈锐．员工过度疲劳的演化机理及其影响因素［J］．经营管理者，2010（16）：46-47.

［38］邓晓，李镒冲，等．2010 年我国成人道路交通伤害行为危险因素流行特点［J］．中华疾病控制杂志，2013，12（10）：837-844

［39］佟琼，王稼琼，王静．北京市道路交通外部成本衡量及内部化研究［J］．管理世界，2014（3）：1-9.

［40］Eltze CH，柳林．振颤按摩对过劳后肌痛的作用［J］．国外医学（物理医学与康复学分册），1984（3）：34.

［41］范艳辉，许洪国．道路交通事故财产损失评价及计量模型［J］．统计与决策，2007（1）：24-25.

［42］韩飞雪．我国“过劳”问题研究综述［J］．全国商情（理论研究），2010（4）：111-112.

［43］胡鸿，易灿南，等．疲劳驾驶研究进展综述［J］．价值工程，2015（6）：254-256.

［44］黄河，耿东．日本《自觉症状况调查表》（2002 版）在中国制造业工人的应用性研究［J］．人类工效学，2009（9）：26-28.

［45］黄河．从劳动时间论员工“过劳”现象及其防止［J］．中国人力资源开发，2010（9）：17-23.

［46］黄河．日本最新蓄积性疲劳调查量表：CFSI 研究［J］．中国人力资源开发，2014（3）：23-27.

［47］侯文静，詹靖．工作场所出勤主义生产率减损测量研究的述评与展望［J］．中国人力资源开发，2016（12）：48-54.

［48］李爱梅，夏萤，等．下班后能否从工作中解脱？——员工心理脱离的影响因素、作用机制与研究展望［J］．外国经济与管理，2015（37）：59-68.

［49］李都厚，刘群，等．疲劳驾驶与交通事故关系［J］．交通运输工程学报，2010（2）：104-109.

［50］李付俊，孟续铎．中国过度劳动问题研究的新起点——中国适度劳动研究中心成立仪式暨首届学术研讨会综述［J］．中国人力资源开发，2012（11）：13-16.

［51］李杰，郭晓宏，姜亢．心理学领域疲劳研究的知识网络［J］．中国人力资源开发，2014（3）：17-22.

[52] 李乃文，张蕾．“过劳”与工作倦怠的比较研究［J］．现代生物医学进展，2007（4）：607-610.

[53] 李小好．过度劳动的经济学思考［J］．市场论坛，2007（8）：93-94.

[54] 林芬，邱坚，温虹．长途汽车驾驶人健康状况的调查［J］．职业与健康，2010，26（12）：1341-1342.

[55] 刘贝妮，杨河清．工作场所隐性缺勤行为研究：文献述评与研究展望［J］．经济与管理研究，2016（4）：66-73.

[56] 刘鑫，张震．医务人员过劳原因分析［J］．医学与社会，2016（1）：23-26.

[57] 刘秀，王长君，何庆．疲劳驾驶交通事故的特点分析与预防［J］．中国安全生产科学技术，2008（1）：128-131.

[58] 罗财喜．对中国“过劳死”问题的法律思考［J］．全国商情（经济理论研究），2008（19）：131-132.

[59] 罗云．事故对社会经济影响的调查分析［J］．安全，2004（3）：2-4.

[60] 马红宇，周殷，等．心理脱离在工作连通行为与工作、家庭冲突间的中介作用［J］．中国健康心理学杂志，2014（3）：389-390.

[61] 梅强，陆玉梅．人的生命价值评估方法述评［J］．中国安全科学学报，2007（3）：56-61.

[62] 孟续铎．我国过度劳动问题研究述评［J］．中国人力资源开发，2012（6）：15-17.

[63] 孟续铎，肖鹏燕．过劳研究在中国——访首都经贸大学劳动经济学院杨河清教授［J］．中国人力资源开发，2012（10）：53-56.

[64] 孟续铎．我国“过劳”问题的研究历程与特点——基于文献统计分析的结果［J］．北京劳动保障职业学院学报，2013（7）：8.

[65] 孟续铎，王欣．企业员工“过劳”现状及其影响因素的研究——基于“推—拉”模型的分析［J］．人口与经济，2014（3）：92-100.

[66] 孟续铎，王欣．企业员工超时工作成因与劳动时间特征的研究［J］．经济与管理研究，2015（12）：66-74.

[67] 卿涛，纪义予．我国“过劳”研究评述与展望［J］．中国人力资源开发，2016（13）：95-101.

[68] 日化．日本人的“过劳死”及其社会文化成因［J］．外国问题研究，1996（2）：15-18.

[69] 沈清．日本企业中的“杀手”——过劳死［J］．国际展望，1990（1）：24.

[70] 石建忠．劳动者过劳现象若干理论问题探讨［J］．中国人力资源开发，2010（9）：24-29.

[71] 石建忠．新常态下适度劳动的相关理论和实现途径［J］．中国人力资源开发，2015（10）：50-55.

[72] 宋大成．事故经济损失估算方法［J］．中国安全科学学报，1999（1）：62-67.

[73] 宋大成，张立刚．关于事故费用要素、分类及计算的一些问题［J］．安全，2000（5）：6-10.

[74] 宋大成．安全经济学讲座（二）事故和费用［J］．劳动保护，2001（8）：38-39.

[75] 孙健敏，张晔骏．工作场所的出勤主义行为：组织管理研究的新课题［J］．心理科学进展，2015（4）：654-668.

[76] 孙姣，杨河清．近年我国过度劳动问题研究动态［J］．中国人力资源开发，2016（10）：93-98.

[77] 唐顺贤．中药治疗过劳症［J］．中国兽医杂志，1963（6）：25.

[78] 王艾青．过度劳动及其就业挤出效应分析［J］．华东理工大学学报（社会科学版），2006（4）：38-42.

[79] 王丹．我国劳动者过度劳动的评定及其实证研究［J］．经济经纬，2011（2）：86-90.

[80] 王丹．刍议我国知识工作者的过度劳动问题［J］．商业时代，

2011（5）：78-79.

［81］王丹，杨河清．知识工作者过度劳动的形成机制探析［J］．中国人力资源开发，2012（1）：96-99.

［82］王建军，赖友兵，王婷静．基于驾驶人视觉心理特征的高等级公路景观分析［J］．城市交通，2006，4（5）：73-77.

［83］王景全．文明闲暇和人的全面可持续发展［J］．中州学刊，2005（7）：94-97.

［84］王素娟．JD-R模式下过度劳动的多维动态性形成与管理研究［J］．山东大学学报（哲学社会科学版），2012（4）：81-88.

［85］王素娟．“过度劳动”的影响要素与形成机理研究［J］．劳动经济评论，2013（3）：107-122.

［86］王素娟，孔海燕．饭店业员工过度劳动的实证分析与管理［J］．旅游学刊，2014（9）：92-100.

［87］王天芳，薛晓琳．疲劳自评量表的理论构建及其研制［J］．北京中医药大学学报，2007（4）：221-223.

［88］王天芳，薛晓琳．疲劳自评量表［J］．中华中医药杂志，2009（3）：348-349.

［89］王全兴，官斌．关于“过劳死”的法律思考［J］．律师世界，2001（5）：10-11.

［90］王霞．运动治疗与抑郁的相关性研究［J］．中国临床康复，2005（9）：124-126.

［91］王欣．日本企业薪酬制度的发展及启示［J］．企业管理，2016（4）：112-115.

［92］王欣．工作要求、工作资源对企业员工“过劳”的影响［J］．软科学，2016（6）：83-87.

［93］王欣，杨河清．对企业中“强制自发性”型员工“过劳”的研究［J］．软科学，2016（10）：104-108.

［94］王欣，杨河清．日本劳动者的长时间劳动现状及特征［J］．中国

劳动关系学院学报，2017（4）：1-7.

［95］王泽申．关于人机系统安全分析中人的因素的一些探讨［J］．中国安全科学学报，1997，7（2）：26-29.

［96］武阳丰，马冠生，等．中国居民的超重和肥胖流行现状［J］．中华预防医学杂志，2005（9）：316-320.

［97］严新平，张晖，等．道路交通驾驶行为研究进展及其展望［J］．交通信息与安全，2013（1）：45-51.

［98］晓俞．“过劳死”应纳入工伤保险［J］．安全与健康，2011（7）：36-37.

［99］杨河清．我国过劳问题严重，亟须加强研究［J］．人口与经济，2014（3）：85-88.

［100］杨河清，郭晓宏．欧美和日本员工过劳问题研究述评［J］．中国人力资源开发，2009（2）：79-81.

［101］杨河清，韩飞雪，肖红梅．北京地区员工过度劳动状况的调查研究［J］．人口与经济，2009（2）：33-41.

［102］杨河清，王欣．过劳问题研究的路径与动向［J］．经济学动态，2015（8）：152-160.

［103］杨河清，王欣．中日“过劳”问题研究发展历程及特点比较——基于文献计量分析的结果［J］．人口与经济，2016（2）：69-78.

［104］杨河清，王欣．新常态下我国的过度劳动法律规制问题研究［J］．南京大学学报（哲学·人文科学·社会科学），2017（5）：71-77.

［105］杨俊涛．体育运动对城中村居民焦虑与抑郁水平的影响研究［J］．吉林体育学院学报，2012（28）：89-91.

［106］曾诚，刘富佳，等．国内外客车驾驶员疲劳驾驶预防管理政策比较［J］．人类工效学，2014（8）：88-95.

［107］张春雨，张进辅，等．员工过劳现象的形成机理与管理方法——立足工作要求—资源模型的分析［J］．中国人力资源开发，2010（9）：30-33.

［108］张纪豪，李永鑫．工作场所出勤主义行为研究述评［J］．心理研究，2016（5）：61-68.

［109］张智勇，王玉洁．过度劳动形成机制的分析［J］．中国劳动，2015（4）：23-26.

［110］赵芳，戴俊明，等．健康生产力受损量表（SPS-6）中文版的信度和效度研究［J］．中华劳动卫生职业病杂志，2010，28（9）：679-682.

［111］钟爱国．日本的“过劳死”症［J］．职业与健康，1990（1）：33.

［112］周湖勇．“过劳死”的法律救济路径［J］．中国人力资源开发，2009（7）：83-86.

［113］朱明宝，杨云彦．幸福感与居民的生育意愿——基于 CGSS2013 数据的经验研究［J］．经济学动态，2017（3）：52-61.

日文部分

［114］阿部真大．搾取される若者たち-バイク便ライダーは見た!［M］．東京：集英社新書，2006.

［115］阿部真大．働きすぎる若者たち-「自分探し」の果てに［M］．東京：生活人白書，2007.

［116］本田由紀．<やりがい>の搾取-拡大する新たな”働きすぎ”［J］．世界 SEKAI，2007（3），762.

［117］本田由紀．軋む社会-教育・仕事・若者の現在［M］．東京：河出書房新社，2011.

［118］岩崎健二．長時間労働が健康におよぼす影響［J］．ビジネス・レーバー・トレンド（特集一長時間労働とワークスタイル），2007（7）：6-9.

［119］岩崎健二．長時間労働と健康問題——研究の到達点と今後の課題［J］．日本労働研究雜誌，2008（575）：39-48.

［120］過労死弁護団全国連絡会議．KAROSHI［過労死］［M］．窓社，

1991：93-94.

［121］神林龍.1980年代以降の日本の労働時間［C］.労働市場と所得分配（「バブル/デフレ期の日本経済と経済政策」6巻）.慶應義塾大学出版会，2010：159-197.

［122］篠原一光.「長時間運転と疲労」特集にあたって［J］.国際交通安全学会誌，2013（38）：4-5.

［123］厚生労働省労働基準局労働衛生課.労働者の疲労蓄積度自己診断チェックリストの公開について［J］.労働基準 2003，55（8）：2-4.

［124］熊沢诚.能力主義と企業社会［M］.岩波新書，1997.

［125］熊沢诚.働き過ぎに斃れて［M］.東京：岩波書店，2010.

［126］黒田祥子，山本勲.希望労働時間の国際比較：仮想質問による労働供給弾性値の計測［J］.日本経済研究，2014，3（70）：82-107.

［127］堀場雅夫，鈴木三郎.働きバチニッポンどう変わる？〈特集〉［J］.経済人，1989，43（9）：4-39.

［128］孟続鐸，楊河清，等.中国における「過労」問題の研究動向：文献による統計的分析［J］.愛媛経済論集，2012，31（2・3）：37-49.

［129］道下竜馬，太田雅規，等.勤労者の労働時間，睡眠時間，休日数と運動負荷試験中の血圧反応との関係［J］.産業衛生学雑誌，2016（58）：11-20.

［130］三橋一郎.中小企業におけるドライバーの安全と健康［J］.労働の科学，2008（63）：16-19.

［131］水野谷武志.ジエンター視点からみた労働・生活時間の配分構造—統計による日本の実態の把握と検討（I 共通論題=労働・生活時間の構造変化から見る社会政策）［J］.The Journal of social policy and labor studies，2006，3（15）：19-32.

［132］長井偉訓.日本における「過労問題」の今日的特質とその構造［C］.第一届适度劳动大会论文集，2012：125-145.

［133］中川登志雄.トラック業界が取り組む過労運転防止対策［J］.

労働の科学，2008（63）：9-15.

［134］小倉一哉．日本の長時間労働——国際比較と研究課題［J］．日本労働研究雑誌，2008（6）：4-16.

［135］大橋一雄．過重労働と農民の早老［J］．農業と経済，1955（11）.

［136］堀野定雄．過労運転事故の要因分析と再発防止［J］. IATSS review，2013（38）：15-22.

［137］千田忠男．現代日本の過度労働——過度労働を働き方に即して防止するために［J］．経済，2003（2）：101-113.

［138］鈴木不二一．サービス残業の実態と労働組合の對応［J］．日本労働研究雑誌，2003. 10（519）：47-57.

［139］鈴木一弥．添乗調査から見たトラックドライバーの負担と疲労［J］．労働の科学，2008（63）：20-23.

［140］高橋正也．過労運転における睡眠の問題［J］．労働の科学，2012（67）：14-17.

［141］滝原啓允．トラック運輸業における労働時間制と過労運転の実情と課題［J］．沖縄大学法経学部紀要，2012（17）：35-52.

［142］田中清定．世界各国の労働時間制度一覧［R］．関東学園大学法学紀要，1997，7（2）：329-370.

［143］当研究所編集部．裁量労働制の一環として試験的に導入-NEC中央研究所［J］．労政時報，2006（3206）：10-12.

［144］上畑鉄之丞，笹川七三子．過労死に関する研究（第2報）：発症前の労働態様について［J］．産業医学，1979（6）：640-641.

［145］上畑鉄之丞．過労死の研究［M］．日本東京：プランニングセンター，1993.

［146］内山集二．降圧剤治療を受けている五　歳台男性労働者における脳心事故の危険因子［J］．産業医学，1992（34）：318-325.

英文部分

[147] Andreoni D. The cost of occupational accidents and diseases [M]. Geneva: International Labour Office, 1986.

[148] Arlidge J T. The hygiene, diseases and the mortality of occupations [M]. London: Percival & Company, 1892.

[149] Bird F E, Germain G L. Damage control: a new horizon in accident prevention and cost improvement [M]. New York: American Management Association, 1996.

[150] Bogardus E S. The relation of fatigue to industrial accidents [M]. Chicago: The University of Chicago Press, 1992.

[151] Brun J P, Lamarche C. Évaluation des coûts du stress au travail [R]. Québec, Chaire en gestion de la santé et de la sécurité du travail dans les organisations, 2006.

[152] Heinrich H W. Industrial accident prevention: a scientific approach [M]. New York: McGraw-Hill, 1993.

[153] Oglesby C H, Parker H W, Howell G A. Productivity improvement in construction [M]. New York: McGraw-Hill, 1989.

[154] Rollin H S, John V G. Safety management; accident cost and control [M]. Chicago: Homewood, Ill., R. D. Irwin, 1956.

[155] Rubin M, Richardson R. The microeconomics of the shorter working week [M]. Avebury, 1997.

[156] Tefft B C. Asleep at the wheel: the prevalence and impact of drowsy driving [M]. Washington, DC: AAA Foundation for Traffic Safety, 2010.

[157] Tefft B C. Prevalence of motor vehicle crashes involving drowsy drivers, United States, 2009-2013 [M]. Washington, DC: AAA Foundation for Traffic Safety, 2014.

[158] MacLean W, Davies D R T, Thiele K. The hazards and prevention of driving while sleepy [J]. Sleep Medicine Reviews, 2003, 7 (6): 507-521.

[159] Arlinghaus A, Lombardi A, Willetts J L. A structural equation modeling approach to fatigue-related risk factors for occupational injury [J]. American Journal of Epidemiology. 2012, 176 (7): 597-607.

[160] Kanai A. Karoshi (work to death) in Japan [J]. Journal of Business Ethics, 2009, 84 (S2): 209-216.

[161] Aronsson G., Gustafsson K, Dallner M. Sick but yet at work. An empirical study of sickness presenteeism [J]. Journal of Epidemiology and Community Health, 2000, 54 (7): 502-509.

[162] Aronsson G, Gustafsson K. Sickness presenteeism: prevalence, attendance-pressure factors, and an outline of a model for research [J]. Journal of Occupational and Environmental Medicine, 2005, 47 (9): 958-966.

[163] Shorrocks A F. Inequality Decomposition by factor components [J]. Econometrica, 1982, 50 (1): 193-211.

[164] Beckers D G J, van der L D, et al. Voluntary or involuntary? control over overtime and rewards for overtime in relation to fatigue and work satisfaction [J]. Work and Stress, 2008, 22 (1): 33-50.

[165] Boden L I, Ozonoff A. Capture-recapture estimates of nonfatal workplace injuries and illnesses [J]. Annals of Epidemiolog, 2008, 18 (6): 500-506.

[166] Bonauto D K, Largo T W, et al. Proportion of workers who were work-injured and payment by workers' compensation systems-10 states, 2007 [J]. Morbidity and Mortality Weekly Report, 2010, 59 (29): 897-900.

[167] Lin J M S, Resch S C, Brimmer D J. The economic impact of chronic fatigue syndrome in Georgia: direct and indirect costs [J]. Cost Effectiveness and Resource Allocation, 2011, 9 (1): 1-12.

[168] Brogmus G E. Day of the week lost time occupational injury trends in the US by gender and industry and their implications for work scheduling [J]. Ergonomics, 2007, 50 (3) : 446-474 .

[169] Brooks A, Hagen S E, et al. Presenteeism: Critical issues [J]. Journal of Occupational and Environmental Medicine, 2010, 52 (11): 1055-1067.

[170] Brown I D. Prospects for technological countermeasures against driver fatigue [J]. Accident Analysis and Prevention, 1997, 29 (4): 525-531.

[171] Butche F. Aftermath: using research to understand the social and economic consequences of workplace injury and illness [J]. Social Policy Journal of New Zealand, 2004 (23): 181-194.

[172] Casper W, Buffardi L. Work-life benefits and job pursuit intentions: The role of anticipated organizational support [J]. Journal of Vocational Behaviour, 2004, 65 (3): 391-411.

[173] Caverley N, Cunningham J B, MacGregor J N. Sickness presenteeism, sickness absenteeism, and health following restructuring in a public service organization [J]. Journal of Management Studies, 2007, 44 (2): 304-319.

[174] Wheaton A G, Chapman DanieL P, Presley-Cantrell L R. Drowsy Driving-19 States and the District of Columbia, 2009-2010 [J]. Morbidity and Mortality Weekly Report, 2013, 61 (51): 1033-1037.

[175] Schultz A B, Edington D W. Employee health and presenteeism: A systematic review [J]. Journal of Occupational Rehabilitation, 2007, 17 (3): 547-579.

[176] Caliendo C, Guglielmo M L D. Accident rates in road tunnels and social cost evaluation [J]. Procedia-Social and Behavioral Sciences, 2012 (53): 166-177.

[177] Cser J R. Impact of participation in a worksite wellness program on presenteeism: a quantitative study of pennsylvania workers [J]. Dissertation Abstracts International Section A: Humanities and Social Sciences, 2010, 71 (6-A): 2235.

[178] Costa G, Sartori S, Akerstedt T. Influence of flexibility and variability of working hours on health and well-being [J]. Chronobiology International,

2006, 23 (6): 1125-1137.

[179] Crouzon O, J R. De Fursac J R. A case of auditory hallucinatory delirium in an overworked telephone operator [J] . Revue Neurologique, 1923 (40): 517-521.

[180] David B, Esq-Langdon E. Driver fatigue: analysis from accident litigation involving trucks and heavy vehicles [J] . West Law Journal Automotive, 2013, 33 (8): 1-9.

[181] Dembe A E, Delbos R, Erickson J B. Estimates of injury risks for healthcare personnel working night shifts and long hours [J] . Quality and Safety in Health Care, 2009 (18): 336-340.

[182] Ke D S. Overwork, Stroke, and Karoshi-death from Overwork [J] . Acta neurologica Taiwanica, 2012, 2 (21): 54-59.

[183] Downey C E. How to cure the overwork syndrome [J] . Dental Economics, 1973, 63 (4): 28-29.

[184] Ellen G, Stacy S K, James T B. When work becomes too much [J] . Worklife Repot, 2001, 13 (3): 7.

[185] Fan J, Li G Q, et al. Impact of cardiovascular disease deaths on life expectancy in Chinese population [J] . Biomedical and Environmental Sciences, 2014, 27 (3): 162-168.

[186] Fromenty L. Intellectual overwork and schizophrenia [J] . Annales Medico-Psychologiques, 1939, 1 (5): 755-764.

[187] Fukuda K J, Straus S E, et al. The chronic fatigue syndrome: a comprehensive approach to its definition and study [J] . Journal of Chronic Fatigue Syndrome, 1994, 1 (2): 67.

[188] Geurts S A, Sonnentag S. Recovery as an explanatory mechanism in the relation between acute stress reactions and chronic health impairment [J] . Scandinavian Journal of Work Environment & Health, 2006, 32 (6): 482-492.

[189] Cette G, Chang S, Konte M. The decreasing returns on working time:

an empirical analysis on panel country data [J] . Applied Economics Letters, 2011, 18 (17): 1677-1682.

[190] Goetzel R Z, Ozminkowski R J, Long S R. Development and reliability analysis of the work productivity short inventory (WPSI) instrument measuring employee health and productivity [J] . Journal of Occupational and Environmental Medicine, 2003, 45 (7): 743-762.

[191] Goetzel R Z, Long S R, et al. Health, absence, disability, and presenteeism cost estimates of certain physical and mental health conditions affecting U. S. employers [J] . Journal of Occupational and Environmental Medicine, 2004, 46 (4): 398-412.

[192] Golden L. Working time and the impact of policy institutions: Reforming the overtime hours law and regulation [J] . Review of Social Economy, 1998, 56 (4): 522-541.

[193] Chin H C. The cost of traffic accidents in Singapore [J] . Transactions on the Built Environment, 2003 (64): 515-524.

[194] Halvani G H, Zare M, Mirmohammadi S J. The relation between shift work, sleepiness, fatigue and accidents in iranian industrial mining group workers [J] . Industrial Health, 2009, 47 (2): 134-138.

[195] Hämäläinen P, Kaija Leena S, Jukka T. Global trend according to estimated number of occupational accidents and fatal work-Related diseases at region and country level [J] . Journal of Safety Research, 2009, 40 (2): 125-139.

[196] Hanna A S, Taylor C S, Sullivan K T. Impact of extended overtime on construction labor productivity [J] . Journal of Construction Engineering and Management, 2005, 131 (6): 734-739.

[197] Mohamed H A. Estimation of socio-economic cost of road accidents in Saudi Arabia: Willingness-to-pay approach (WTP) [J] . Advances in Management and Applied Economics, 2015, 5 (3): 43-61.

[198] Holman C, Joyeux B, Kask C. Labor productivity trends since 2000,

by sector and industry [J] . Monthly Labor Review, 2008, 130 (2): 64-82.

[199] Horne J A, Reyner L A. Driver sleepiness [J] . Journal of Sleep Research, 1995, 4 (2): 23-29.

[200] Hsiao H, Simeonov P. Preventing falls from roofs: a critical review [J] . Ergonomics, 2001, 44 (5): 537-561.

[201] Hunt M. Research: Overworked, Underemployed [J] . Nursing Mirror, 1983, 157 (12): 37-38.

[202] Lim H S. Karoshi : Death from overwork [J] . Journal of the Korean Medical Association, 2002, 45 (6): 741-749.

[203] Leigh J P. Economic burden of occupational injury and illness in the United States [J] . The Milbank quarterly Quarterly, 2011, 89 (4): 728-772.

[204] Jacobs J A, Gerson K. Who are the overworked Americans? [J] . Review of Social Economy, 1998, 56 (4): 442-459.

[205] Johannesson M, Karlsson G. The friction cost method: A Comment [J] . Journal of Health Economics, 1997, 16 (2): 249-255.

[206] Tang K, Beaton D E Boonen A, et al. Measures of work disability and productivity [J] . Arthritis Care and Research, 2011, 63 (S11): 337-349.

[207] Reynolds K J, Vernon S D, et al. The economic impact of chronic fatigue syndrome [J] . Cost Effectiveness and Resource Allocation, 2004, 2 (1): 1-9.

[208] Kessler R C, Barber C, et al. The world health organization health and work performance questionnaire (HPQ) [J] . Journal of occupational and environmental medicine, 2003, 45 (2): 156-174.

[209] Kirkley J L. Are you underpaid and overworked [J] . Datamation, 1983, 29 (9): 33.

[210] Wada K, Arakida M, Watanabe R. The economic impact of loss of performance due to absenteeism and presenteeism caused by depressive symptoms and comorbid health conditions among Japanese workers [J] . Industrial Health,

2013, 51 (5): 482-489.

[211] Kondo N, Oh J. Suicide and karoshi (death from overwork) during the recent economic crises in Japan: the impacts, mechanisms and political responses [J]. Journal of Epidemiology and Community Health, 2010, 64 (8): 649-650.

[212] Koopmanschap M A, Rutten F F, et al. The friction cost method for measuring indirect costs of disease [J]. Journal of Health Economics, 1995, 14 (2): 171-189.

[213] Kumar R N, Hass S L, et al. Validation of the health-related productivity questionnaire diary (HRPQ-D) on a sample of patients with infectious mononucleosis: results from a phase 1 multicenter clinical trial [J]. Journal of occupational and environmental medicine, 2003, 45 (8): 899-907.

[214] Laapotti S, Keskinen E. Has the difference in accident patterns between male and female drivers changed between 1984 and 2000? [J]. Accident analysis and prevention, 2004, 36 (4): 577-584.

[215] Lamb C E, Ratner P H, et al. Economic impact of workplace productivity losses due to allergic rhinitis compared with select medical conditions in the United States from an employer perspective [J]. Current Medical Research and Opinion, 2006, 22 (6): 1203-1210.

[216] Lerner D J, Amick B C, et al. The migraine work and productivity loss questionnaire: concepts and design [J]. Quality of life research : an international journal of quality of life aspects of treatment, care and rehabilitation, 1999, 8 (8): 699-710.

[217] Lerner D, Amick B C, et al. The Work Limitations Questionnaire [J]. Medical Care, 2001, 39 (1): 72-85.

[218] Jason L A, Benton M C, et al. The economic impact of ME/CFS: Individual and societal costs [J]. Dynamic Medicine, 2008 (7): 6.

[219] Lin F, Qiu J W, Wen H. Survey on health condition of long distance

bus drivers [J] . Occupation and Health, 2010, 26 (12): 1341-1343.

[220] Liu Y, Tanaka H. Overtime work, insufficient sleep, and risk of non-fatal acute myocardial infarction in Japanese men [J] . Occupational and Environmental Medicine, 2002, 59 (7): 447-451.

[221] Lloyd A, Pender H. The economic impact of chronic fatigue syndrome [J] . The Medical Journal of Australia, 1992, 157 (9): 599-601.

[222] Major B, McFarlin D B, Gagnon D. Overworked and underpaid: on the nature of gender differences in personal entitlement [J] . Journal of Personality and Social Psychology, 1984, 47 (6): 1399-1412.

[223] Reilly M C, Zbrozek A S, Dukes E M. The validity and reproducibility of a work productivity and activity impairment instrument [J] . Pharmacoeconomics, 1993, 4 (5): 353-365.

[224] Mark D, Primitivo C C, Ricardo G S. Estimation of socio-economic cost of road accidents in metro Manila [J] . Journal of the Eastern Asia Society for Transportation Studies, 2005 (6): 3183-3198.

[225] McNamara M, Bohle P, Quinlan M. Precarious employment, working hours, work-life conflict and health in hotel work [J] . Applied Ergonomics, 2011, 42 (2): 225-232.

[226] Meerding W J, IJzelenberg W, et al. Health problems lead to considerable productivity loss at work among workers with high physical load jobs [J] . Journal of Clinical Epidemiology, 2005, 58 (5): 517-523.

[227] Mohamed A I, Samar M M A. Cost of road traffic accidents in Egypt [J] . International Journal of Social, Education, Economics and Management Engineering, 2010, 4 (6): 222-228.

[228] Mohammad R A, Hesamoddin R A. Estimating the cost of road traffic accidents in Iran using human capital method [J] . International Journal of Transportation Engineering, 2014, 2 (3): 163-178.

[229] Moor F. Overworked and underworked doctors [J] . British Medical

Journal, 1941 (1): 84-85.

[230] Nisenbaum R, Jones A, et al. Longitudinal analysis of symptoms reported by patients with chronic fatigue syndrome [J] . Annals of Epidemiology, 2000, 10 (7): 458.

[231] Nishiyama K, Johnson J V. Karoshi-Death from overwork: Occupational health consequences of Japanese production management [J] . International Journal of Health Services, 1997, 27 (4): 625-641.

[232] Osterhaus J T, Gutterman D L, Plachetka J R. Healthcare resource and lost labor costs of migraine headache in the US [J] . Pharmacoeconomics, 1992 (2): 67-76.

[233] Janaro R E, Bechtold S E. A Study of the reduction of fatigue impact on productivity through optimal rest break scheduling [J] . Human factors, 1985, 27 (4): 459-466.

[234] McCrone P, Darbishire L, et al. The economic cost of chronic fatigue and chronic fatigue syndrome in UK primary care [J] . Psychological Medicine, 2003, 33 (2): 253-261.

[235] Tucker P, Folkard S. Working time, health, and safety: a research synthesis paper [J] . ILO Conditions of Work and employment serie, 2012 (31): 13-35.

[236] Proctor S P, White R F, et al. Effect of overtime work on cognitive function in automotive workers [J] . Scandinavian Journal of Work, Environment & Health, 1996, 22 (2): 124-132.

[237] Raymond R. Which estimates of household production are best? A comment [J] . Journal of Forensic Economics, 1993, 6 (2): 161-163.

[238] Reilly M C, Zbrozek A S, Dukes E M. The validity and reproducibility of a work productivity and activity impairment instrument [J] . Pharmacoeconomics, 1993, 4 (5): 353-365.

[239] Reyes M, Nisenbaum R, et al. Prevalence and incidence of chronic fa-

tigue syndrome in Wichita, Kansas [J] . Archives of Internal Medicine, 2003, 163 (13): 1530-1536.

[240] Rhein R W, Chang J. Nurses blame their vanishing act on overwork, low pay and doctors [J] . Medical World News, 1981, 22 (6): 11-12.

[241] Rikhardsson P M, Impgaard M. Corporate costs of occupational accidents: An activity-based analysis [J] . Accident analysis and prevention, 2004, 36 (2): 173-182.

[242] Rune E. How much do road accidents cost the national economy? [J] . Accident Analysis and Prevention, 2000, 32 (6): 849-851.

[243] Salminen S. Shift work and extended working hours as risk factors for occupational injury [J] . The Ergonomics Open Journal, 2010 (3): 14-18.

[244] Scott G, Gray J. Overworked! Overstressed! Underpaid! [J] . Nursing Standard, 1994, 9 (1): 14-17.

[245] Shalini R T. Economic cost of occupational accidents: Evidence from a small island economy [J] . Safety Science, 1994, 47 (7): 973-979.

[246] Shepard E, Clifton T. Are longer hours reducing productivity in manufacturing? [J] . International Journal of Manpower, 2000, 21 (7): 540-553.

[247] Sparks K, Faragher B, Cooper C. Well-being and occupational health in the 21st century workplace [J] . Journal of Occupational and Organizational Psychology, 2001, 74 (4): 489-509.

[248] Stutts J, Feaganes J, et al. Driver's exposure to distractions in their natural driving environment [J] . Accident Analysis Prevention, 2005 (37): 1093-1101.

[249] Chikamori S, Shimizu Y, Ohtani T. Estimation of arousal-level from steering operations [J] . JSAE Review, 2001, 22 (2): 175-181.

[250] Swaen G M. Fatigue as a risk factor for being injured in an occupational accident: results from the Maastricht Cohort Study [J] . Occupational and Environmental Medicine, 2003, 60 (1): i88-i92.

[251] Tang K, Pitts S, et al. Comparison of the psychometric properties of four at-work disability measures in workers with shoulder or elbow disorders [J]. Journal of Occupational Rehabilitation, 2009, 19 (2): 142-154.

[252] Thiffault P, Bergeron J. Monotony of road environment and driver fatigue: a simulator study [J]. Accident, 2003, 34 (3): 381-391.

[253] Tsui A H H. Asian wellness in decline: a cost of rising prosperity [J]. International Journal of Workplace Health Management, 2008, 1 (2): 123-135.

[254] Uehata T. Long working hours and occupational stress-related cardiovascular attacks among middle-aged workers in Japan [J]. Journal of Human Ergology, 1991, 20 (2): 147-153.

[255] van der Hulst M. Long work hours and health [J]. Scandanavian Journal of Work, Environment & Health , 2003, 29 (3): 171-188.

[256] van Roijen L, Essink-Bot M L, et al. Labor and health status in economic evaluation of health care: the Health and Labor Questionnaire [J]. International journal of technology assessment in health care , 1996, 12 (3): 405-415.

[257] Vegso S, Cantley L, et al. Extended work hours and risk of acute occupational injury: A case crossover study of workers in manufacturing [J]. American Journal of Industrial Medicine, 2008, 50 (8): 597-603.

[258] Virtanen M, Ferrie J E, et al. Overtime work and incident coronary heart disease: the Whitehall II prospective cohort study [J]. European Heart Journal, 2009, 31 (14): 1737-1744.

[259] Weil D. Valuing the economic consequences of work injury and illness: a comparison of methods and findings [J]. American Journal of Industrial Medicine, 2001, 40 (4): 418-437.

[260] Yang H, Schnall P L, et al. Work hours and self-reported hypertension among working people in California [J]. Hypertension, 2006, 48 (4): 744-750.

[261] Dobbie K. Fatigue-related crashes: An analysis of fatigue-related crashes on Australian roads using an operational definition of fatigue [R]. Road Safety

Research Report, 2002.

[262] ILO. Working time and productivity [R] . Information Sheet No. WT-18, 2004.

[263] Veisten K, Flugel S, Elvik R. Value of time, safety and environment in passenger transport [R] . TOI report 1053C, 2010.

[264] Nevison J M. White collar project management questionnaire report [R] . Internal Working Paper. Concord, MA: New Leaf Project Management, 1992.

[265] Sainsbury Centre for Mental Health. Mental health at work: Developing the business case [R] . London: Sainsbury Centre for Mental Health, Policy Paper 8, 2007.

[266] Yoshihiro K. Socioeconomic Factors behind Suicide and Estimation of Economic Benefits from Measures against Suicide/Depression [R] . National Institute of Population and Social Security Research, 2010.

[267] IjjaszE. China road traffic safety [R] . China and Mongolia Sustainable Development Unit, East Asia and Pacific Region, 2008.

[268] Blincoe L. The economic impact of motor vehicle crashes, 1994 [R] . National Highway Traffic Safety Administration (NHTSA) Technical Report, 1996.

[269] Blincoe L, Seay A, et al. The economic impact of motor vehicle crashes, 2000 [R] . National Highway Traffic Safety Administration (NHTSA) Technical Report, 2002.

[270] Blincoe L, Miller T R, et al. The Economic and societal impact of motor vehicle crashes, 2010 [R] . National Highway Traffic Safety Administration (NHTSA) Technical Report, 2015.

[271] Financial, Economic and Statistical Analysis Team. Social cost of road crashes and injuries 2015 update [R] . Ministry of Transport, New Zealand Government, 2016.

[272] Financial, Economic and Statistical Analysis Team. Social cost of road crashes and injuries 2013 update [R] . Ministry of Transport, New Zealand Gov-

ernment, 2014.

[273] Financial, Economic and Statistical Analysis Team. Social cost of road crashes and injuries 2012 update [R] . Ministry of Transport, New Zealand Government, 2013.

[274] Financial, Economic and Statistical Analysis Team. Social cost of road crashes and injuries 2011 update [R] . Ministry of Transport, New Zealand Government, 2012.

[275] Financial, Economic and Statistical Analysis Team. Social cost of road crashes and injuries 2010 update [R] . Ministry of Transport, New Zealand Government, 2011.

[276] Financial, Economic and Statistical Analysis Team. Social cost of road crashes and injuries 2009 update [R] . Ministry of Transport, New Zealand Government, 2010.

[277] Financial, Economic and Statistical Analysis Team. Social cost of road crashes and injuries 2008 update [R] . Ministry of Transport, New Zealand Government, 2009.

[278] Financial, Economic and Statistical Analysis Team. Social cost of road crashes and injuries 2007 update [R] . Ministry of Transport, New Zealand Government, 2008.

[279] Financial, Economic and Statistical Analysis Team. Social cost of road crashes and injuries 2006 update [R] . Ministry of Transport, New Zealand Government, 2007.

[280] Financial, Economic and Statistical Analysis Team. Social cost of road crashes and injuries 2005 update [R] . Ministry of Transport, New Zealand Government, 2006.

[281] Financial, Economic and Statistical Analysis Team. Fatigue [R] . Ministry of Transport, New Zealand Government, 2013.

[282] Tervonen J. Accident costing using value transfers: New unit cost for

personal injuries in Finland [R] . VTT Communities and Infrastructure, 1999.

[283] Blincoe L. Impact of motor vehicle crashes [R] . National Highway Traffic Safety Administration (NHTSA), 2015

[284] Ryen L. Social costs of accidents in Sweden [R] . Swedish Civil Contingencies Agency (MSB), Order No. MSB492, 2012.

[285] Elvik R, Mackay M, et al. Social and economic consequences of road traffic injury in Europe [R] . European Transport Safety Council (ETSC), 2007.

[286] Dawson J. The true cost of road crashes: Valuing life and the cost of a serious injury [R] . International Road Assessment Programme (IRAP), 2008.

[287] Motha J. Road crash costs in Australia [R] . Bureau of Transport Economics, 2000.

[288] Dolman G. Cost of road crashes in Australia 2006 [R] . Bureau of Infrastructure, Transport and Regional Economics, 2009.

[289] Naude C, Tsolakis D, et al. Social costs of road crashes in Australia: The case for willingness-to-pay values for road safety [R] . Austroads Ltd, 2000.

[290] Wesemann P. Economic evaluation of road safety measures [R] . SWOV Institute for Road Safety Research, The Netherlands, 2000.

[291] Baum H, Kranz T, et al. Volkswirtschaftliche kosten durch straßenverkehrsunfälle in Deutschland [R] . Berichte der Bundesanstalt für Straßenwesen, 2010.

[292] Greenstone M. Estimating the value of a statistical life: The importance of omitted variables and publication bias [R] . National Bureau of Economic Research, Working Paper 10401, 2004.

[293] Ashenfelter O. Measuring the value of a statistical life: Problems and prospects [R] . Forschungsinstitut zur Zukunft der Arbeit Institute for the Study of Labor, Discussion Paper No. 1911, 2006.

[294] Lovink J A A. Guide to benefit cost analysis in transport Canada [R] . TP11875E, 1994.

[295] Allsop R, Brilon W, et al. Assessing risk and setting targets in transport safety programmes [R] . European Transport Safety Council, 2003.

[296] Koornstra M, Broughton J, et al. Transport accident costs and the value of safety [R] . European Transport Safety Council, 1997.

[297] Jacobs G, Aeron-Thomas A, et al. Estimating global road fatalities [R] . Transport Research Laboratory (TRL), Department for International Development (DFID), TRL Report 445, 2000.

[298] Allen P, Bhagat A, et al. Road casualties Great Britain: 2007 [R] . Department for Scottish Government Welsh Assembly Government, 2008.

[299] Lebeau M, Duguay P. The costs of occupational injuries: A review of the literature [R] . Studies and Research Projects, Report R-787, 2013.

[300] European Commission. Socio-economic costs of accidents at work and work-related ill health [R] . European Union, 2011.

[301] Biddle E A, Keane R P. The Economic Burden of Occupational Fatal Injuries to Civilian Workers in the U. S. Based on the Census of Fatal Occupational Injuries, 1992-2002 [R] . National Institute for Occupational Safety and Health (NIOSH), 2011.

[302] Biddle E A. The Costs of Fatal Injuries to Civilian Workers in the United States, 1992-2001 [R] . National Institute for Occupational Safety and Health (NIOSH), 2009.

[303] Hamalainen P. Global estimates of occupational accidents fatal work-related diseases [R] . Tampereen teknillinen yliopisto, 2010.

[304] Takala J. Economic Cost of Work-related Injuries and Ill-Health in Singapore, and Application Elsewhere [R] . Workplace Safety and Health Institute (WSHI), 2014.

[305] O'Dea D, Wren J. New Zealand estimates of the total social and economic cost of injuries [R] . Report to New Zealand Injury Prevention Strategy, New Zealand Government, 2012.

[306] Wren J, O'Dea D. Five-year Evaluation: The costs of injury in New Zealand and methods for prioritising resource allocation [R]. Report to New Zealand Injury Prevention Strategy, New Zealand Government, 2010.

[307] Canberra. The Cost of Work-related Injury and Illness for Australian Employers, Workers and the Community: 2008-09 [R]. Safe Work Australia, 2012.

[308] International Labour Office. Estimating the Economic Costs of Occupational Injuries and Illnesses in Developing Countries: Essential Information for Decision-Makers [R]. International Labour Organization, 2012.

[309] Pezzullo L, Crook A. The economic and social costs of occupational disease and injury in New Zealand [R]. National Occupational Health and Safety Advisory Committee (NOHSAC), 2006.

附　　录

中国劳动者工作时间及工作状态的调查问卷

A1	工作单位所在城市（省/自治区/直辖市-城市名称）：（　）例如：山东—烟台
A2	性别：①男　②女
A3	年龄：①16~19岁　②20~24岁　③25~29岁　④30~34岁　⑤35~39岁　⑥40~44岁　⑦45~59岁
A4	受教育程度：①未上过学　②小学　③初中　④高中/中技/中专/中职/职高　⑤高职/大专　⑥本科　⑦研究生
A5	所属行业： 农、林、牧、渔业，B2采矿业，C3制造业，D4电、热、燃气及水生产和供应业，E5建筑业，F6交通运输、仓储和邮政业，G7信息传输、软件和信息技术服务业，H8批发和零售业，I9住宿和餐饮业，J10金融业，K11房地产业，L12租赁和商务服务业，M13科学研究和技术服务业，N14水利、环境和公共设施管理业，O15居民服务、修理和其他服务业，P16教育，Q17卫生和社会工作，R18文化、体育和娱乐业，S19公共管理、社会保障和社会组织，T20国际组织
A6	单位所属类型：①政府机关　②事业单位　③企业单位　④社会团体　⑤个体工商户　⑥自由职业者　⑦其他（　）
A7	所属群体类型： ①自雇　②雇主　③家庭帮工 ④一般办事人员　⑤中层、高层管理人员　⑥技术、研发人员　⑦销售人员　⑧车间工人　⑨交通运输/驾驶人员　⑩医护人员　⑪高校教师　⑫其他（　）

续表

A8	工作形式： ①订单式（流水线、窗口等，工作效率由服务对象决定，如：机器、客户等） ②项目式（项目合作、研发等，强调团队合作完成，注重集体效率） ③办公室式（有自己独立的任务，按期完成，注重个人效率） ④其他（ ）
B1	您上一年的工资性收入（税后到手的钱，包括所有的工资、各类奖金、补贴，扣除个人所得税、社会保险、住房公积金）：( ) 元（年工薪收入为平均每个月收入 * 12）
B2	包括在单位加班但除去午休，您近一个月平均每日工作几个小时？ 2. 2. 3. 3 4. 4 5. 5 6. 6 7. 7 8. 8 9. 9 10. 10 11. 11 12. 12 13. 13 14. 14 15. 15 16. 16 17. 17 18. 18 19. 19 20. 20 21. 21 22. 22 23. 23 24. 24
B3	每周工作几天？①1 天 ②2 天 ③3 天 ④4 天 ⑤5 天 ⑥6 天 ⑦7 天
B4	您加班是否是自愿的？ ①自愿加班 ②有时自愿有时非自愿 ③非自愿，因为加班会被列入工作表现的考核范围，涉及晋升机会 ④非自愿，因为大家都加班，我也只好加班（加班是一种职场亚文化） ⑤非自愿，因为在上班期间工作做不完，只能加班完成 ⑥非自愿，因为单位规定必须加班 ⑦非自愿，其他原因
B4. 1	请您根据近一个月的情况，描述一下通常的工作效率： 上班后工作的第 1 个小时，我的工作效率：0% 10 20 30 40 50 60 70 80 90 100%
B4. 2	上班后工作的第 2 个小时，我的工作效率：0% 10 20 30 40 50 60 70 80 90 100%
B4. 3	上班后工作的第 3 个小时，我的工作效率：0% 10 20 30 40 50 60 70 80 90 100%
B4. 4	上班后工作的第 4 个小时，我的工作效率：0% 10 20 30 40 50 60 70 80 90 100%
B4. 5	上班后工作的第 5 个小时，我的工作效率：0% 10 20 30 40 50 60 70 80 90 100%
B4. 6	上班后工作的第 6 个小时，我的工作效率：0% 10 20 30 40 50 60 70 80 90 100%
B4. 7	上班后工作的第 7 个小时，我的工作效率：0% 10 20 30 40 50 60 70 80 90 100%
B4. 8	上班后工作的第 8 个小时，我的工作效率：0% 10 20 30 40 50 60 70 80 90 100%

续表

请您根据近一个月的情况，描述一下加班时的工作效率：	
B4. 9	加班工作的第 1 个小时，我的工作效率：0% 10 20 30 40 50 60 70 80 90 100%
B4. 10	加班工作的第 2 个小时，我的工作效率：0% 10 20 30 40 50 60 70 80 90 100%
B4. 11	加班工作的第 3 个小时，我的工作效率：0% 10 20 30 40 50 60 70 80 90 100%
B4. 12	加班工作的第 4 个小时，我的工作效率：0% 10 20 30 40 50 60 70 80 90 100%
C1	工作让我感到身心俱疲的频率（ ）： ①5 每天 ②4 一周数次 ③3 一月数次 ④2 一年数次或更少 ⑤1 从不
C2	上一年因感到身心疲惫、劳累、疲劳等原因，不得不选择请假、缺勤的天数为（ ）天，累计工资损失（ ）元
C3	上一年因感到身心疲惫、劳累、疲劳等，为了缓解、治疗这种症状，支付的心理咨询费用（ ）元；购买抗疲劳相关的保健品、保健治疗、健身服务等的费用共计（ ）元；因疲劳、劳累就医，所支付的医疗费用（包含已报销和预计可报销的部分）共计（包括：处方医药费、非处方医药费、住院费、门诊费、看护费、化验费等）（ ）元

后　记

本书是在博士论文基础上形成的。出版之际，我在首都经济贸易大学学习已近十二载。从 2008 年考入劳动经济学院读本科，到如今在工管学院做博士后，回首过往，感念良多。

在此，谨向所有关心和帮助过我的老师、同学和家人致以最深切的谢意。我要感谢我的家人，我很幸运能够来到这个家庭。从小在奶奶身边长大，她慈祥、和蔼可亲、长者般的智慧。她总会告诉我，仁爱和善良是这世上最美好的东西，也是力量的源泉。她虽已不在，但那些教诲，总会想起，让我时时反思。而今学业已成，她会感到欣慰。我很感谢我的父亲和母亲，他们总是一人“唱白脸”，一人“唱红脸”，角色还时常转换。作为他们的宝贝女儿从小到大，让我感到了无限的温暖和爱。而我也从未让他们失望过。

我要感谢我的导师杨河清老师。至今亦能回忆起大四去烟台参加劳动关系年会，并拜入师门时的情景，而这得益于李楠老师的推荐。我已师从杨老师近八年，感到自己能够成为他的学生非常幸运。他在学术上给予了我启迪和指引，但从不束缚我的思想，这份宽容与“放纵”让我怀念。“海阔凭鱼跃，天高任鸟飞”，在这广阔的学术天地，任我翱翔。曾经任性而叛逆，爱捅娄子，但每一次都是导师帮我担下了这些麻烦，心里无比踏实，但也感到一丝愧疚。而遇到困难觉得难以迈过之时，他又总是鼓励我继续前行。八年了，我成长，长大了，而今也终于懂得了应有一份担当。

我要感谢我的老师吴江。我很幸运能够成为她的本科学生。相识相知、亦师亦友，已十年之久。作为她的忘年小友，诸多记忆都是一起所走过的路，去过的地方。我依旧能够清晰记得，何年何月我们一起去了哪里，经历了什么。对于我来说不仅有知遇之恩，还有这般不一样的回忆，温暖而又温馨，像朋友，却更似亲人。

我要感谢我的老师王静。我很幸运能够在一门课上与她认识。让我对自己在方法上的规范有了更高标准。记得在日本留学时，家人的离去，学业的压力，身在海外，如一叶孤舟，那般的迷茫而无助。她给予了我很大的鼓励和安慰，在危难之时拉了我一把。她总是为对方着想，这么多年默默地关心着我。

我十分敬佩两位杰出的女性——童玉芬老师和张琪老师。她们治学严谨，讲课极富逻辑。她们内心之强大，为之震撼与折服；严厉的背后却难以掩饰一颗对学生温柔的心。

我要感谢学院的诸多老师，感谢冯喜良老师、纪韶老师、吕学静老师、肖周燕老师、牟俊霖老师、盛龙飞老师等研学上的交流。我要感谢我的校外导师，爱媛大学法文部的長井佳剖先生，两次赴日留学，他给予了我太多照顾，在学术上的帮助和指导。在回国后我们依旧保持着邮件往来，他总是关心着我在国内的状况和发展。感谢交流中心的陈捷主任，在我遇到麻烦之时施以援手，让我得以在海外顺利完成学业。我要感谢一些校外专家及学者，谢谢他们在开题时以及论文各阶段的指导。要感谢来自适度劳动学会中多个不同学科专家、老师们的帮助，以及在过劳问题上的深入探讨，给予了我诸多灵感。

我要感谢我的博士后导师高闯老师。虽然只有短暂的两年博士后在站研究，但让我感受到他严谨的学术风范和平易近人。他把我带进了一个全新的学术领域，在这个领域里我学到了更多新知识、新方法，同时开阔了学术视野。

我要感谢我的同门师兄师姐，他们像大哥哥大姐姐一般地关心我。在研学内容、方法论、数据采集等多个方面给予我帮助。我要感谢我的同门师弟师妹，她们活泼可爱，有这样的弟弟妹妹，特别开心。感谢他们在我留学期间，帮我打理学校的种种琐事，能够让我在异国他乡安心学业。我要感谢我的同门同届的同学，很幸运能够跟你们一届入学或是一届毕业，这也是一种缘分吧，在我数据采集最困难的时候，我硕士和本科的几乎每一位同学都给予了我帮助，他们在百忙之中帮我填答和转发问卷，我一直铭记于心。我还要感谢校外的一些同学、朋友，他们在研学上给予我帮助。

我要感谢421室的大学舍友们，能够跟你们成为至交特别幸运。我很感谢这份友情，你们总是像小太阳般，给别人带来心灵的光明与温暖。与你们同在，让我不再觉得深渊可怕，因为我总能与光明相伴而行；与你们同行总能让我回忆起大学时代的青春，是那般的美好、明媚而灿烂。我要感谢214室的硕士舍友们，与你们一起“吃货”同行。也总能让我想起与对面那屋各种各样的调侃段子，总是那般欢声笑语，这是我住校一年最宝贵的回忆。

我还要感谢左旭老师、颜青老师和王蕾老师，三位我中学时代的生物老师，是你们带我走入了科学殿堂。

再次感谢出版社的老师们，是你们不辞辛苦的编校，才使本书得以出版。

有太多老师、同学、朋友都在关键的时候、我身处困境的时候帮助过我。但请再一次原谅我无法一一写下每一个人的名字，谢谢你们，我从未忘怀。

2020年1月于北京家中